한국 교회의 교세 감소 현상이 두드러지는 이때에 언약의 후손들을 대상으로 하는 책이 번역 출판되어 더없이 기쁘다. 활동 중심으로 치우쳐 성경이 말하고자 하는 본뜻을 담아내지 못하는 각종 교재들이나 내용이 어려워 이해하기 쉽지 않은 여러 책들과는 달리, 본서는 자녀들의 눈높이에 맞게 성경의 본의를 잘 드러내고 있다. 자녀들을 신앙으로 가르쳐야 한다는 총론에는 동의하면서도 구체적으로 무엇을, 어떻게 가르쳐야 할지 막막해하는 부모들에게 이 책은 좋은 길잡이가 될 것이고, 성경을 올바로 배우고자 하는 자녀들에게 질 좋은 성경학습교재가 될 것이다. 아이들에게는 어려운 것은 없고 언제나 새로운 것만 있다. 이 책으로 아이들의 신앙의 욕구를 자극해 보자.

—**최덕수**, 현산교회 담임목사

이미 시중에 다양한 가정예배 안내서가 존재하지만, 이 책은 그 목록에 단순히 하나 더 추가되는 또 하나의 책이 아니다. 이 책은 다른 책과 차별되고, 경건한 가정을 이루는 데 특별한 도움을 준다. 이 책의 몇 가지 탁월한 점을 열거하면 다음과 같다. 첫째, 저자인 조엘 비키는 목회자와 설교자, 그리고 조직신학자로서 성경과 교리와 가정 사역에 대한 충분한 연구와 경험을 바탕으로 성도들의 영적 필요에 맞게 이 책을 집필하였다. 둘째, 이 책의 목적은 분명하다. 이 책은 단순히 치르고 마는 가정예배 대신에, 성경 본문 이해를 통해 가족들이 마땅히 가져야 하는 영적 지식을 함양하게 하는 가정예배를 지향한다. 특히 성경 본문 이해와 교리(진리)가 아름답게 조화를 이루고 있다. 셋째, 성경을 처음부터 읽고 해석해 나가되 겉핥기식이 아니라 쉬우면서도 충분한 해설을 제공하여 일반 성도들이 편안한 마음으로 가정예배를 인도할 수 있게 한다. 넷째, 가족이 모여서 예배하는 데 최적의 내용 전개 구조를 갖추고 있다. 가정예배를 어떻게 인도할지에 부담을 가지며, 가정예배에서 어떤 유익을 얻어야 할지에 대해서 고민하는 가장이 있다면, 망설이지 말고 이 책을 선택하길 기쁜 마음으로 권면한다.

—**김효남**, 총신대학교 신대원 교수, 은가람개혁교회 목사

가정예배에 이 얼마나 탁월한 도움이 되는 책인가! 조엘 비키와 닉 톰슨 목사는 이 시리즈에서 부모들과 아이들 모두에게 최적이 되는 조합을 발견하였다. 부모들과 아이들 모두 이 책으로 인해 기쁨을 누리고, 교훈을 받으며, 복을 누릴 것이다.

—**로자리아 버터필드**, 목사 사모, 홈스쿨 엄마이자 할머니

잘 쓰여진 책이다. 신학적 집중도도 높고, 목회적으로도 탄탄하며, 이 모든 것이 5-12세의 아이들용으로 적합하게 되어 있다. 이것은 놀라운 성취이다. 부모들은 이에 대해 두고두고 감사할 만하다. 충분한 성경 지식을 갖고 있고, 성경 말씀이 가르치는 모든 것을 더 배우기 원하는 경건한 세대를 길러내는 도구로 이 시리즈가 잘 사용되기를 기원한다."

—**데렉 토머스**, 사우스 캐롤라이나 콜럼비아 제1장로교회 담임목사

가정예배에 대해 쓴 작가들 중에 이 책의 저자들과 같은 관점에서 글을 쓴 사람은 별로 없다. 조엘 비키는 태어날 때부터 가정예배가 시행되는 가정에서 자라났으며, 그 자신의 가정도 가정예배를 통해 '주의 교양과

훈계로' 양육했다. 그의 손자들마저 이런 영향력의 열매를 누리고 있다. 또한 그의 교회 안의 남성도들은 가정에서 날마다 하나님을 예배하도록 훈련받음으로써 동일한 열매를 누리고 있다. 이제 저자의 수십 년에 걸친 경험과 통찰이 담긴 이 책을 통해 당신과 당신의 가정도 유익을 얻을 수 있다.

—도널드 S. 휘트니, 남침례신학교 성경적 영성 교수

창세기 가정예배

창세기 가정예배

지은이   조엘 R. 비키, 닉 톰슨
옮긴이   조계광
초판 발행 2022. 12. 2.
등록번호 제2018-000357호
등록된 곳 서울특별시 강남구 선릉로107길 15, 202호
발행처   개혁된실천사
전화번호 02)6052-9696
이메일   mail@dailylearning.co.kr
웹사이트 www.dailylearning.co.kr

책값은 뒤표지에 있습니다.
ISBN 979-11-89697-41-9 03230

창세기 가정예배

세상의 시작

조엘 R. 비키, 닉 톰슨 지음

조계광 옮김

개혁된실천사

자녀 양육의 주된 목적은 무엇인가? 그것은 〈웨스트민스터 소요리
문답〉에 함축되어 있는 대로 우리의 자녀들이 하나님의 은혜로 구
원받아 그분을 영화롭게 하고, 영원히 즐거워하는 것이다. 우리가
부모라면, 우리의 일차적인 목표는 지성적이고, 성공적이고, 유능
하고, 정직한 시민을 육성하는 데 있지 않다. 물론, 그런 일에도 당
연히 관심을 기울여야 하겠지만, 자녀들의 영혼을 유익하게 하고,
특히 하나님을 영화롭게 하는 하나님 중심적인 자녀 양육에 초점
을 맞춰야 한다. 부모는 성령의 도우심을 통해 만물이 하나님에게
서 나오고 그분으로 말미암고 그분에게로 돌아갈 뿐 아니라 그분이
모든 영광을 받기에 합당하시다는 것을 자녀들이 고백할 수 있게끔
도와야 한다(롬 11:36). 자녀들이 하나님 안에서 기뻐할 수 있도록(시
37:4) 그들의 양심을 일깨워 죄를 뉘우치고 그리스도를 믿도록 인도
하는 것이 부모의 목표다(시 34:8). 우리는 자녀 양육을 축복하시는
성령의 은혜를 의지함으로써 우리의 자녀들이 일찍부터 〈하이델베
르크 요리문답〉 제2문에 세 가지로 요약된 대로 참된 행복을 알고,
경험할 수 있게 해달라고 기도해야 한다. "첫째는 나의 죄와 비참함
이 얼마나 큰지를 알아야 하고, 둘째는 어떻게 나의 모든 죄와 비참

함에서 구원받을 수 있는지를 알아야 하며, 셋째는 그런 구원에 대해 하나님께 어떻게 감사해야 하는지를 알아야 한다." 그렇게 되면 우리의 자녀들은 진정으로 '하나님을 영화롭게 하고 그분을 영원히 즐거워할 수 있다.' 이것이 자녀 양육의 주된 목적이다.

그러나 하나님을 영화롭게 하고 즐거워하려면 지식이 필요하다. 하나님을 알지 못하면 그분을 영화롭게 할 수도 없고, 즐거워할 수도 없다. 이것이 〈웨스트민스터 소요리문답〉 제2문이 "하나님은 어떤 규칙을 우리에게 주어 자신을 영화롭게 하고 즐거워하도록 가르치셨는가?"라고 묻는 이유다. 하나님을 영화롭게 하고 즐거워하려면, 그 규칙을 통해 그분과 그분이 요구하시는 것을 알아야 한다. 그렇다면 그 규칙은 무엇일까? 〈웨스트민스터 소요리문답〉은 "하나님을 영화롭게 하고 즐거워하도록 가르치는 유일한 규칙은 신구약 성경에 기록된 하나님의 말씀이다."라고 대답한다.

우리가 〈자녀들에게 성경을 가르치라〉라는 시리즈를 저술하게 된 이유는 바로 이런 확신 때문이다. 우리는 매일의 가정 예배를 통해 흥미롭고 적절하면서도 전인적인 방식으로 자녀들에게 성경을 가르치는 것이 자녀 양육의 주된 목적을 이루기 위한 중요한 수단 가운데 하나라고 믿는다. 우리의 자녀들이 하나님을 영화롭게 하고 즐거워하게 하려면, 그들에게 신구약 성경을 가르쳐야 한다. 안타깝게도 자녀들에게 성경을 가르치고, 적용하는 일을 할 수 있는 역량이 부족하다고 느끼는 부모들이 많다. 그것이 이 시리즈가 필요한 이유다. 이 시리즈는 가정 예배를 통해 자녀들에게 하나님의 온전하신 뜻을 가르치기를 원하는 부모들을 위한 지침서다. 우리의 목적은 성경적이고, 개혁주의적인 건전한 가정 예배를 위한 지침, 곧 5-12세의 아이가 충분히 이해할 수 있을 뿐 아니라 온 가족을 교육하는 데 필요한 안내서를 제공하는 데 있다.

이 시리즈의 각 장은 '복습,' '본문 읽기,' '해설,' '기도'라는 네 개의 항으로 구성되어 있다. 우리는 각 장을 단순하고, 기억하기 좋게 구성함으로써 부모들이 수중에 이 지침서가 없을 때도 쉽게 떠올려 따라서 할 수 있도록 배려했다. 아래에 이 네 가지 항의 내용과 그것을 최대한 잘 활용할 수 있는 방법을 설명했으니 참조하기 바란다.

복습

교육에 관한 고전이라고 할 만한 책을 저술한 존 밀턴 그레고리는 그 책에서 인간의 생각을 "처음에는 그림의 윤곽과 서로 동떨어진 듯 보이는 부분들을 대충 그리고 나서 개개의 부분들을 계속 손질해 음영을 온전하게 드러냄으로써 구상한 것을 실물과 똑같게 완전하게 그려내는" 미술가에 빗대었다. 우리도 자녀들과 함께 똑같은 진리를 여러 번 되풀이함으로써 하나님의 말씀에 관한 그들의 생각이 흐릿하고, 불분명한 단계에서 뚜렷하고, 명료한 단계로 발전해 나가도록 이끌어야 한다.

이 항에는 최근에 가정 예배에서 논의된 이야기와 교리와 적용을 복습하도록 도와줄 질문이 두 개씩 수록되어 있다. 이 지침서에 수록된 모든 질문은 부모를 돕기 위한 몇 가지 실례에 지나지 않는다. 다시 말해, 그것들은 꼭 물어야 할 질문도 아니고, 유일한 질문도 아니다. 각각의 질문에 대한 대답은 그 바로 아래에 명시되어 있다. 자녀들과 내용을 복습할 때는 "이번 주에 우리는 성경의 어느 부분을 살펴보고 있지?"라거나 "어제 살펴본 성경은 어디지?"와 같은 좀 더 일반적인 질문을 던지는 것이 유익하다. 이 항목에 제시된 질문들은 그런 질문보다는 좀 더 구체적이기 때문에 일반적인 질문도 함께 던지는 것이 좋다. 자녀들에게 앞서 진행된 예배를 통해 배운 것을 말할 기회를 제공하면, 하나님의 말씀을 그들의 생각과 마음속에 더욱 확고하게 심어줄 수 있을 뿐 아니라 성경의 이야기들과 진리들을 서로 연관시킬 수 있는 능력을 길러줄 수 있다.

본문 읽기

우리의 자녀들이 정기적으로 성경을 접하지 않으면 하나님을 영화롭게 하고, 즐거워하는 것이 불가능하다는 것이 그리스도인 부모인 우리의 신념이다. 하나님의 말씀은 살아 있고 강력하며(히 4:12), 항상 하나님이 말씀하신 목적을 이룬다(사 55:11). 하나님의 말씀은 영원히 거하며(사 40:8), 영적으로 죽은 죄인들을 거듭나게 만들고(벧전 1:23), 신자들 안에서 효과적으로 역사해 예수님을 더욱 닮게 하며(요 17:17), 모든 선한 일을 행할 능력을 갖추게 해준다(딤후 3:16, 17).

'본문 읽기' 항은 두 부분으로 구성되어 있다. 첫 번째는 예배의 본문이 되는 성경 구절들이다. 성경은 무엇이든 다 유익하지만, 그렇다고 해서 어린아이들에게 모든 성경이 다 똑같이 유익한 것은 아니다. 이런 이유로 우리는 이 시리즈에서 성경의 장과 절을 일일이 다 다루지 않고, 5-12세의 어린아이들을 가르치는 데 가장 적합하게 생각되는 구절들만 다루기로 결정했다. 성경의 장 전체가 아닌 작은 단락(대개 두 개 내지 열 개의 구절)에 초점을 맞춘 것도 그런 이유에서다. 어린아이를 가르칠 때는 적게 가르칠수록 더 많이 가르칠 수 있는 경우가 많다. 공경하는 태도로 표현력 있게 천천히 본문을 읽어라. 자녀들이 직접 읽을 만한 나이가 되었다면, 한 구절이나 본문 전체를 읽을 기회를 제공하라.

성경 본문을 읽은 다음에는 몇 가지 질문을 접하게 될 것이다. 예를 들어, 창세기 12장 1-9절이 본문일 때는 다음과 같은 질문들을 던질 수 있다.

1) 누가 아브람에게 나타났는가?
2) 하나님은 아브람에게 어디로 가라고 명령하셨는가?
3) 아브람은 하나님께 어떻게 반응했는가?

성경에 귀를 기울이게끔 유도하고, 내용을 얼마나 잘 이해했는지를 점검하며, 그것을 자신의 말로 명료하게 표현할 수 있도록 가르치려면 기본적인 이해를 묻는 물음을 묻는 것이 중요하다. 성경 본문을 다 읽고 나서 이런 질문들을 던질 수도 있지만, 주의를 집중시키기 위해 본문을 읽어가면서 질문들 던지는 것도 유익할 것이다.

해설

웨스트민스터 총회가 발간한 〈가정 예배 지침서〉는 성경을 읽지만 말고, 가정 예배의 지도자(대개는 아버지)가 공개적으로 설명하고, 적절하게 적용해야 한다고 조언한다. 우리의 자녀들은 단순히 성경의 기본적인 내용을 이해하는 데 그쳐서는 안 된다. 구체적으로 말해, 성경의 내용을 해설하고, 적용하는 것이 필요하다. 가정 예배에서 부모가 해야 하는 역할 가운데 가장 어려운 일이 있다면 바로 이것이다. 자녀들의 흥미를 끌면서 그들이 이해할 수 있는 말로 성경을 적절하게 설명하고 적용할 능력이 없다고 느끼거나 매일 그런 일을 준비할 시간이 충분하지 않다고 생각하는 부모들이 많다. 이 항을 마련한 이유는 그런 부모들의 고충을 덜어주기 위해서다.

이 항에서 발견되는 첫 번째 요소는 본문의 핵심 내용이다. 이것은 본문의 요점을 밝힌 간결한 문장이다. 이것을 가족들에게 읽어주어도 좋고, 그들에게 성경을 가르칠 때 논의의 초점을 유지하는 길잡이로 삼아도 좋다. 핵심 내용 이후에 제시된 글은 어린 자녀의 수준을 고려해 성경 본문을 해설하고, 예시하고, 적용하는 내용으로 이루어져 있다. 이 글을 가족들에게 읽어주면 본문을 좀 더 깊이 이해할 수 있도록 도울 수 있다.

이 과정 이후에는 적용을 위한 질문들을 나열했다. 이 질문들은 논의를 촉진하기 위한 것이다. 성경을 적용할 때는 전인적인 요소를 고려하는 것이 중요하다. 성경 전체를 어린 자녀의 전인적인 인격에 적용해야 한다. 머리에 지식을 제공하고, 마음을 자극하고, 손을 움직이게 만드는 다양한 질문들이 제시되었다. '복습'과 '본문 읽기'에 제시된 질문들처럼, 이 질문들도 꼭 물어야 할 질문이 아닌 대표적인 실례일 뿐이다. 본문을 자녀들에게나 가정이 처한 상황에 구체적으로 적용할 수 있는 방법을 찾는 것이 중요하다. 제시된 질문들에 얽매이지 말고, 길잡이로 삼아 상황에 알맞은 질문들을 생각해 내라. 바꾸어 말해, 우리가 제시한 질문들은 주인이 아닌 종과 같은 역할을 할 따름이다. 그러나 어떤 질문을 던지든 자녀들의 인간적인 요소 전체(곧 머리, 마음, 손)에 하나님의 진리를 적용하려고 노력해야 한다.

기도

하나님은 성경 말씀을 통해 우리에게 말씀하시고, 우리는 기도로 그분께 대답한다. 열심히 기도하는 가정보다 하나님의 마음을 더 기쁘게 하는 것은 없다. 이 마지막 항에는 성경 본문 및 본문 해설과 연관된 기도가 제시되어 있다. 기도를 제시했지만, 자녀들에게 "오늘 하나님의 말씀을 통해 배운 것과 관련해 무슨 기도를 드리면 좋겠느냐?"라고 물으라고 권하고 싶다. 자녀들이 우리 저자들보다 더 나은 기도 제목을 제시할 수도 있다. 아무쪼록 우리의 기도 제안이 하나님의 말씀에 근거한 기도로 그분께 대답하는 방법을 가르치는 데 도움이 될 수 있기를 바란다.

이 시리즈의 주된 목적

부모들은 자녀들이 예수 그리스도 안에 있는 말로 다 할 수 없이 풍성한 하나님의 영광을 맛볼 수 있도록 이끌어야 한다. 이 시리즈가 하나님의 도구가 되어 그런 부모들을 많이 배출하는 데 도움이 되기를 바라는 마음 간절하다. 자녀들이 하나님을 사랑하며 그분의 진리 안에서 행하는 것을 보는 것보다 더 좋은 것이 어디에 있겠는가(요삼 1:4)? 그런 일이 발생하면, 자녀 양육의 주된 목적이 실현된 것이다. 이 시리즈가 그런 중요한 노력에 조금이나마 도움이 되면, 우리는 더할 나위 없이 기쁠 것이다.

—조엘 비키와 닉 톰슨

2부: 전쟁의 시작(창 3-11장)

부록

1부
세상의 시작

창 1, 2장

태초에 하나님이

시작하기

1) '창세기(Genesis)'는 무슨 뜻인가?

—— 창세기는 '시작,' '기원'이라는 뜻이다. 창세기는 우리를 비롯해 세상 만물이 어떻게 생겨났는지를 보여준다.

2) 창세기는 누가 기록했는가?

—— 모세가 성령의 도우심을 받아 창세기를 기록했다. 창세기는 모세의 말이 아닌 하나님의 말씀이다. 따라서 주의 깊게 귀를 기울여 들어야 할 필요가 있다.

본문 읽기

창 1:1, 히 11:3

1) 하나님은 언제 세상을 창조하셨는가?

—— '태초에.' 창세기는 시간이 처음 시작된 순간부터 시작한다.

2) 하나님은 무엇을 창조하셨나?

—— '하늘과 땅.' 이것은 우주 만물을 의미한다.

3) 하나님은 어떻게 창조하셨는가?

—— 히브리서 저자는 하나님이 무로부터 모든 것을 창조하셨다

고 증언한다. 하나님이 창조하시기 전에는 그분 외에는 아무것
도 존재하지 않았다.

해설

> **핵심 내용 : 항상 존재하시는 하나님이 무로부터 만물을 창조하셨다.**

누구든 태어난 날이 있다. 우리는 케이크, 풍선, 선물 등으로 그 날
을 축하한다. 생일이 중요한 이유는 그 날에 우리가 세상에 태어났
기 때문이다. 생일은 우리에게 시작이 있다는 사실을 상기시켜준
다. 우리는 항상 존재하지 않았다. 우리가 존재하지 않았던 때가 있
었다. 창세기 1장 1절은 하나님 외에 다른 모든 것은 시작이 있다고
가르친다. 우주 만물은 특정한 시점에 생겨났다. 생일이 없는 존재
는 오직 하나님뿐이시다. 하나님은 태초에도 이미 존재하셨다. 그분
은 지금까지 항상 존재하셨고, 앞으로도 항상 존재하실 것이다. 이
것이 '하나님은 영원하시다.'라는 말의 의미다. 하나님은 시작이나
끝이 없으시다. 그분은 단지 존재하실 뿐이다.

모세는 하나님이 만물을 무에서 창조하셨다고 증언한다. 우리가
그림을 그릴 때면 무엇을 어떤 색깔과 형태로 그릴 것인지를 결정
하고 나서 붓을 들고 도화지에 그리기 시작한다. 그림을 그리려면
이미 존재하는 도화지, 붓, 물감 등이 필요하다. 무엇인가를 만들 때
도 항상 이미 있는 것을 사용해야 한다. 그러나 하나님은 그렇지 않

으셨다. 세상이 창조되기 이전에는 하나님 외에는 아무것도 존재하지 않았다. 한 점의 흙, 한 방울의 물, 한 줌의 공기조차 존재하지 않았다. 오직 하나님만 존재하셨다. 하나님은 붓과 물감으로 푸른 하늘과 녹색 풀을 그리지 않으셨다. 하나님 홀로 존재하셨다. 하나님은 우리와는 달리 모든 것을 무에서 창조할 수 있는 능력을 지니고 계신다. 그분은 정확히 그런 식으로 세상을 창조하셨다. 그분은 도화지나 붓이나 물감을 사용하지 않고 아름다운 그림보다 무한히 더 뛰어난 아름다운 세상을 창조하셨다. 하나님은 단지 말씀으로 모든 것을 창조하셨다. 하나님은 진정 무한한 권능을 지니신 분이 아닐 수 없다.

1) 하나님이 영원하시다는 말은 무슨 의미인가?
—— 하나님은 시작도 없고, 끝도 없으시다. 그분은 태어난 날도 없고, 죽는 날도 없으시다.

2) 하나님은 왜 만물을 무에서 창조하셨을까?
—— 그 이유는 하나님이 세상을 창조하시기 전에는 그분 외에는 아무것도 존재하지 않았기 때문이다.

3) 모든 사람이 하나님이 만물을 창조하셨다고 믿는가?
—— 그렇지 않다. 하나님이나 창조를 믿지 않는 사람들도 있다. 그들은 우리를 비롯해 우주 만물이 오래전에 우연히 생겨났다고 말한다. 성경은 그런 사람들이 하나님과 창조를 믿지 않는 이유에 대해 말하고 있다. 그들은 하나님을 위해 살기보다는 자

창세기 가정예배

기 자신을 위해 살고자 하기 때문이다(롬 1:18-32).

4) 우리는 하나님의 창조의 권능에 어떻게 반응해야 할까?

　── 우리는 하나님을 예배하고, 신뢰하며, 그분을 위해 살아야
한다(계 4:11).

기도

히브리서 11장 3절은 믿음으로 하나님의 창조 사역을 이해할 수 있
다고 말씀한다. 만물이 하나님으로부터 비롯되었다고 믿는 믿음을
허락해 달라고 기도하라.

삼위일체 하나님

복습

1) **누가 만물을 창조했는가?**

  —— 항상 존재하시는 하나님.

2) 하나님은 무엇을 이용해 세상을 창조하셨는가?

  —— 하나님은 만물을 무에서 창조하셨다. 하나님이 세상을 창조하시기 이전에는 그분 외에는 아무것도 존재하지 않았다.

본문 읽기

창 1:2, 요 1:1-3

1) 모세는 태초에 이루어진 창조를 어떻게 묘사했는가?

  —— ‘혼돈하고 공허하다’라고 묘사했다. 당시에 하나님은 이미 세상을 창조하셨지만, 세상은 아직 질서를 갖추지 못했고, 식물이나 동물이나 사람들이 없었던 상태였다.

2) 창조 사역이 시작되었을 때 누가 수면 위를 운행하고 있었는가?

  —— ‘성령.’ 이 표현은 어미 새가 새끼들의 위를 날고 있는 모습을 연상시킨다(신 32:11 참조). 이것은 성령께서 창조 사역에 참여

하셨다는 것을 보여준다.

3) 요한이 말한 '말씀'은 누구를 가리키는가? 말씀은 세상이 창조될 때 무슨 일을 했는가?

—— 하나님의 말씀은 곧 예수 그리스도를 가리킨다. 요한은 만물이 말씀이신 예수 그리스도를 통해 창조되었다고 말했다.

해설

> **핵심 내용 : 성부, 성자, 성령, 곧 성삼위 하나님이 창조 사역에 참여하셨다.**

창세기가 기록될 당시의 사람들은 많은 신을 믿었다. 바람의 신, 비의 신, 태양의 신 등 다양한 신이 있었다. 그러나 창세기를 비롯해 신구약 성경은 참 하나님은 오직 한 분이시라고 가르친다. 이 하나님이 만물을 창조하셨다. 하나님이 바람과 비와 태양을 다스리신다. 그분은 천지의 주인이요, 우리를 다스리는 주님이시다.

아울러 성경은 한 분이신 하나님이 삼위(성부, 성자, 성령)로 존재하신다고 가르친다. 우리는 이를 종종 '삼위일체'로 일컫는다. 하나님은 하나 안에 셋, 셋 안에 하나로 존재하신다. 이것은 우리로서는 이해하기 어려운 진리다. 하나님에 관한 모든 것을 이해할 수 있으리라고 기대해서는 안 된다. 하나님은 항상 우리가 생각하는 것보다 더 위대하시다. 오늘 우리가 읽은 성경 본문은 성자(요 1:1-3)와 성령(창 1:2)께서 태초에 창조 사역에 참여하셨다고 가르친다. 창조는 단지 성부만이 아닌 성삼위 모두의 사역이었다.

혼자 외로운 느낌이 들어 함께 놀 친구가 있었으면 좋겠다고 생각해 본 적이 있는가? 어떤 사람들은 그것이 하나님이 세상을 창조하신 이유라고 생각한다. 그들은 하나님이 외롭거나 지루한 생각이 들어 기분을 좋게 하려고 동물들과 사람들을 창조하셨다고 생각한다. 그러나 그것은 사실이 아니다. 성부와 성자와 성령께서는 항상 서로 사랑을 나누며 사신다. 그분들은 항상 함께 완전한 사랑과 행복을 누리기 때문에 외롭거나 지루해하지 않으신다. 하나님이 세상을 창조하신 이유는 부족해서가 아니라 충만하시기 때문이었다. 하나님이 자신의 아름다움을 찬란하게 드러낼 세상을 창조하신 이유는 사랑이 차고 넘쳤기 때문이다. 그분은 그런 사랑과 아름다움을 누리게 하려고 우리를 창조하셨다.

1) 한 분 하나님 외에 다른 신들이 또 있는가?
— 살아 계신 참 하나님은 오직 한 분뿐이시다.

2) '삼위일체'는 무슨 의미인가?
— 하나님은 하나 안에 셋, 셋 안에 하나로 존재하신다. 한 분 하나님이 삼위로 존재하신다. 성부와 성자와 성령께서는 제각기 완전한 하나님이시다.

3) 하나님이 세상을 창조하신 이유는 무엇인가?
— 하나님이 외로워서나 우리나 다른 피조물이 필요해서가 아니라 자신의 아름다움을 드러내 사람들이 그것을 보고 즐거워

창세기 가정예배

할 수 있게 하려고 세상을 창조하셨다. 하나님을 알고, 즐거워
하는 것, 이것이 바로 우리가 창조된 목적이다.

기도

 하나님의 삼위일체적 본성에 관한 진리는 우리가 이해해 받아들이
기가 어렵다. 이 진리를 확실하게 이해해 가족들이 성부와 성자와
성령 사이에 항상 존재하는 사랑을 알고, 누릴 수 있게 해달라고 기
도하라.

우리가 보는 빛

복습

1) 지금까지 하나님에 관해 무엇을 배웠는가?

— 하나님은 시작도, 끝도 없이 영원하시다. 그분은 유일하신 참 하나님이시다. 그분은 성부와 성령과 성령으로 존재하는 삼위일체 하나님이시다. 그분은 완전한 사랑이시다.

2) 하나님은 우리가 필요해서 세상을 창조하셨는가?

— 그렇지 않다. 하나님은 아무것도 필요하지 않으시다. 그분이 세상을 창조한 이유는 자신의 사랑과 아름다움을 우리와 함께 나누기 위해서다.

본문 읽기

창 1:2-5

1) 하나님은 첫째 날에 무엇을 창조하셨는가?

— '빛.' 창세기 1장 2절은 세상이 어둠으로 뒤덮여 있었다고 말씀한다. 하나님은 빛을 창조해 어둠을 비춰게 하셨다.

2) 하나님은 어떻게 창조하셨는가?

— 말씀으로 창조하셨다. 이것이 요한이 예수님을 '말씀'으로

일컬은 이유였다. 하나님의 말씀이신 성자를 통해 창조가 이루어졌다. 하나님이 말씀하시는 대로 모든 것이 창조되었다.

3) 하나님은 빛과 어둠을 분리하고 나서 그것들을 무엇으로 일컬으셨는가?

— '낮과 밤.' 하나님은 빛과 어둠으로 구성된 날을 만드셨다.

해설

> 핵심 내용 : 하나님은 창조 사역의 첫째 날에 어둠 속에서 빛을 창조하셨다. 하나님은 우리의 구원과 관련해서도 그와 똑같은 일을 하신다.

어둠이 무서운가? 사실, 누구나 어둠을 무서워한다. 우리는 빛을 위해 창조되었다. 우리는 빛이 없으면 살 수 없다. 그러나 창조 사역이 처음 시작되었을 당시만 해도 온통 어둠뿐이었다. 어둠으로 뒤덮인 세상이 우리가 살기에 적합한 주거지가 될 수 있었을까? 그럴 수 없었다. 이것이 하나님이 말씀으로 명령하셨던 이유였다. 말씀의 능력을 통해 빛이 창조되었다. 태양이나 별들은 아직 존재하지 않았다. 불이나 전기도 없었다. 그러나 그런 상황에서도 하나님은 아무런 어려움이 없으셨다. 그분이 말씀하시자 빛이 창조되었다. 우리가 상상하는 것보다 더 밝고, 순수한 빛이 어둠을 비췄다.

성경은 죄로 인해 태초의 상황과 비슷하게 온 세상이 어둠으로 뒤덮였다고 가르친다. 이것은 밤에 불을 끄면 나타나는 어둠이 아닌 영적 어둠을 의미한다. 우리는 하나님을 보거나 알거나 즐거워할 능력이 없다. 우리의 영혼은 죄의 어둠을 사랑하고, 빛의 하나님을 미워한다(요 3:19). 그러나 복음을 통해 놀라운 일이 일어났다. 성령께서 구원의 능력으로 우리의 어두운 영혼 위를 운행하면서 빛을 비춰주신다. 하나님의 말씀을 통해 예수 그리스도의 빛이 우리의 마음속에 비친다. 마치 그분이 '빛이 있으라'라고 말씀하신 것처럼 복음의 빛이 우리의 마음을 비추었다(고후 4:6). 예수님은 이를 '거듭나는 것'으로 일컬으셨다(요 3:1-8). 하나님이 우리에게 새 마음을 주어 우리를 새로운 피조물로 만드시면, 우리는 영적 생명을 얻어 그분을 보고, 알고, 즐거워할 수 있다. 이런 하나님의 사역이 없으면, 우리는 영원히 어둠 속에 머물러 있을 수밖에 없다.

1) 태양과 별들이 없는데도 하나님은 어떻게 빛이 비치게 하셨을까?
   —— 하나님은 태양이나 별들이 없어도 빛을 창조할 수 있으셨다. 그분은 빛이시다(요일 1:5). 하나님은 자신의 능력만으로 빛이 비치게 할 수 있으시다.

2) 하나님은 어떻게 우리의 어두운 마음에 빛이 비치게 하시는가?
   —— 말씀으로 하신다. 하나님은 세상을 창조할 때 빛을 명해 어둠을 비추게 하신 것처럼, 복음의 말씀으로 영혼의 어둠을 밝히신다. 그러나 이 빛은 성령께서 구원의 능력으로 역사하실 때만 우리의 마음 안으로 뚫고 들어온다.

3) 성령께서 우리 안에서 새로운 창조 사역을 이루시는 것이 필요한 이유는 무엇인가?

── 그 이유는 새로운 탄생이 없으면 복음을 믿고 그 빛을 받아들여 구원을 얻는 일이 불가능하기 때문이다.

기도

온 가족이 성령의 은혜로운 재창조 사역을 알고, 그분을 통해 가족들이 복음의 빛을 더욱 확실하게 볼 수 있게 해달라고 기도하라.

4 우리가 숨 쉬는 공기

복습

1) 하나님은 첫째 날에 무엇을 창조하셨는가?

—— 빛. 그분이 말씀하자 빛이 어둠을 비추었다.

2) 하나님이 빛을 창조하신 것과 우리의 구원은 어떤 유사점을 지니는가?

—— 우리는 죄의 어둠 속에서 태어났다. 그러나 하나님은 복음의 말씀으로 우리의 마음에 영적 빛을 비춰 우리를 구원하신다. 하나님은 성령의 강력한 사역을 통해 이 모든 일을 행하신다.

본문 읽기

창 1:6-8

1) 하나님은 둘째 날에 무엇을 창조하셨는가?

—— '궁창.' 우리는 이것을 종종 하늘로 일컫는다. 우리가 숨 쉴 공기가 존재하는 이유는 하나님이 하늘을 창조하셨기 때문이다.

2) 하나님은 '궁창'을 무엇으로 일컬으셨는가?

—— '하늘'로 일컬으셨다(8절). 우리는 대개 하늘을 예수님과 천사들이 사는 곳으로 간주한다. 그러나 여기에서 '하늘'은 땅 위

에 있는 공간을 가리킨다. 다섯째 날에 그곳을 날아다니는 새들
이 창조되었다.

3) 하나님은 하늘 위와 아래에 무엇을 두셨는가?
    —— '물.' 하나님은 하늘 아래에 있는 바다와 하늘 위에 있는 구
    름을 나누셨다.

해설

> **핵심 내용 : 하나님은 우리가 호흡할 수 있도록 하늘을 창조하셨다.**

나중에 자라서 우주 비행사가 되고 싶다고 말하는 어린이들이 많
다. 그것은 항성들과 행성들을 비롯해 외계를 탐험하는 모험을 즐
길 수 있는 직업이다. 우주 비행사들이 우주복을 입어야 한다는 사
실을 알고 있는가? 이 특수복은 은하계에 있는 위험하고, 치명적인
기체를 흡입하지 않도록 보호해줄 뿐 아니라 생존에 필요한 공기를
공급해준다. 일단 땅 위의 하늘 너머로 올라가면 공기는 존재하지
않는다. 공기가 없으면 인간은 살 수 없다.

하나님은 둘째 날에 땅 위에 하늘을 만들어 우리가 숨 쉴 수 있는
공기를 공급하게 하셨다. 다른 행성들에는 지구와는 달리 공기가
없다. 하나님은 오직 지구만을 사람들이 살 수 있는 곳으로 만드셨
다. 이것이 우주 비행사들이 우주에 갈 때 지구의 공기를 가지고 가
는 이유다. 하나님은 달이나 목성을 우리가 사는 곳으로 창조하지

않으셨다. 그분을 둘째 날에도 지구를 우리가 살기에 적합한 곳으로 만드는 일을 계속 이어가셨다.

심호흡을 해보라. 성경은 하나님이 우리에게 생명과 호흡을 주셨다고 말씀한다(창 17:25). 우리의 호흡 하나하나가 하나님의 선물이다. 이것은 그분의 긍휼과 사랑을 보여주는 증표다. 하나님은 우리를 돌보신다. 매번의 호흡이 하나님께 감사와 찬양을 드려야 할 이유를 상기시켜준다. 하늘을 올려다보며 신선한 공기를 만끽할 때면 하나님이 우리를 위해 그것을 창조하셨다는 사실을 기억해야 한다.

1) 지구는 다른 모든 행성과 어떤 점이 다른가?
    —— 하나님은 지구에 사람들과 동물들이 호흡할 수 있는 공기가 있는 하늘을 창조하셨다. 하늘의 공기가 없으면 우리는 생존할 수 없다.
2) 공기의 창조를 통해 하나님에 관해 무엇을 배울 수 있는가?
    —— 하나님은 인간에게 사랑과 친절을 베푸신다. 인간이 하나님을 거슬러 죄를 지었는데도 그분은 여전히 우리에게 생명과 호흡을 주신다.
3) 우리에게 호흡을 허락하신 하나님께 어떻게 반응해야 할까?
    —— 우리의 생명이 하나님에게서 비롯했다는 사실을 항상 기억하고, 감사해야 한다. 또한, 친구들과 이웃들에게도 그들에게 생명을 주신 하나님을 찬양하라고 권해야 한다.

기도

가족들이 호흡할 때마다 주님의 자애로우심을 기억하고, 감사와 찬
양을 드리게 해달라고 기도하라.

복습

1) 하나님은 처음 이틀 동안 무엇을 창조하셨는가?

—— 하나님은 첫째 날에는 빛을 창조해 우리가 볼 수 있게 해 주셨고, 둘째 날에는 하늘을 창조해 우리가 숨 쉴 수 있게 해주셨다.

2) 이런 사역들은 하나님에 관해 무엇을 가르치는가?

—— 하나님은 우리가 살 수 있는 완벽한 주거지를 제공해 우리를 보살피신다.

본문 읽기

창 1:9-13

1) 하나님은 셋째 날에 하늘 아래 있는 물을 어떻게 하셨는가?

—— 물이 있는 곳을 정하고, 육지가 드러나게 하셨다. 시편 104편 9절은 하나님이 물의 경계를 정하셨다고 말씀한다. 바다는 하나님이 정하신 경계를 넘지 못한다.

2) 하나님은 육지와 물을 나누고 나서 그것들을 어떻게 일컬으셨는가?

—— 하나님은 육지를 '땅'으로, 물을 '바다'로 일컬으셨다. 하나님은 땅을 창조해 우리가 살 수 있는 곳을 만드셨다.

3) 하나님은 육지에 무엇을 만드셨는가?

—— 하나님은 풀과 채소와 열매 맺는 나무와 꽃들을 만드셨다. 그분은 사람들과 동물들이 거할 장소는 물론, 먹을 음식까지 마련해주셨다.

해설

> **핵심 내용 :** 하나님은 육지와 바다의 경계를 정해 우리가 살 수 있는 땅을 만드셨다.

태풍을 본 적이 있는가? 태풍은 바다 위에서 시작하는 사나운 폭풍우를 가리킨다. 가장 강한 태풍은 시속 240킬로미터에 달하는 바람을 일으킬 수 있다. 태풍이 위험한 이유는 사람들이 사는 육지까지 침범할 때가 많기 때문이다. 태풍이 불면, 해일이 일어나 육지를 뒤덮어 주택과 공원과 건물들을 파괴할 뿐 아니라 심지어는 사람들의 목숨을 앗아가기까지 한다.

하나님은 셋째 날에 바다의 한계를 정해 육지가 드러나게 하셨다. 하나님이 '땅'으로 일컬으신 육지에는 산과 계곡과 사막과 모래사장이 많다. 하나님은 육지를 창조해 사람들과 동물들이 살게 하셨다. 그분은 물이 육지를 침범하지 못하도록 경계를 정하셨다. 그분이 그렇게 하신 이유는 우리와 같은 피조물들이 육지에 거주하게 하시기 위해서였다.

따라서 태풍은 무섭고, 비정상적인 현상이다. 하나님은 본래 물이 육지를 침범하지 못하게 하셨다. 그분은 물과 육지를 분명하게 구분하셨다. 그러나 죄가 세상에 들어오고 나서부터 모든 것이 변했다. 하나님은 큰 홍수를 일으켜 물로 육지를 덮으셨고, 오직 노아와 그의 가족들만 구원받았다(창 6-8장). 그것은 인간의 죄에 대한 하나님의 심판을 나타내는 표징이었다. 오늘날의 태풍도 비록 옛 홍수와는 달리 온 세상을 멸망시키지는 않더라도 하나님의 심판을 나타내는 표징이기는 마찬가지다. 그러나 긍휼이 풍성하신 하나님은 우리의 죄에도 불구하고 계속해서 우리가 살 수 있는 육지를 제공해주신다.

1) 하나님이 육지를 창조하신 이유는 무엇인가?
  ── 우리와 같은 인간들과 동물들이 살게 하기 위해서다. 셋째 날 이전의 지구는 물로 뒤덮여 있었다. 하나님이 육지를 창조하지 않으셨다면 우리는 생존할 수 없었을 것이다.

2) 하나님이 이따금 바다와 육지를 나눈 경계를 제거하시는 이유는 무엇인가?
  ── 죄 때문이다. 하나님은 심판의 표징으로 홍수와 태풍을 일으키신다. 그것들은 본래 창조된 세계의 일부가 아니었다.

3) 우리는 하나님의 심판을 나타내는 이런 표징들에 대해 어떻게

반응해야 할까?

—— 우리가 심판을 받아 마땅한 죄인이라는 사실을 인정하고, 하나님께 우리의 죄를 고백하며, 그분이 예수님을 통해 베푸시는 구원을 받아들여야 한다. 아울러, 하나님이 계속해서 바닷물로부터 우리를 보호하시는 것을 감사하게 여겨야 한다. 그분은 우리가 자기를 거슬러 죄를 지었는데도 불구하고 우리가 살 수 있는 육지를 허락하신다.

기도

우리는 하나님의 홍수 심판을 통해 멸망해야 마땅하다. 그런데도 우리가 땅을 딛고 있다는 사실은 그분의 긍휼을 보여주는 명백한 증거가 아닐 수 없다. 자녀들이 이 사실을 깨닫도록 도와달라고 하나님께 기도하라.

우리 위에 있는 광명체들

복습

1) 하나님은 창조의 셋째 날에 무엇을 하셨는가?

　── 하나님은 바다의 경계를 정해 육지가 드러나게 하고, 그곳에서 온갖 종류의 나무와 식물들이 자라나게 하셨다.

2) 하나님이 처음 사흘 동안 빛, 공기, 육지를 창조하신 이유는 무엇인가?

　── 우리가 살 수 있는 주거지를 만들기 위해서였다.

본문 읽기

창 1:14-19

1) 하나님이 넷째 날에 창조하신 두 개의 큰 광명체는 무엇인가?

　── 좀 더 큰 광명체는 태양이었고, 좀 더 작은 광명체는 달이었다. 모세가 이 두 개의 큰 광명체의 명칭을 언급하지 않은 이유는 당시에 많은 사람들이 태양과 달을 신으로 섬기는 잘못을 저지르고 있었기 때문이다.

2) 하나님은 태양과 달과 함께 무엇을 만드셨는가?

　── 별들.

3) 하나님은 태양과 달을 어디에 두셨는가?

— 우리가 하늘로 일컫는 '궁창'에 두셨다.

4) 하나님이 태양과 달을 창조하신 이유는 무엇인가?

— 빛을 비춰 땅을 밝히고, 날과 계절과 해를 이루게 하기 위해서였다.

해설

> **핵심 내용** : 하나님은 우리에게 빛과 열기를 제공하고, 시간을 주관하게 할 목적으로 태양을 창조하셨다.

태양은 지구보다 100배 이상 더 크고, 우리가 상상하는 것보다 더 뜨거운 거대한 항성이다. 뜨거운 초콜릿 음료 한 잔의 온도가 섭씨 48도 정도라면, 태양의 표면 온도는 섭씨 약 6,000도에 달한다. 한 마디로, 상상을 초월할 정도로 뜨겁다. 태양의 중심부로 갈수록 온도는 더 뜨겁다. 태양이 우리를 불사르지 못하는 이유는 무엇일까? 그 이유는 하나님이 지구와 태양이 적당한 거리를 유지하게 하셨기 때문이다. 이것은 모닥불 곁에서 손을 녹이는 것과 비슷하다. 불에 너무 가까이 다가가면 불에 타버릴 것이고, 너무 멀리 떨어져 있으면 손을 따뜻하게 할 수 없을 것이다. 하나님은 태양을 정확히 우리가 살 수 있는 위치에 두셨다. 조금만 더 가까웠으면 지구가 불에 타 잿덩이로 변했을 것이고, 조금만 더 멀었다면 얼음덩이가 되고 말았을 것이다.

아울러, 하나님이 태양을 창조하신 이유는 지구를 따뜻하게 하기 위해서만이 아니라 시간을 주관하게 하기 위해서였다. 왜 일 년이 365일인 줄 아는가? 그것은 지구가 태양을 공전하는 데 그만큼의 시간이 걸리기 때문이다. 하나님은 지구가 태양을 공전하면서 또한 스스로 자전하게 하셨다. 지구가 24시간에 한 바퀴씩 자전하는 덕분에 태양이 지구를 골고루 비출 수 있다. 이것이 낮과 밤이 존재하는 이유다. 더욱이 지구가 약간 기울어진 상태로 태양 주위를 도는 덕분에 봄, 여름, 가을, 겨울이라는 계절이 생겨난다. 태양이 없으면, 날도, 계절도, 해도 없다. 이처럼, 하나님은 태양을 창조해 날과 계절을 주관하게 하셨다.

1) 하나님이 태양을 창조하신 방식이 특별했다고 말할 수 있는 이유는 무엇인가?
—— 그 이유는 태양이 지구를 불사르지 않고, 따뜻하게 하도록 크기와 온도와 거리를 완벽하게 정하셨을 뿐 아니라 지구가 태양 주위를 공전함으로써 날과 계절과 해가 이루어지게 만드셨기 때문이다.

2) 어떤 사람들은 하나님을 믿지 않는다. 태양이 하나님의 존재를 입증하는 증거인 이유는 무엇인가?
—— 태양은 지구의 생명체들에게 필요한 조건을 제공하도록 완벽하게 설계되었다. 이런 일이 우연히 일어날 가능성은 절대

없다.

3) 태양과 달과 별들의 창조는 하나님에 관해 무엇을 가르치는가?
   ─── 하나님은 위대하고, 강하시다. 시편 147편 4절은 하나님이
   별들을 창조하고, 그것들의 이름을 부르신다고 말씀한다. 태양
   과 달과 별들을 보면, 하나님의 위대하심을 찬양하지 않을 수
   없다.

기도

가족들이 넷째 날의 창조 사역을 통해 드러난 하나님의 위대하심을
알게 해달라고 기도하라.

7 우리가 사랑하는 동물들

복습

1) 하나님이 넷째 날에 창조하신 두 개의 큰 광명체는 무엇인가?

　── 태양과 달

2) 하나님이 그것들을 창조하신 이유는 무엇인가?

　── 지구를 환하게 밝히고, 따뜻하게 하기 위해서다. 하나님은 또한 그것들로 날과 계절과 해를 주관하게 하셨다.

본문 읽기

창 1:20-25

1) 본문에 따르면, 하나님은 어떤 피조물들을 창조하셨는가?

　── 하나님은 다섯째 날에는 바다에서 헤엄치는 물짐승들과 하늘을 나는 새들을, 여섯째 날에는 육지에서 사는 짐승들을 각각 창조하셨다.

2) 하나님은 이 피조물들을 어떻게 창조하셨는가?

　── 각기 그 종류대로 창조하셨다. 이것은 개와 파충류를 비롯해 다양한 동물의 종이 창조되었다는 것을 의미한다. 하나님은 다양한 종류의 피조물을 창조하셨다.

3) 하나님은 자신의 창조 사역을 보고 어떻게 느끼셨는가?

── 하나님은 그것이 보시기에 심히 좋았다고 말씀하셨다. 이것이 창세기 1장에서 줄곧 강조된 요점이다. 하나님이 창조하신 모든 것이 선했다.

해설

> **핵심 내용 :** 피조 세계에는 하나님을 반영하는 질서와 다양성이 존재했다.

초고층 건물을 본 적이 있는가? '초고층 건물'은 때로 300미터가 넘는 높은 건물을 가리킨다. 그런 건물을 지으려면 기중기나 굴착기를 동원해 건축을 시작하기 전에 먼저 건축가들이 오랜 시간에 걸쳐 설계도를 완성해야 한다. 일단 건설 근로자들이 투입되면, 그들은 계획된 순서를 따라야 한다.

하나님도 잘 세워진 계획에 따라 세상을 창조하셨다. 우연적으로나 아무렇게나 이루어진 것은 아무것도 없었다. 다섯째 날과 여섯째 날에 하나님이 동물들을 창조하신 것을 생각해 보라. 그 이틀간 이루어진 하나님의 창조 사역과 둘째 날과 셋째 날에 이루어진 그분의 창조 사역이 어떻게 서로 조화를 이루는지 알겠는가? 하나님은 둘째 날에 바다와 하늘을 창조하셨고, 다섯째 날에 바다는 물짐승들로, 하늘은 새들을 각각 채우셨다. 또한, 그분은 셋째 날에는 육지를 드러나게 하셨고, 여섯째 날에는 땅의 짐승들로 육지를 채우셨다. 이런 순서가 첫째 날과 넷째 날에도 똑같이 지켜졌다. 하나님은 첫째 날에 빛을 창조하셨고, 넷째 날에는 태양과 달과 별들(하늘의 발광체들)을 창조하셨다. 이렇듯, 하나님의 창조 사역은 그분의 본성을 반영하는 아름다운 질서를 갖추었다.

아울러, 하나님의 창조 사역은 놀라운 다양성을 드러낸다. 모세는 하나님이 짐승들을 각기 종류대로 창조하셨다고 말했다. 다음에 동물원에 갔을 때는 동물들의 차이점을 유심히 관찰해보라. 도마뱀은 앵무새와 전혀 다르고, 원숭이는 물고기와 전혀 딴판이다. 심지어 같은 종에 속한 동물들조차도 매우 다양하다. 예를 들어, 고양잇과 동물들 가운데는 사자, 재규어, 치타가 포함된다. 세상에 있는 치타를 모두 비교해 보면 점의 문양이 똑같은 것이 단 한 마리도 없다는 것을 알 수 있을 것이다. 이런 놀라운 다양성은 하나님의 창의성과 아름다움을 여실히 보여준다.

1) 처음 사흘간의 창조 사역은 나중 사흘간의 창조 사역을 어떤 식으로 뒷받침했는가?
   —— 하나님은 첫째 날에 빛을 창조하심으로써 넷째 날에 태양과 별들로부터 그 빛이 비치게 했고, 둘째 날에 바다와 하늘을 창조하심으로써 다섯째 날에 물짐승과 새들이 그곳을 채우게 했으며, 셋째 날에 육지를 창조하심으로써 여섯째 날에 동물들이 그곳에서 살 수 있게 하셨다.
2) 창조의 순서는 하나님에 관해 무엇을 가르치는가?

─── 하나님은 질서의 하나님이시다. 하나님은 어떤 일이든 계획 없이 우발적으로 행하지 않으신다.

3) 하나의 종이 다른 종으로 바뀔 수 있는가?

─── 어떤 사람들은 오랜 세월이 흐르면 물고기가 도마뱀으로, 새가 원숭이로 바뀔 수 있다고 믿는다. 이것은 진화론으로 불리는 인위적인 개념에 해당한다. 그러나 성경은 그럴 수 없다고 가르친다. 물고기는 물고기 외에 다른 것이 될 수 없다. 도마뱀이나 새나 원숭이도 마찬가지다. 하나님은 동물들을 제각기 종류대로 창조하셨고, 종에 따라 번식할 수 있는 능력을 부여하셨다.

기도

가족들이 창조의 질서와 다양성을 통해 하나님의 아름다우심을 볼 수 있게 해달라고 기도하라.

8 하나님의 영광을 반영하는 인간

복습

1) 하나님은 다섯째 날과 여섯째 날에 무엇을 창조하셨는가?

— 물짐승, 새, 육지 동물.

2) 다양한 종의 동물들이 창조된 사실을 통해 하나님에 관해 무엇을 알 수 있는가?

— 하나님은 창의력이 뛰어나시다. 그분은 자신이 창조한 다양한 피조물을 통해 자신의 아름다움을 드러내셨다.

본문 읽기

창 1:26-27, 골 3:10, 엡 4:24

1) 하나님은 언제 인간을 창조하셨는가?

— 마지막 창조 사역이 이루어지던 여섯째 날에 창조하셨다. 이런 사실은 인간의 중요성을 보여준다. 하나님이 그때까지 창조하신 피조물은 모두 인간을 위해 창조되었다.

2) 동물들은 모두 제각기 종류대로 창조되었다. 그렇다면 인간은 어떻게 창조되었을까?

— 인간은 하나님의 형상과 모양대로 창조되었다. '형상'과 '모

양'은 똑같은 의미를 지닌다. 하나님은 자신의 성품을 반영하게 할 목적으로 인간을 창조하셨다. 또한, 그분은 인간을 남성과 여성으로 창조하셨다.

3) 바울은 우리의 구원을 언급하면서 하나님이 자신의 형상으로 우리를 재창조하셨다고 말했다. 그는 그리스도를 통해 우리 안에서 어떤 특별한 속성이 재창조되었다고 말했는가?
—— 지식과 의와 거룩함.

해설

> 핵심 내용 : 하나님은 자기를 반영하게 하려고 인간을 다른 모든 피조물과 다르게 창조하셨다.

거울에 자신의 모습을 비춰본 적이 있는가? 거의 모든 사람이 그렇게 한다. 거울 앞에 서면 우리의 형상이 반영된다. 우리가 얼굴을 찡그리면 거울 속의 형상도 얼굴을 찡그리고, 근육을 구부리면 거울 속의 형상도 그대로 따라 한다. 그렇다면 우리 자신과 거울 속의 형상은 차이가 있을까? 물론이다. 거울 속의 형상은 우리와 똑같아 보이지만 우리의 실체가 아니다. 거울이 실제 인간이 될 수는 없다. 그것은 거울일 뿐이다. 그러나 거울은 우리의 실제 모습을 그대로 반영한다.

하나님은 창조 사역의 맨 마지막에 자신의 형상대로 인간을 창조하셨다. 거울 속에 있는 우리의 형상이 우리를 반영할 뿐, 우리 자신이 아닌 것처럼 우리도 하나님을 반영하기 위해 창조되었을 뿐 그분 자신이 아니다. 우리는 하나님의 형상일 뿐, 결코 그분이 될 수 없다. 바꾸어 말해, 우리는 항상 거울 속의 형상으로 머무를 뿐, 그 앞에 서 있는 실제 사람이 될 수 없다.

그렇다면 인간은 하나님을 얼마나 정확하게 반영하도록 창조되었을까? 성경은 인간이 하나님의 형상을 따라 지식과 의와 거룩함으로 지으심을 받았다고 가르친다. 하나님은 자기 자신을 온전히 알고, 즐거워하시기 때문에 인간도 하나님을 알고, 즐거워하도록 창조하셨다. 하나님은 완전한 의와 거룩함을 지니고 계시기 때문에 인간도 올바르고, 무죄한 상태로 창조하셨다. 그러나 불행히도 인간의 그런 상태는 오래 지속되지 못했다. 죄가 인간 안에 있는 하나님의 형상을 심각하게 왜곡시켰다. 죄로 인해 거울이 산산조각이 났다. 우리는 하나님을 알고, 반영하는 본연의 기능을 상실했다. 그러나 성령께서 우리를 변화시키시면 깨어진 형상이 되살아나기 시작한다.

1) 거울은 우리가 하나님의 형상을 반영한다는 것의 의미를 이해하는 데 어떤 도움을 주는가?
   —— 거울 앞에 서면, 거울이 우리의 모습을 보여준다. 거울은 우리가 아닌 우리의 형상을 반영한다. 우리는 하나님이 아니다. 우리는 단지 그분을 보여주기 위해 창조되었다.

　　　　　　　　　　　　　　　　　　　　　　　창세기 가정예배

2) 우리가 반영해야 할 하나님의 세 가지 주된 속성은 무엇인가?

—— 지식과 의와 거룩함.

3) 하나님의 지식과 의와 거룩함을 반영한다는 것이 무슨 의미인지 설명할 수 있겠는가?

—— 지식은 하나님을 알고 즐거워하도록 우리를 창조하신 방식을, 의와 거룩함은 하나님에게 즐거이 순종하며 섬기도록 우리를 창조하신 방식을 각각 가리킨다.

4) 죄는 우리 안에 있는 하나님의 형상을 어떻게 깨뜨렸는가?

—— 우리는 죄로 인해 하나님에게서 멀어졌기 때문에 더 이상 그분을 알고, 즐거워할 수 없게 되었고, 그분이 아닌 우리 자신을 섬기게 되었다. 죄는 우리 안에 있는 하나님의 형상을 심각하게 훼손했다. 그러나 하나님은 예수님을 통해 우리를 회복해 다시 자기를 반영하게 하신다.

기도

가족들이 그리스도 안에서 죄로부터 구원받아 지식과 의와 거룩함으로 하나님을 반영할 수 있게 해달라고 기도하라.

9

하나님이 창조하신 세상을 다스리는 왕

복습

1) 우리는 누구를 반영하기 위해 창조되었는가?

—— 하나님. 그분은 세상에 자기의 모습을 보여주게 하려고 자신의 형상으로 우리를 창조하셨다.

2) 하나님의 형상으로 창조되었다는 것은 우리가 하나님이 될 수 있다는 의미인가?

—— 그렇지 않다. 우리는 절대로 하나님이 될 수 없다. 거울 앞에 섰을 때 거울이 우리의 모습을 비추는 것처럼, 우리는 하나님을 보여주기 위해 창조되었을 뿐이다.

본문 읽기

창 1:28-31, 시 8:6-8

1) 하나님이 인간에게 명령하신 두 가지 일은 무엇인가?

—— 첫째는 생육하고 번성하는 것이었다. 인간은 자녀를 많이 낳아 온 세상을 하나님의 형상으로 가득 채워야 할 의무가 있었다. 둘째는 땅과 모든 생물을 다스리는 것이었다. 인간은 하나님 밑에서 만물을 다스리는 왕이 되어야 했다. 시편 8편도 하나

님이 동물들을 인간의 발아래 두셨다고 말씀한다.

2) 하나님은 인간과 동물들에게 먹을 것으로 무엇을 주셨는가?

　── 다양한 종류의 채소와 열매 맺는 나무들.

3) 하나님은 여섯째 날 마지막에 자신이 창조한 피조 세계를 보고 어떻게 느끼셨는가?

　── 하나님은 인간을 창조하고 나서 자기가 지은 만물을 보고, 심히 좋다고 느끼셨다.

해설

> **핵심 내용 : 인간은 동물이 아니다. 하나님의 형상을 지닌 인간에게는 동물들을 다스리는 임무가 주어졌다.**

우리가 동물들과 조금도 다르지 않다고 생각하는 사람들이 있다는 것을 알고 있는가? 그들은 우리가 원숭이, 도마뱀, 물고기와 같은 동물의 일종일 뿐, 달리 특별한 속성을 지니고 있지 않다고 주장한다. 그들은 인간이 단지 동물에 지나지 않는다고 말한다. 그러나 성경은 그렇게 가르치지 않는다. 하나님의 말씀은 우리를 똑똑한 원숭이로 간주하지도 않고, 우리가 물고기나 새와 같은 동물의 일종이라고 가르치지도 않는다. 성경에 따르면, 우리는 하나님이 창조하신 가장 특별한 피조물이다. 세상에서 우리와 같은 피조물은 어디에도 없다. 하나님은 가장 뛰어난 피조물을 맨 마지막까지 남겨두었다가 마침내 자신의 형상대로 인간을 창조하셨다.

하나님은 인간에게 특별한 임무를 부여하셨다. 인간은 세상을 다
스려야 했다. 하나님은 온 세상의 왕이시다. 그분은 만물을 다스리
신다. 그러나 하나님은 자신의 형상으로 인간을 창조하고, 그를 일
종의 작은 왕으로 세우셨다. 그분은 인간에게 자기가 지은 세상과
그 안에 있는 육지와 나무와 구름과 바다를 다스리는 임무를 맡기
셨다. 하나님은 모든 동물을 인간의 발아래 두셨다. 우리는 동물들
이 아니라 그것들을 다스리는 자로 창조되었다. 사자나 개나 원숭
이에게는 해당하지 않는 특별한 임무가 인간에게 주어졌다. 우리는
하나님의 아름다움이 반영된 세상을 다스리고, 충만하게 하기 위해
창조되었다.

1) 우리는 동물과 다른가? 다르다면, 어떻게 다른가?

—— 하나님은 우리를 특별하게 창조하셨다. 하나님을 알고, 반
영할 수 있도록 그분의 형상대로 창조된 피조물은 인간밖에 없
다. 우리는 하나님의 형상을 지녔기 때문에 하나님은 동물들을
비롯해 온 세상을 우리의 발아래 두셨다.

2) 우리가 동물과 다르다는 사실을 이해하는 것이 중요한 이유는
무엇인가?

—— 우리가 동물과 다르다는 사실은 곧 우리가 하나님께 얼마
나 귀중한 존재인가를 여실히 보여준다. 심지어 천사들도 하나
님의 형상으로 창조되지 않았다. 원숭이나 물고기는 더더욱 그

렇지 않다. 예수님이 죄지은 천사들이 아닌 우리를 구원하기 위해 세상에 오신 이유는 바로 이것이다.

3) 우리가 하나님이 명령하신 대로 세상을 다스리는 임무를 잘하고 있다고 생각하는가?

— 그렇지 않다. 우리는 죄 때문에 하나님을 반영하고 그분이 지으신 세상을 다스리는 일을 제대로 감당하지 못하고 있다. 죄가 피조 세계를 완전히 뒤집어 엎어놓은 탓에 우리는 때로 동물들을 무서워하고, 동물들도 이따금 우리를 해치곤 한다. 그러나 하나님은 왕이신 예수님을 통해 세상을 다시 똑바로 세워놓으신다. 그분은 만물을 예수님의 발아래 복종하게 하신다(히 2:5-9).

기도

가족들이 하나님의 형상을 지닌 인간의 독특한 가치와 목적을 올바로 이해하게 해달라고 기도하라.

10

노동으로부터의 휴식

복습

1) 인간이 하나님의 피조물 가운데 가장 특별한 위치를 차지하는 이유는 무엇인가?

— 인간은 하나님의 형상대로 창조되었고, 세상과 동물들을 다스려야 할 임무를 부여받았다.

2) 하나님이 인간 외에 자신의 형상대로 창조한 피조물이 또 있는가?

— 없다. 오직 인간만이 그런 식으로 창조되었다. 심지어 천사들조차도 하나님의 형상으로 창조되지 않았다.

본문 읽기

창 2:1-3, 출 20:8-11

1) 하나님은 창조 사역을 끝내고 나서 무엇을 하셨는가?

— 하나님은 엿새 동안의 창조 사역을 마치고 일곱째 날에 안식하셨다.

2) 일곱째 날이 특별한 이유는 무엇인가?

— 일곱째 날은 하나님이 축복하고, 거룩하게 하신 유일한 날

이다. 무엇인가를 거룩하게 한다는 것은 하나님에 대한 예배를 위해 그것을 따로 구별한다는 뜻이다.

3) 안식일에 아무 일도 하지 않고, 그 날을 거룩하게 지켜야 하는 이유는 무엇인가?
—— 그 이유는 우리가 하나님의 형상을 지녔기 때문이다. 우리도 그분처럼 엿새 동안 일하고, 하루 동안 안식해야 한다.

해설

> **핵심 내용** : 하나님은 안식일을 통해 자기를 예배하도록 돕고, 오직 예수님 안에서 안식함으로써 구원을 받게 된다는 진리를 가르치기 위해 그 날을 선물로 주셨다.

하나님은 세상을 단번에 창조할 수 있으셨다. 하나님은 엿새라는 시간도 필요하지 않았고, 일한 후에 지쳐 잠을 자야 할 필요도 없으셨다. 그렇다면, 하나님은 왜 엿새 동안 일하고, 일곱째 날에 안식하셨을까? 그분이 그렇게 하신 이유는 우리를 위해서였다. 하나님은 안식일을 축복하고, 거룩하게 해 그 날을 우리에게 선물로 주셨다. 그 덕분에 인간은 매주 하루 동안 휴식을 취하며 하나님을 예배할 수 있게 되었다. 어릴 때는 휴식이라는 것을 잘 모른다. 어린아이들은 낮잠을 원하지 않는다. 그들은 잠자는 시간이 될 때까지 끊임없이 놀고 싶어 한다. 그러나 성경은 휴식이 하나님의 선물이라고 가르친다.

인간이 세상에서 맞이한 최초의 하루는 바로 안식일이었다. 이점을 잠시 생각해 보자. 인간은 안식을 누리기 위해 엿새 동안 일하지 않았다. 인간의 삶이 시작하는 첫날에 안식이 주어졌다. 이것은 우리의 구원을 암시한다. 예수님은 자기에게 와서 죄로 인해 지친 영혼을 위한 안식을 발견하라고 말씀하셨다(마 11:28). 그렇게 하는 사람에게는 장차 천국에서 하나님 앞에서 영원한 안식을 누리게 될 것이라는 약속이 주어진다(사 57:2 참조). 이 구원의 안식은 우리의 노력으로 얻는 것이 아니다. 그것은 하나님이 예수님 안에서 우리에게 거저 주시는 것, 곧 값없는 선물이다. 우리는 매주 주일마다 안식하며 하나님을 예배하면서 이 진리를 상기한다. 우리는 주일마다 예수님 안에서 안식을 누리고, 예배를 드림으로써 천국을 미리 맛본다. 천국은 영원히 하나님을 예배하며, 예수님 안에서 안식을 누리는 곳이다.

1) 하나님이 엿새 동안 세상을 창조하고, 일곱째 날에 안식하신 이유는 무엇인가?

— 하나님은 우리가 따라야 할 본보기를 보여주셨다. 우리도 엿새 동안 일하고, 하루 동안 안식해야 한다. 안식일은 매주 안식을 누리는 날로 우리에게 주어진 하나님의 선물이다.

2) 하나님이 안식일을 통해 우리에게 가르치시는 것은 무엇인가?

— 하나님은 우리가 행위가 아닌 오직 예수님을 믿는 믿음과 그분 안에서의 안식을 통해서만 구원받을 수 있다고 가르치

창세기 가정예배

신다.

3) 우리는 설레는 마음으로 안식일을 맞이해야 할까?

　　── 물론이다. 우리는 안식일을 어떤 일도 해서는 안 되는 날로 생각할 때가 많다. 그러나 그것은 안식일에 관한 올바른 생각이 아니다. 우리는 안식일을 어떤 일을 해야 하는 날로 간주해야 한다. 우리는 그 날에 학교생활과 노동을 중단하고, 하나님의 백성과 함께 예배를 드려야 한다. 안식일은 즐거워해야 할 선물이다. 그 날에는 '하지 말아야 할 것'보다는 '해야 할 것'에 더 큰 관심을 기울여야 한다.

기도

안식일을 허락하신 하나님께 감사하고, 가족들이 예수님 안에서 주어진 안식을 누리고, 예배를 통해 하나님을 영화롭게 하면서 그 날을 즐거워할 수 있게 해달라고 기도하라.

복습

1) 하나님은 일곱째 날에도 창조 사역을 계속하셨는가?

— 아니다. 하나님은 엿새 동안 모든 것을 창조하고 나서 일곱째 날에는 안식하셨다.

2) 하나님은 안식을 통해 우리에게 어떤 선물을 주셨는가?

— 하나님은 우리에게 안식일이라는 선물을 주셨다.

본문 읽기

창 2:4-7

1) 모세가 본문에서 언급한 하나님의 새 이름은 무엇인가?

— 여호와. 이것은 하나님의 언약을 나타내는 이름이다. 언약이란 하나님이 자기 백성과 맺으신 특별한 관계를 가리킨다.

2) 하나님은 인간을 어떻게 창조하셨는가?

— 하나님은 흙으로 인간의 육체를 빚으시고 나서 생기를 불어넣어 영혼을 창조하셨다. 하나님은 인간을 육체와 영혼으로 이루어진 존재로 설계하셨다.

3) 하나님이 인간에게 생기를 불어넣으시자 어떤 일이 일어났는

가?

── 인간이 생령이 되었다. 하나님의 숨결은 종종 성령을 가리킨다. 욥기 33장 4절은 성령께서 우리에게 생명을 주셨다고 말씀한다.

해설

> **핵심 내용 :** 하나님은 자기를 섬기며 사랑하게 하려고 우리를 영혼과 육체를 지닌 존재로 창조하셨다.

토기장이가 일하는 모습을 지켜보는 것은 매우 흥미롭다. 그는 진흙덩이를 가지고, 그릇이나 꽃병이나 잔과 같은 토기를 빚는다. 그는 쓸모 없는 것으로 쓸모 있는 것을 만든다. 하나님이 토기장이와 같으시다는 것을 아는가? 하나님은 진흙으로 인간의 아름다운 육체를 빚으셨다. 이것은 생각하면 참으로 놀라운 일이 아닐 수 없다. 하나님은 생각하는 뇌, 호흡하는 폐, 피를 뿜어내는 심장을 비롯해 팔다리, 손발, 손가락과 발가락을 만들어 우리가 일하고, 놀 수 있게 해주셨다. 그분은 먹고, 말하고, 노래하는 입도 주셨다. 하나님은 이 모든 것을 진흙으로 만드셨다. 인간의 창조를 통해 하나님의 능력이 여실히 드러난다. 오직 하나님만이 흙으로 그런 놀라운 육체를 빚으실 수 있다.

그러나 하나님은 육체를 빚으시는 것으로 그치지 않으셨다. 그분은 자신의 영으로 인간에게 생기를 불어넣어 영혼을 만드셨다. 동물들은 영혼이 없다. 영혼은 오직 인간에게만 있다. 영혼은 만지거나 볼 수 없는 인간의 구성 요소다. 그것은 내면 깊은 곳에 존재하는 우리의 참된 실체다. 우리가 생각하고, 느끼고, 바랄 수 있는 것은 영혼이 있기 때문이다. 하나님과 다른 사람들을 사랑할 수 있는 것도 영혼 덕분이다. 심판의 날에 우리는 우리의 영혼과 육체로 행한 것을 예수님 앞에 사실대로 고하게 될 것이다.

1) 하나님이 토기장이와 같으신 이유는 무엇인가?
   —— 토기장이가 진흙덩이로 아름다운 형태의 물체를 빚는 것처럼, 하나님도 진흙으로 인간의 놀라운 육체를 빚으셨기 때문이다.

2) 하나님은 인간에게 육체 외에 다른 무엇을 주셨는가?
   —— 영혼. 영혼은 인간의 가장 깊숙한 내면에 존재한다. 영혼은 내면 깊은 곳에 존재하는 우리의 참된 실체다. 그곳에서 생각하고, 사랑하고, 느끼고, 선택하는 기능이 이루어진다. 우리가 하나님을 알고, 즐거워할 수 있는 것은 영혼이 있기 때문이다.

3) 하나님이 창조하신 우리의 영혼과 육체를 어떻게 사용해야 할까?
   —— 우리는 우리의 영혼으로 하나님을 사랑하고, 우리의 몸으로 그분을 섬겨야 한다. 성경은 우리가 하는 말과 행위가 내면 깊은 곳에 있는 우리의 영혼으로부터 나온다고 말씀한다(잠

창세기 가정예배

4:23, 마 15:18 참조). 우리의 영혼은 죄로 인해 하나님을 사랑할 수 없게 되었고, 그 결과로 우리의 육체도 그릇된 행위를 일삼게 되었다. 우리는 상스러운 말을 하고, 해로운 행위를 한다. 하나님을 영혼으로 온전히 사랑하고, 몸으로 온전히 섬긴 사람은 예수님 한 분밖에 없다. 그분은 우리를 죄에서 구원하기 위해 자기 목숨을 내놓음으로써 우리가 성령을 통해 본래의 창조 목적대로 하나님을 사랑하고, 섬길 수 있는 길을 열어주셨다.

기도

가족들이 그리스도를 믿는 믿음을 통해 영혼으로 하나님을 사랑하고, 몸으로 그분을 섬길 수 있게 해달라고 기도하라.

복습

1) 동물들과 우리의 차이는 무엇인가?

── 우리는 하나님의 형상으로 창조되었고, 그분을 알고, 사랑
할 수 있는 영혼을 부여받았다.

2) 하나님은 인간의 영혼을 어떻게 창조하셨는가?

── 하나님은 성령으로 인간에게 생기를 불어넣으셨다.

본문 읽기

창 2:8-15

1) 하나님은 아담을 창조하고 나서 그를 어디에 두셨는가?

── 에덴동산.

2) 동산에 있는 많은 나무 가운데서 모세가 특별히 언급한 두 개의
나무는 무엇인가?

── 생명 나무와 선악을 알게 하는 나무.

3) 동산의 식물들은 물을 어디에서 공급받았는가?

── 에덴에서 흘러나온 강.

4) 하나님은 에덴동산에 있는 아담에게 어떤 임무를 주셨는가?

—— 아담은 동산을 돌봐야 했다. 아담의 일을 묘사하는 데 사용된 용어들이 회막에서 일했던 제사장들에게 똑같이 적용되었다(민 3:7, 8). 아담은 에덴동산을 하나님이 거하시는 성전으로 여겨 돌보고, 그 안에서 섬겨야 했다. 그는 최초의 제사장이었다.

해설

> **핵심 내용 :** 우리는 하나님의 동산(성전)에서 그분을 섬기는 제사장이 되기 위해 창조되었다.

하나님은 항상 자기 백성과 함께 거하신다. 구약시대를 거치는 동안, 하나님은 처음에는 회막에서, 나중에는 성전에서 자기 백성과 함께 거하셨다. 성전은 이스라엘에서 가장 중요한 장소였다. 그 이유는 그곳이 하나님의 집이었기 때문이다. 만일 하나님의 집을 들여다볼 수 있었다면 그곳이 에덴동산과 매우 비슷했다는 것을 알게 되었을 것이다.

- 에덴에는 나무와 과실들이 풍성했다. 성전은 온통 나무와 과실들의 형상으로 장식되어 있었다.
- 에덴에는 금과 보석들이 있었다. 성전은 금과 보석들로 뒤덮여 있었다.
- 에덴은 동쪽에 있었다. 성전은 동쪽을 마주하고 있었다.

가장 중요한 사실은 하나님이 에덴에서 아담과 함께 살았고, 성전에서 이스라엘과 함께 사셨다는 것이다. 아담은 나무들을 다듬고, 열매를 따는 동산지기처럼 보였지만 실제로는 제사장이었다. 그가 창조된 목적은 에덴이라는 성전에서 하나님을 섬기고, 예배하기 위해서였다. 그는 그 성전을 지키고, 그릇된 것이 그 안에 들어오지 못하게 보살펴야 했다. 또한, 그는 자녀들을 낳아 성전을 더욱 크게 확장해 온 세상에 하나님이 충만하게 임재하시게 해야 했다. 이것이 하나님이 인간을 만드신 이유였다. 그분은 우리가 자기를 알고, 영원히 즐거워하기를 바라셨다. 그분은 온 세상에 자기를 찬양하는 소리가 가득 울려 퍼지기를 원하셨다.

1) 이스라엘에서 성전이 그토록 특별한 장소였던 이유는 무엇인가?

—— 그곳은 하나님이 거하시는 장소였다. 성전은 하나님의 집이었다. 하나님의 백성은 그곳에서 그분을 알고, 예배할 수 있었다.

2) 에덴을 성전으로 일컬을 수 있는 이유는 무엇인가?

—— 그곳은 하나님이 아담과 하와와 함께 사셨던 그분의 집이었다. 이스라엘의 성전은 많은 점에서 에덴동산을 닮았다. 성전은 에덴동산의 복사판이었다. 에덴동산은 최초의 성전이었다.

3) 아담은 에덴이라는 성전에서 무슨 일을 했는가?

—— 그는 제사장으로 창조되었다. 제사장들은 하나님의 집에서

그분을 섬겼다. 그들은 하나님께 가까이 나아갈 수 있었다. 다른 사람들을 인도해 하나님을 예배하게 하고, 그릇된 것들로부터 그분의 집을 지키는 것이 그들의 임무였다.

4) 아담이 제사장으로서 일을 잘했다고 생각하는가?

── 아담은 임무 수행에 실패했다. 그는 성전을 사악한 뱀으로부터 지키지 못하고, 하나님 대신 자기 자신을 숭배함으로써 죄를 지었다. 이것이 예수님이 세상이 오신 이유다. 그분은 우리를 옛 뱀으로부터 구원해 하나님을 예배하게 하고, 우리를 다시 하나님의 동산으로 되돌리기 위해 우리의 대제사장으로 세상에 오셨다. 우리는 예수님을 믿는 믿음을 통해 제사장의 신분으로 하나님께 가까이 나갈 수 있고, 다른 사람들에게도 그렇게 하라고 권할 수 있다.

기도

자녀들이 대제사장이신 예수 그리스도를 통해 하나님께 가까이 나아가 예배를 드리는 축복을 누릴 수 있게 해달라고 기도하라.

복습

1) 이스라엘의 성전과 에덴동산의 유사점은 무엇인가?

　── 에덴동산은 하나님이 아담과 함께 거하면서 교제를 나누셨
　던 장소였다. 그곳에는 나무들, 과실, 금, 보석들이 가득했다. 이
　스라엘의 성전도 많은 점에서 에덴동산을 닮았다.

2) 하나님은 에덴동산에서 아담에게 어떤 일을 맡기셨는가?

　── 그는 하나님을 예배하고, 악으로부터 동산을 지켜야 할 제
　사장이었다.

본문 읽기

창 2:16-17

1) 하나님은 아담과 하와에게 먹을 것으로 무엇을 주셨는가?

　── 한 그루의 나무를 제외한 동산의 모든 나무의 열매. 이것은
　하나님의 관대하심을 보여준다. 그분은 아담과 하와가 마음껏
　즐길 수 있는 풍요로운 동산을 창조하셨다.

2) 아담과 하와가 먹어서는 안 될 나무의 열매는 무엇인가?

　── 선악을 알게 하는 나무의 열매. 이것은 하나님의 권위를 나

타낸다. 하나님은 사람들에게 해야 할 일을 명령할 권한이 있으시다. 아울러 이것은 하나님이 명령하신 것을 이행해야 할 인간의 책임을 일깨워준다.

3) 아담이 하나님께 불순종하면 어떤 결과가 초래될 예정이었는가?

── 육체적으로 죽을 뿐 아니라 죄로 인해 하나님과의 관계가 단절되어 영적 사망에 이르게 될 것이었다.

해설

> **핵심 내용:** 아담은 하나님께 자유롭게 순종하도록 창조되었고, 순종에 실패하면 죽음을 경험할 것이었다.

하나님은 우리를 로봇처럼 창조하지 않으셨다. 로봇은 간단한 버튼 조작으로 움직인다. 로봇은 앞으로 가라는 버튼을 누르면 앞으로 가고, 뒤로 가라는 버튼을 누르면 뒤로 간다. 로봇은 선택의 자유가 없다. 하나님은 우리를 그렇게 만들 수도 있으셨다. 그분은 얼마든지 우리를 자동적으로 순종하게 만들 수 있었지만 그렇게 하지 않으셨다. 하나님은 자신의 형상대로 우리를 창조하심으로써 자기처럼 선택할 수 있는 능력을 부여하셨다. 그분은 우리에게 선택의 자유를 어느 정도 허락하셨다.

하나님이 아담에게 처음 하신 말씀은 명령이었다. 하나님은 그에게 선악을 알게 하는 나무로 불리는 나무의 열매를 먹지 말라고 명령하셨다. 그분은 아담이 기꺼이 자기에게 순종하며 살게 하려고 그를 창조하셨다. 그러나 하나님은 아담에게 순종을 선택할 자유를 주셨다. 그분은 아담에게 순종하지 않으면 죽을 것이라고 경고하셨다. 만일 아담이 하나님께 순종한다면 영원히 살 수 있었다. 우리는 이것을 '행위 언약'으로 일컫는다. 하나님은 아담과 언약이라는 특별한 관계를 맺으셨다. 이 언약과 관련해 아담은 모든 인류를 대표했다. 하나님은 아담이 자기에게 순종하면 온 인류가 영원한 생명을 얻게 될 것이라고 약속하셨다. 그러나 아담이 자신의 자유를 하나님께 불순종하는 데 사용한다면, 하나님은 그와 그의 후손을 죽음에 던져 넣으실 것이었다.

1) 우리는 로봇과 어떻게 다른가?
  —— 하나님은 우리에게 선택의 자유를 주셨다. 로봇은 자동적으로 명령에 순종하지만, 우리는 하나님께 순종할지 안 할지 결정할 수 있는 의지를 지니고 있다.

2) 행위 언약이란 무엇인가?
  —— 하나님이 인류의 대표자인 아담과 맺으신 특별한 관계를 가리킨다. 하나님은 아담이 순종한다면 그와 온 인류에게 영원한 생명을 주겠다고 약속했고, 그가 순종하면 그와 온 인류가 영원한 죽음을 면치 못할 것이라고 경고하셨다.

3) 하나님께 불순종하면 죽을 수밖에 없는 이유는 무엇인가?

—— 그 이유는 죄가 우리를 하나님에게서 떼어놓기 때문이다. 하나님은 거룩하시기 때문에 죄인들과 함께 사실 수 없다. 그분은 완전한 빛이시기 때문에 어둠과 함께 거하실 수 없다. 죄는 우리를 하나님에게서 멀어지게 만든다. 생명의 하나님과 분리되는 것, 이것이 곧 죽음이다. 죄 때문에 육체적인 죽음과 영적 죽음이 찾아왔다. 이것이 예수님이 십자가에서 죽으셔야 했던 이유다. 예수님은 하나님께 불순종한 적이 한 번도 없지만, 우리가 하나님과 함께 영원히 살 수 있게 하려고 불순종한 우리가 받아야 할 죽음의 형벌을 대신 받으셨다. 믿음으로 예수님을 바라보면 영원한 생명을 얻는다.

기도

가족들에게 그리스도를 믿는 참된 믿음을 허락해 그리스도께서 완전한 삶과 희생적인 죽음을 통해 획득하신 영원한 생명을 얻게 해 달라고 하나님께 기도하라.

14

최초의 결혼

복습

1) 하나님은 아담에게 에덴동산에서 무엇을 하지 말라고 명령하셨는가?

   —— 선악을 알게 하는 나무의 열매를 먹지 말라고 명령하셨다.

2) 하나님께 불순종하면 어떤 일이 벌어지는가?

   —— 육체적인 죽음과 영적 죽음을 면할 수 없다.

본문 읽기

창 2:18-24

1) 하나님이 창조하신 것 가운데 그분이 보기에 좋지 않았던 것이 하나 있었다. 무엇인가?

   —— 아담이 배필이 없는 것이었다. 인간은 다른 사람들과 관계를 맺고 살아가도록 창조되었다. 아담에게는 돕는 배필이 필요했다.

2) 하나님은 아담이 동물들을 어떻게 하기를 바라셨는가?

   —— 하나님은 아담이 동물들의 이름을 지어 그것들을 다스리기를 원하셨다. 그가 명명한 동물 가운데 그의 조력자가 될 만한

동물은 하나도 없었다.

3) 하나님이 아담을 잠들게 하고, 그의 갈빗대 하나를 취하신 이유
는 무엇인가?

── 남자를 통해 여자를 만드시기 위해서였다. 하나님은 아담
을 위해 완전한 배필, 곧 여자를 만드셨다. 여자는 아담의 형태
를 닮았지만 그와 다른 점이 있었다. 하나님은 최초의 결혼을
통해 남자와 여자를 하나로 합하셨다.

해설

> 핵심 내용 : 하나님은 한 남자와 한 여자가 결혼을 통해 함께 살아가도록 계
> 획하셨다.

결혼식은 많은 축하를 받는 행복한 시간이다. 남자와 여자가 서로
에게 혼인 서약을 하고, 언약으로 불리는 특별한 관계를 맺는다. 그
들은 서로에게 자신을 온전히 내준다. 서로 다른 두 사람이 하나가
된다. 하나님이 아담에게 여자를 아내로 허락하셨을 때 그와 같은
일이 일어났다. 아담은 그녀를 하와로 일컬었다.

하나님은 한 남자와 한 여자가 결혼을 통해 관계를 맺도록 계획
하셨다. 어떤 사람들은 두 남자나 두 여자가 서로 결혼할 수 있다고
생각한다. 또 어떤 사람들은 한 남자가 동시에 아내를 둘 이상 둘
수 있다고 말한다. 그러나 결혼 제도를 만드신 분은 하나님이시다.

따라서 결혼 제도는 그분의 의도대로 이루어져야 한다. 하나님은 오직 한 남자와 한 여자만 결혼을 통해 특별한 관계를 맺도록 정하셨다.

하나님이 결혼 제도를 만드신 이유는 남자와 여자가 함께 살아가도록 하기 위해서였다. 남편과 아내는 서로를 사랑하기가 어려울 때도 함께 붙어 지내야 한다. 그들은 죽을 때까지 서로를 꼭 붙잡아야 한다. 불행히도, 이 관계를 존중하지 않는 사람들이 있다. 그들은 죄 때문에 결혼 관계를 파괴한다. 이것이 매우 심각한 상황인 이유는 하나님이 결혼 제도를 통해 자기 백성에 대한 그리스도의 사랑(즉 절대로 깨어지지 않는 사랑)을 나타내 보이려고 하셨기 때문이다(엡 5:25-33). 하나님은 아담과 하와 사이에서 이루어진 최초의 결혼에서부터 그 후로 이루어진 모든 결혼을 통해 예수님과 교회의 영원한 관계를 어렴풋하게 드러내셨다.

1) 하나님은 누구의 결혼을 계획하셨는가?
   —— 한 남자와 한 여자. 하나님은 남자와 여자를 서로에게 온전히 적합하게 창조해 함께 협력하게 하셨다. 결혼은 두 남자나 두 여자 사이에서 이루어질 수 없다. 또한, 한 사람이 두 사람 이상과 동시에 결혼할 수도 없다. 이것들은 하나님의 선한 계획을 거스른다.

2) 결혼 관계는 얼마나 오랫동안 지속하는가?
   —— 결혼 관계는 죽을 때까지 지속한다. 남편과 아내는 일평생

항상 서로 붙어 지내야 한다. 심지어는 서로를 사랑하기가 힘들 때도 그렇게 해야 한다.

3) 하나님은 결혼 제도를 통해 무엇을 나타내 보이려고 하셨는가?
── 하나님은 결혼 제도를 통해 그리스도와 교회의 관계를 나타내 보이려고 하셨다. 예수님은 자기 백성에게 자신을 내어주시고, 그들은 믿음으로 다시 그분에게 자기들을 내어준다. 이것은 결혼과 비슷한 특별한 언약의 관계에 해당한다. 성경이 예수님을 남편으로, 교회를 그분의 신부로 일컫는 이유가 여기에 있다. 사람들의 결혼 관계는 죽음으로 끝나지만, 그리스도의 교회를 그분의 사랑에서 끊을 수 있는 것은 아무것도 없다(롬 8:38, 39).

기도

자녀들이 결혼에 관한 하나님의 계획을 존중하게 해달라고 기도하고, 그들이 결혼하는 것이 하나님의 뜻이면 경건한 배필을 허락해 달라고 간구하라.

15

벌거벗었으나 부끄러워하지 않았던 최초의 부부

복습

1) 하나님은 아담의 갈빗대로 누구를 창조하셨는가?

   —— 여자. 하나님은 여자를 창조해 아담의 완벽한 배필이 되게 하셨다.

2) 결혼은 누구를 위해 계획되었는가?

   —— 결혼은 한 남자와 한 여자를 위해 계획되었다.

본문 읽기

창 2:24-25

1) 남자는 결혼한 뒤에는 누구에게서 떠나야 하는가?

   —— 부모. 남자는 자기를 아내에게 내주어야 하고, 아내는 남자의 인생에서 하나님 다음으로 가장 중요한 존재가 되어야 한다.

2) 모세는 인류 최초의 부부의 몸에 관해 어떻게 말했는가?

   —— 그들의 몸은 벌거벗은 상태였다. 하나님은 옷을 입은 인간을 창조하지 않으셨다. 당시에는 죄가 없었기 때문에 그들이 하나님이나 서로의 앞에서 자기를 가려야 할 이유는 아무것도 없었다.

3) 아담과 그의 아내는 자신의 벌거벗은 상태를 어떻게 생각했는가?

　── 그들은 조금도 부끄러워하지 않았다. 수치심을 느끼면 다른 사람들이 우리 안에 있는 나쁜 것을 볼까 봐 두려워 숨으려고 하지만, 최초의 부부에게는 나쁜 것이 아무것도 없었기 때문에 숨을 필요가 없었다.

해설

> 핵심 내용 : 하나님은 우리를 수치심 없이 살도록 창조하셨고, 수치심으로부터 우리를 구원하기 위해 예수님을 보내셨다.

나쁜 짓을 저지르고 나서 숨으려고 애쓴 적이 있는가? 다른 사람들이 어떻게 생각할까 두려워 그들이 나를 볼 수 없기를 바랐던 적이 있는가? 성경은 이것을 수치심으로 일컫는다. 수치심은 껍질 속으로 움츠리는 거북이처럼 숨게 만드는 두려움의 한 형태다. 그렇다면 무엇이 수치심을 일으킬까? 우리는 우리 자신을 은폐해 사람들이 우리가 얼마나 나쁜 사람인지를 알지 못하게 하려고 애쓸 때가 많다. 우리는 사람들이 우리를 흉하다거나 이상하다고 생각할까 봐 두려워하기도 하고, 때로는 우리가 한 행위나 말을 당혹스럽게 생각하기도 한다.

　하나님이 아담과 하와를 처음 창조하셨을 때만 해도 수치심은 전혀 존재하지 않았다. 그들은 벌거벗었지만 부끄러워하지 않았다. 옷을 입지 않고 밖을 걸어 다닌다고 생각해 보라. 몸을 숨기고 싶을 것이 틀림없다. 당연히 그럴 수밖에 없다. 그러나 아담과 하와는 그렇지 않았다. 그들은 죄가 없었기 때문에 우리와는 달리 부끄러워해야 할 것이나 두려워해야 할 것이 아무것도 없었다. 그들은 배척이나 학대에 대한 두려움 없이 자신을 하나님과 서로에게 온전히 내줄 수 있었다.

우리가 수치심을 느끼는 이유는 죄 때문이다. 그러나 예수님을 믿으면 하나님이 우리를 받아주고, 우리에게 자신의 사랑을 부어주신다. 하나님으로부터 배척을 당할까 봐 두려워하거나 그분 앞에서 숨어야 할 필요성을 느낄 필요가 전혀 없다. 그런데도 종종 수치심을 느끼는 이유는 죄가 우리의 마음과 세상에 남아 있기 때문이다. 하나님은 그리스도를 믿는 사람들을 위해 죄나 수치심이 없는 새로운 세상을 허락하겠다고 약속하셨다. 그곳은 아담과 하와가 태초에 알고 있었던 세상과 같은 완전한 세상일 것이다.

1) 수치심이란 무엇인가?

— 그것은 숨고 싶은 생각이 들게 만드는 두려움의 한 형태다. 우리는 다른 사람들이 우리를 미워하거나 해칠까 봐 두려워할 뿐 아니라 그들이 우리의 참모습을 보기를 원하지 않는다.

2) 아담과 하와가 벌거벗었지만 부끄러워하지 않았던 이유는 무엇인가?

창세기 가정예배

—— 온전한 사랑으로 하나님과 서로를 사랑했기 때문이다. 그
들을 숨게 하거나 미움이나 해를 받을까 두렵게 만드는 나쁜 것
은 아무것도 없었다.

3) 수치심으로부터 구원받으려면 어디를 바라봐야 할까?

—— 예수님을 바라보고, 그분을 믿어야 한다. 수치심을 느끼는
이유는 죄 때문이다. 예수님은 죄를 멸하기 위해 오셨다. 그분
을 통해 죄에서 구원받으면 더 이상 하나님 앞에서 숨을 필요가
없다. 예수님 때문에 하나님이 우리를 받아주실 것을 알기에 그
분 앞에 담대히 나갈 수 있고, 그분이 죄나 수치심이 없는 세상
을 허락할 것이라는 희망을 품을 수 있다.

기도

가족들이 그리스도의 사랑을 더 많이 알고, 하나님이 자기 백성을
위해 예비하신 사랑의 세상을 바라게 해달라고 기도하라.

2부
전쟁의 시작

창 3-11장

우리의 옛 원수

복습

1) 하나님이 아담에게 먹지 말라고 명령하신 나무의 열매는 무엇
   인가?

   —— 선악을 알게 하는 나무.

2) 아담이 하나님에게 불순종하면 어떤 결과가 초래될 예정이었
   는가?

   —— 육체적으로 죽을 뿐 아니라 하나님과의 관계가 단절되어
   영적 사망에 이르게 될 것이었다.

본문 읽기

창 3:1-5, 계 12:9

1) 어떤 동물이 여자에게 말을 건넸는가?

   —— 뱀. 앞으로 알게 될 테지만 이것은 일반적인 뱀이 아니었다.

2) 뱀은 여자에게 뭐라고 말했는가?

   —— 뱀은 먼저 하나님이 동산의 모든 나무의 열매를 먹지 말라
   고 말씀하셨느냐고 묻고 나서, 그분이 금하신 나무의 열매를 먹
   어도 죽지 않을 것이라고 말했다.

3) 요한 사도는 뱀의 정체에 관해 어떻게 말했는가?

— 요한은 뱀의 정체가 마귀, 즉 사탄이었다고 말했다. 성경에 따르면, 사탄은 하나님을 거역하고 타락한 천사였다. 그의 이름은 '속이는 자'라는 뜻이다. 그는 항상 하나님에 관한 거짓말을 믿도록 유도한다. 그는 우리를 하나님과 그분의 구원에서 멀어지게 만들어 멸망시키려고 애쓴다.

해설

> **핵심 내용** : 사탄은 하나님에 관한 거짓말을 속삭여 그분을 거부하게 만들려고 애쓴다.

사탄도 하나님이 창조하신 다른 모든 피조물처럼 본래는 선했다. 그는 하나님을 섬기도록 창조된 천사였다. 그러나 불행히도 그는 하나님을 시기했다. 그는 하나님이 왕이 되기를 원하지 않고, 자신이 모든 것을 주관하기를 원했다. 결국, 그는 하나님께 반역했다(겔 28:11-19). 그 후로 그는 자기처럼 하나님께 반역하도록 사람들을 끊임없이 부추겨왔다.

뱀의 모습으로 하와 앞에 나타난 사탄은 한 가지 질문으로 대화를 시작했다. 그는 "하나님이 참으로 동산 모든 나무의 열매를 먹지 말라고 하시더냐?"라고 말했다. 언뜻 생각하면 조금도 악의가 없는 질문처럼 들리지만 사실은 그렇지 않았다. 사탄은 하나님의 선하심을 의문시했다. 잘 알다시피, 하나님은 아담과 하와에게 한 그루의 나무만 제외하고 동산의 모든 나무의 열매를 먹으라고 허락하셨다. 그러나 사탄은 이 질문으로 하나님을 인색한 분으로 보이게 만들었다. 그는 하와가 하나님을 관대한 분이 아니라 좋은 것을 허락하지 않는 인색한 분으로 생각하도록 유도했다.

더욱이 사탄은 그것으로 그치지 않았다. 하와는 그의 질문에 하나님이 한 그루의 나무의 열매는 먹도록 허락하지 않고, 만일 먹으면 죽을 것이라고 말씀하셨다고 대답했다. 그것은 아담과 하와에게 주어진 하나님의 말씀이었다. 그러나 사탄은 그 말씀을 인정하려고 하지 않았다. 그는 하와에게 명령에 불순종해도 죽지 않을 것이라며 하나님을 거짓말쟁이로 몰아세웠다. 그는 하나님이 거짓말을 하신 이유는 아담과 하와가 자기처럼 되기를 원하지 않았기 때문이라고 주장했다. 사탄은 하나님을 이기적이라고 비방했다. 물론, 그의 말은 모두 거짓이었다. 하나님은 항상 진실만을 말씀하신다. 그분은 아담과 하와가 자기처럼 되게 하려고 그들을 자신의 형상대로 창조하셨다. 사탄은 속이는 자다. 그는 하나님에 관한 비슷한 거짓말들을 믿게 해 그분을 거역하게 하려고 우리를 유혹한다.

1) 사탄은 누구인가?

── 사탄은 하나님을 거역하고 타락한 천사다. 그는 우리도 자기처럼 하나님을 거역하는 죄를 짓게 하려고 애쓴다.

2) 사탄은 어떤 식으로 하나님을 거역하는 죄를 짓도록 유도하는

창세기 가정예배

가?

── 사탄은 우리에게 거짓말을 한다. 그는 특히 우리에게 하나님에 관한 거짓말을 늘어놓는다. 그는 하와를 유혹할 때 하나님의 선하심과 진실하심을 의문시하게 만들었다. 그는 하와가 하나님을 자애로운 아버지가 아닌 악한 괴물처럼 생각하기를 원했다. 사탄이 일러주는 대로 하나님에 관해 그릇되게 생각하게 된 사람은 더 이상 그분을 위해 살지 않을 것이다.

3) 사탄이 우리를 유혹할 때는 어떻게 해야 할까?

── 성경은 사탄과 맞서 싸우라고 가르친다(벧전 5:9). 하와도 에덴동산에서 마땅히 그랬어야 했다. 우리는 성경에 기록된 하나님의 진리를 굳게 붙잡고, 하나님께 기도함으로써 사탄의 거짓말을 물리쳐야 한다(엡 6:16-18).

기도 ···

가족들이 하나님의 진리를 믿어 악한 자의 거짓말에 속아 넘어가지 않게 해달라고 기도하라.

인간의 비극적인 타락

복습

1) 사탄은 누구인가?

— 사탄은 타락한 천사다. 그는 하나님을 미워하고, 하나님을 거역하도록 우리를 유혹한다.

2) 사탄은 하와를 어떻게 유혹했는가?

— 사탄은 하나님에 관한 거짓을 말해 그분의 선하심과 진실하심을 의심하도록 유도했다.

본문 읽기

창 3:1-6, 히 4:15

1) 하와는 사탄의 첫 번째 질문에 대답하면서 하나님의 말씀에 어떤 말을 보탰는가?

— 그녀는 하나님이 선악을 알게 하는 나무를 만지지도 말라고 하셨다고 말했다. 그러나 하나님은 그런 말씀을 하지 않으셨다(창 2:17 참조). 하나님의 명령에 다른 말을 덧붙인 것은 하와가 이미 하나님을 너무 엄격한 분으로 생각하기 시작했다는 증거다.

2) 하와는 뱀의 마지막 유혹에 어떻게 반응했는가?

— 그녀는 뱀의 말을 듣고서 하나님이 금하신 열매를 탐했고, 결국에는 그것을 따먹고 말았다. 하나님은 그것을 먹으면 죽을 것이라고 말씀하셨지만, 하와는 자신이 하나님보다 더 많은 지식을 알게 될 것으로 생각했다.

3) 뱀이 하와와 대화를 나눌 때 아담은 어디에 있었는가?

— 모세는 6절에서 아담이 하와와 함께 있었다고 말했다. 그는 하와의 남편으로서 그녀를 보호해야 마땅했지만, 그녀와 함께 뱀의 말을 듣고 말았다.

4) 예수님은 하와나 우리와 어떻게 다르신가?

— 예수님은 모든 일에 우리와 똑같이 유혹을 받았지만 단 한 번도 하나님께 불순종하지 않으셨다.

해설

> 핵심 내용 : 우리가 죄를 지을 때, 우리는 하나님이 왕도 아니고, 모든 것을 가장 잘 알고 계시는 분도 아니신 것처럼 산다.

하나님은 우리의 창조주이시다. 이것은 그분이 우리의 왕이시라는 뜻이다. 하나님은 우리를 창조했고, 우리를 다스리신다. 하나님은 금단의 열매를 먹지 말라는 명령을 통해 아담과 하와에게 이 진리를 가르치셨다. 하나님이 모든 것을 주관하신다. 우리는 하나님을 사랑하며, 그분께 즐거이 순종하며 살도록 창조되었다. 그러나 아담과 하와의 경우처럼, 죄가 우리의 마음을 왜곡시킨다. 우리는 하나님이 주관자가 아니신 것처럼 죄를 짓는다. 하나님은 먹지 말라고 명령하시지만 우리는 먹는다. 우리는 죄를 지을 때, 하나님을 보좌에서 밀쳐내려고 한다.

우리가 그렇게 하는 이유는 무엇일까? 그 이유는 우리가 하나님보다 더 많이 알고 있다고 생각하기 때문이다. 하와는 하나님이 좋은 것을 감추고 주지 않으신다고 생각했다. 하나님은 그녀에게 금단의 열매를 먹으면 죽을 것이라고 말씀하셨다. 그러나 그녀는 뱀의 말을 듣고 그 열매를 바라보았으며, 그것을 먹으면 생명을 얻게 될 것이라고 확신했다. 이것이 바로 죄의 행동 양식이다. 가게에서 맛있는 초콜릿을 보고 있다고 상상해 보라. 하나님은 십계명의 여덟 번째 계명을 통해 도둑질하지 말라고 명령하셨다. 그러나 초콜릿을 보고 있으면 그것이 나를 행복하게 해줄 것이라는 생각이 든다. 결국, 보는 사람이 아무도 없는 틈을 타서 초콜릿을 슬쩍 집어 호주머니에 넣는다. 도둑질을 한 것이다. 의도적으로 이런 죄를 지을 때마다 우리가 하나님보다 더 많이 알고 있다는 생각을 드러내는 셈이다.

1) 하나님은 금단의 열매를 먹지 말라는 명령을 통해 아담과 하와에게 무엇을 가르치셨는가?
— 하나님은 자신이 주관자이시라는 사실을 가르치셨다. 하나

창세기 가정예배

님의 명령은 우리에게 그분이 우리를 다스리는 왕이시라는 사실을 상기시켜준다.

2) 죄를 짓는 것은 하나님에 관해 뭐라고 말하는 것과 같은가?

— 그것은 하나님을 신뢰할 수 없다고 말하는 것과 같다. 하나님은 죄가 죽음을 초래한다고 경고하시지만, 사탄은 죄를 통해 생명을 얻을 수 있다고 약속한다. 우리는 하나님의 명령이 좋은 것을 감추고 주지 않으려는 의도를 지녔다고 생각하고 죄를 짓는다. 그러나 하나님이 우리에게 율법을 주신 이유는 우리를 파멸시킬 것들로부터 우리를 보호하시기 위해서다.

3) 아담과 하와는 뱀의 유혹에 어떻게 반응했어야 했는가?

— 하나님의 말씀으로 뱀과 맞서 싸워야 했다. 예수님은 광야에서 사탄에게 시험을 받을 때 그렇게 하셨다(마 4:1-11). 예수님은 모든 일에 우리와 똑같이 유혹을 받았지만 한 번도 죄를 짓지 않으셨다. 그분은 아담이나 우리와는 달리 하나님께 온전히 순종하셨다. 우리가 예수님을 믿으면, 하나님은 우리도 온전하게 순종한 것처럼 여기신다(롬 4:5).

기도

자녀들이 성령의 사역을 통해 죄의 무서움을 깨닫게 해달라고 기도하라.

18 아담 안에서 함께 죄를 지은 인류

복습 ···

1) 아담과 하와는 에덴동산에서 사탄의 유혹에 어떻게 반응했는
가?

— 그들은 그의 거짓말을 듣고서 금단의 열매를 따 먹음으로
써 하나님께 죄를 지었다.

2) 예수님은 광야에서 사탄의 유혹에 어떻게 반응하셨는가?

— 그분은 하나님의 말씀으로 사탄의 거짓말을 물리치셨다.

본문 읽기 ···

창 3:6-8, 롬 5:12

1) 아담과 하와가 하나님께 불순종한 후에 그들에게 어떤 일이 일
어났는가?

— 그들의 눈이 밝아져 자기들이 벗은 줄을 알게 되었다. 그들
은 죄 때문에 죄책감과 수치심을 느꼈다.

2) 수치심을 느낀 아담과 하와는 어떻게 했는가?

— 그들은 무화과나무 잎으로 자신들의 수치를 가리려고 했
고, 하나님을 피해 숨었다. 그와 마찬가지로 우리도 죄를 지으

면 우리의 악한 모습을 숨기려고 애쓴다.

3) 바울은 아담과 우리의 관계에 관해 어떻게 말했는가?

— 아담의 죄가 우리 모두에게 죽음을 가져왔다고 말했다. 아
담은 우리의 대표자였다. 우리는 그와 함께 타락했다. 우리는
이것을 원죄로 일컫는다. 오래전에 에덴동산에서 일어난 일 때
문에 우리는 죄와 죽음 가운데서 태어나는 운명을 지니게 되
었다.

해설

> 핵심 내용 : 우리가 죄 가운데서 태어나는 이유는 아담이 지은 죄 때문이다.

부모를 많이 닮았다는 말을 들어본 적이 있는가? 우리의 생김새와
행동은 부모를 닮는 경향이 있다. 어머니가 곱슬머리이고, 눈이 초
록색이면, 자식도 곱슬머리이고, 눈도 초록색일 때가 많다. 아버지
가 똑똑하거나 쾌활하면 아들도 그럴 가능성이 크다. 어린아이들의
생김새와 행동은 부모를 닮는다. 성경은 아담과 하와를 우리의 최
초의 부모로 간주한다. 그들과의 관계 때문에 우리도 그들처럼 태
어난다. 즉 우리는 죄 가운데서 태어난다.

세상 사람들은 악한 일을 해야만 악하다고 생각한다. 그러나 예
수님은 나무의 열매가 나쁜 이유는 그 나무가 나쁘기 때문이라고
가르치셨다(마 7:15-20). 우리가 악한 일을 하는 이유는 악하게 태어

났기 때문이다. 우리가 악하게 태어난 이유는 아담의 죄 때문이다. 아담이 죄를 지었을 때 우리도 그와 함께 죄를 지었다. 우리는 부모의 눈 색깔이나 성격을 물려받는 것처럼 아담의 부패한 본성을 물려받았다. 이것이 거짓말을 하라거나 부모에게 순종하지 말라거나 형제를 해치지 말라고 가르치는 사람이 없어도 우리가 스스로 그런 행위들을 저지르는 이유다. 우리는 이것을 원죄로 일컫는다.

죄는 우리와 하나님을 떼어놓고, 죽음을 가져다준다. 아담과 하와는 죄를 짓고 나서 곧바로 하나님을 피해 숨었다. 하나님과 맺었던 사랑의 관계가 단절되었다. 그들의 죄 때문에 우리도 하나님과의 관계가 단절된 상태로 태어난다. 예수님과 그분의 은혜가 없이는 이런 불행한 상태에서 절대로 벗어날 수 없다.

1) 원죄란 무엇인가?
  —— 원죄는 아담에게서 물려받은 악한 본성을 가리킨다. 우리는 부모의 특성을 물려받는 것처럼 아담에게서 악한 본성을 물려받았다. 아담이 죄를 지었을 때 모든 사람이 그와 함께 죄를 지었다. 이것이 우리가 악하게 태어나서 악한 일을 저지르는 이유다.

2) 죄의 결과는 무엇인가?
  —— 죄는 하나님과 우리를 떼어놓고, 우리에게 죽음을 가져다준다. 하나님은 거룩하시기 때문에 모든 죄를 미워하신다. 우리는 죄 때문에 하나님과 친밀하게 지낼 수 없다. 이것이 바로 영

적 사망이다. 육체적인 죽음도 죄의 결과이기는 마찬가지다.

3) 예수님은 우리를 어떻게 죄에서 구원하시는가?

— 우리의 죄는 하나님의 진노와 죽음을 초래했다. 그러나 예수님이 하나님의 진노를 대신 받고 죽으신 덕분에 우리는 그런 운명을 겪지 않아도 된다. 그분은 죄와 죽음을 이기고 승리하셨다. 그분은 우리와 같은 죄인들을 위해 죽었다가 부활하셨다. 따라서 그분을 믿으면, 하나님과 우리의 관계가 다시 회복된다.

기도

가족들이 아담과 함께 죄를 지어 타락했다는 사실을 깨닫고, 그리스도를 통해 구원과 생명을 얻게 해달라고 기도하라.

복습

1) 인간이 부패한 본성을 지니고 태어나는 이유는 무엇인가?

— 그 이유는 모든 인간이 아담과 함께 죄를 지었고, 그로부터 부패한 본성을 물려받았기 때문이다.

2) 아담과 하와는 죄를 짓고 나서 누구를 피해 숨었는가?

— 그들은 죄책감과 수치심을 느끼고 하나님을 피해 숨었다.

본문 읽기

창 3:9-13, 요일 1:9

1) 아담과 하와가 숨자 하나님은 어떻게 하셨는가?

— 하나님은 아담을 부르며 어디에 있느냐고 물으셨다. 이런 사실은 하나님의 은혜로우심을 여실히 보여준다. 아담과 하와가 불순종한 후에도 하나님은 여전히 그들을 찾으셨다. 우리가 하나님에게서 도망치더라도 그분은 여전히 은혜로 우리를 찾으신다.

2) 아담은 자신의 불순종을 누구의 탓으로 돌렸는가?

— 그는 하와에게 책임을 돌렸고, 궁극적으로는 하나님이 하

와를 자기에게 선물로 주셨기 때문이라며 그분을 탓했다. 하와
도 뱀에게 책임을 돌렸다.

3) 용서를 받아 죄를 깨끗이 씻어내려면 어떻게 해야 할까?
   —— 하나님께 죄를 고백해야 한다.

해설

> **핵심 내용 :** 도망치거나 책임을 전가하지 말고, 하나님께 우리의 죄를 고백
> 해야 한다.

"저쪽에서 먼저 시작했어요.""나를 놀리지 않았다면 그를 때리지
않았을 거예요.""그녀가 하는 것을 보고 따라서 했을 뿐이에요." 이
런 말들이 익숙하게 들리는가? 누구나 이런 말을 한 번쯤 해본 경험
이 있을 것이다. 우리는 나쁜 일을 하다가 들키면 곧바로 다른 사람
에게 책임을 돌리는 경향이 있다. 아담과 하와는 하나님 앞에서 죄
를 숨기려고 했다. 그러나 그런 방법이 통하지 않자 자신의 죄를 다
른 사람의 탓으로 돌렸다. 아담은 하와를 탓했고, 하와는 뱀을 탓했
다. 아무도 자신의 잘못을 인정하지 않았다. 그들은 자신의 죄를 책
임지려고 하지 않았다. 우리도 마찬가지다. 우리도 우리의 죄가 드
러나면, 다른 사람에게 책임을 돌리려고 애쓴다.

그러나 예수님은 구원받으려면 죄를 회개해야 한다고 말씀하셨
다(눅 13:3). 회개한다는 것이 무슨 의미인지 아는가? 회개란 죄를 고

백하고, 죄에서 돌이키는 것을 의미한다. 하나님께 죄를 지었다는 사실을 인정해야 한다. 죄를 감추어서도 안 되고, 다른 사람의 탓으로 돌려서도 안 된다. "하나님, 제가 하나님께 죄를 지었습니다."라고 말해야 한다. 성경은 믿음으로 하나님께 죄를 고백하면 하나님이 용서를 베풀어 깨끗하게 씻어주실 것이라고 말씀한다(요일 1:9). 우리는 죄를 다른 사람에게 전가하면 기분이 나아질 것으로 생각하지만, 사실은 상황이 더 악화될 뿐이다. 하나님께 죄를 고백하고, 예수님을 의지해 용서를 구하면 죄에서 자유로워질 수 있다. 우리의 죄를 다른 사람에게 전가하는 일을 멈추고, 하나님께 고백해야 한다.

1) 우리의 죄가 들통났을 때 종종 다른 사람을 탓하는 이유는 무엇일까?

—— 그 이유는 우리가 저지른 행위에 대한 책임을 짊어지기를 싫어하기 때문이다. 우리는 우리가 잘못을 저질렀다는 사실을 인정하기를 원하지 않는다. 우리는 우리의 죄에 합당한 징벌을 어떻게든 회피하려고 애쓴다.

2) 회개한다는 것은 무슨 의미인가?

—— 회개한다는 것은 죄를 고백하고, 죄에서 돌이키는 것을 의미한다. 우리는 회개를 통해 하나님의 명령을 지키지 못한 것을 인정해야 한다. 우리는 악하고, 절망적인 상태에 처해 있기 때문에 구원받으려면 반드시 하나님의 도우심이 필요하다. 우

리는 이 점을 솔직하게 고백하고, 죄의 길에서 돌이켜 하나님의 길로 나아가야 한다. 죄가 아닌 하나님이 우리의 왕이시라고 말해야 한다.

3) 왜 회개해야 하는가?

—— 예수님은 죄를 회개하지 않으면 지옥에 갈 것이라고 경고하신다. 그리고 우리가 죄를 고백하고, 죄에서 돌이키면 용서를 받고, 자기와 함께 영생을 누릴 것이라고 약속하신다.

기도

자녀들의 마음속에서 회개의 역사가 일어나 죄를 숨기거나 다른 사람을 탓하지 말고 하나님께 죄를 솔직하게 고백할 수 있게 해달라고 기도하라.

복습

1) 아담과 하와의 죄는 어떤 형벌을 받아야 했는가?

── 죽음. 하나님은 그들에게 금단의 열매를 먹으면 반드시 죽을 것이라고 말씀하셨다.

2) 죄를 지으면 죽어야 하는 이유는 무엇인가?

── 그 이유는 죄가 생명의 근원이신 하나님으로부터 우리를 떼어놓기 때문이다.

본문 읽기

창 3:14-15

1) 하나님은 뱀에게 어떤 형벌을 내리셨는가?

── 배로 땅을 기어 다니게 하셨다. 이것은 하나님이 사탄보다 더 강하시며, 사탄이 그분의 통제를 받는다는 것을 보여준다. 사탄은 반역을 일으킨 죄로 형벌을 받았다.

2) 하나님은 뱀의 후손과 여자의 후손이 어떤 관계를 맺게 하셨는가?

── 원수 관계. 이는 그들이 서로를 원수로 여겨 싸우게 될 것이

라는 뜻이다. 하와는 뱀의 거짓말에 귀를 기울임으로써 그의 친구가 되었지만, 하나님은 그녀의 자손 가운데 일부가 사탄과 맞서 싸우게 하셨다.

3) 하나님은 여자의 후손이 뱀을 어떻게 할 것이라고 말씀하셨는가?

—— 뱀의 머리를 상하게 할 것이라고 말씀하셨다. 이것은 성경에 언급된 최초의 복음이었다. 예수님은 여자의 후손으로 태어나셨다, 그분은 십자가의 죽음으로 뱀의 머리를 깨뜨리셨다. 사탄은 이 싸움에서 승리할 수 없다.

해설

> 핵심 내용 : 우리는 죄 때문에 하나님의 원수가 되었지만, 그리스도 덕분에 다시 하나님의 친구가 될 수 있다.

'전쟁,' 듣기 좋은 말은 결코 아니다. 전쟁은 서로를 적으로 둔 양측이 죽을 때까지 싸움을 벌이는 것이다. 사탄의 반역 행위는 하나님에 대한 선전포고였다. 그는 하나님의 원수가 되었다. 아담과 하와도 사탄의 거짓말을 듣고 하나님께 죄를 짓는 순간, 사탄의 편에 서고 말았다. 죄인인 우리도 하나님의 원수이기는 마찬가지다. 성경은 우리가 하나님을 싫어하고, 그분의 진노 아래 있게 된 이유가 죄 때문이라고 말씀한다(롬 1:18-32). 우리는 하나님을 대적하고, 그분은 우리를 대적하신다. 우리는 하나님과 사탄의 싸움에서 사탄의 편에서 있다.

하나님은 사탄을 벌하면서 싸움이 시작될 것이라고 예고하셨다. 하나님과 사탄의 싸움이 세상이 끝날 때까지 계속될 것이다. 그러나 하나님은 은혜롭게도 우리와 같은 죄인들을 사탄의 편에서 빼내 자신의 편으로 만드시겠다고 약속하셨다. 그분은 하와의 후손 가운데 일부를 사탄의 원수로 만드시겠다고 말씀하셨다. 하나님은 궁극적으로 사탄을 완전히 멸하실 생각이셨다. 사탄의 머리를 누가 상하게 했는지 아는가? 바로 예수 그리스도이시다(히 2:14). 이것이 성경에 언급된 최초의 복음이다. 예수님이 사탄을 멸하기 위해 인간의 육신을 입고 하나님의 위대한 전사로 나타나셨다. 참된 믿음으로 예수님을 바라보면 하나님의 원수였던 우리가 그분의 친구가 될 수 있다. 하나님은 우리를 사탄의 어두운 왕국에서 구원해 자신의 나라인 빛의 왕국으로 옮기신다.

1) 하나님은 싸움이 일어나게 할 의도로 세상을 창조하셨는가?

── 그렇지 않다. 하나님은 평화로운 세상을 창조하셨다. 하나님이 지으신 모든 것이 선했다. 그러나 사탄은 교만하게도 반역을 일으켜 하나님을 상대로 전쟁을 선포했다. 우리의 첫 조상들도 죄를 지어 하나님을 대적하는 사탄의 편에 합류했다.

2) 하나님의 원수로 태어난다는 것은 무슨 의미인가?

── 우리는 아담의 죄를 물려받았기 때문에 본성적으로 하나님

창세기 가정예배

을 사랑하고, 섬기고, 예배하기를 싫어한다. 우리는 하나님을 대적하는 사탄을 좇는다. 하나님도 죄인인 우리를 대적하신다. 그분은 거룩하시기 때문에 우리의 반역 행위를 용납하지 않으신다. 이것이 그분이 우리에게 진노하시는 이유다. 자연적 상태에서는 하나님과 우리는 서로를 대적하는 원수다.

3) 우리는 어떻게 다시 하나님의 친구가 될 수 있을까?

—— 예수 그리스도를 믿는 믿음을 통해서만 그렇게 될 수 있다. 예수님이 사탄을 멸하기 위해 세상에 오신 덕분에 우리는 사탄의 악한 왕국에서 구원받아 다시 하나님께로 돌아갈 수 있다. 예수님은 우리를 사탄의 편에서 빼내 하나님의 편으로 되돌릴 수 있는 충분한 능력을 지니고 계신다.

기도

온 가족이 하나님의 풍성한 언약의 은혜를 체험함으로써 사탄의 통치에서 벗어나 그리스도의 통치를 받게 해달라고 기도하라.

21 우리가 경험하는 현재의 고통

복습

1) 하나님은 죄를 지은 아담과 하와를 멸하지 않고 그들에게 어떤 약속을 주셨는가?

 —— 하나님은 사탄을 멸하고, 구원을 베풀겠다고 약속하셨다.

2) 뱀의 머리를 상하게 할 여자의 후손은 누구인가?

 —— 예수 그리스도. 그분은 사탄을 멸하기 위해 인간의 육신을 입고 세상에 오셨다.

본문 읽기

창 3:16-19

1) 하와에게는 어떤 징벌이 내려졌는가?

 —— 그녀는 자녀를 낳을 때 많은 고통과 슬픔을 경험하게 될 것이었다. 또한, 그녀와 아담은 결혼생활을 계속 유지해 나갈 테지만 서로를 사랑하려면 많은 인내와 노력이 필요할 것이었다.

2) 아담에게는 어떤 징벌이 내려졌는가?

 —— 그는 노동을 계속할 테지만 앞으로는 많은 고통과 수고가 뒤따르게 될 것이었다.

창세기 가정예배

3) 인간이 흙으로 돌아갈 것이라는 하나님의 말씀은 어떤 의미를 지니는가?
── 인간이 죽을 것이라는 뜻이다. 죄 때문에 모든 사람이 죽어 땅에 묻혀 흙으로 돌아가야 할 운명에 처했다.

해설

> **핵심 내용 : 죄로 인해 하나님의 축복이 가득한 세상에 고통과 슬픔이 생겨났다.**

고통은 삶의 자연스러운 일부다. 자전거를 타다가 넘어지거나 병에 걸리면 육체가 고통을 느끼고, 다른 사람들과 싸우거나 우리가 사랑하는 것을 잃으면 마음이 고통을 느낀다. 고통을 느끼는 이유는 사람마다 다르다. 그러나 모든 사람이 고통을 느낀다는 것은 분명하다. 죄가 세상에 들어오기 이전에는 고통이 존재하지 않았다. 고통이나 아픔이나 눈물이 없는 삶이 어떤 삶인지 상상할 수 있겠는가? 아담과 하와는 본래 그런 세상에서 살았다. 그러나 그들이 죄를 짓고 난 후에는 고통과 슬픔이 형벌로 주어졌다.

- 하나님은 그들에게 자녀의 축복을 허락하셨다. 그러나 죄를 지은 후부터 하와는 자녀를 낳을 때 큰 고통을 맛보아야 했다.
- 하나님은 그들에게 결혼의 축복을 허락하셨다. 그러나 죄를 지

은 후부터 아담과 하와의 관계에는 슬픔이 뒤따랐다. 그들은 때로 서로를 무시하며 다퉈야 했고, 서로를 사랑하며 섬기기를 싫어하게 되었다.

• 하나님은 그들에게 노동의 축복을 허락하셨다. 그러나 죄를 지은 후부터 아담의 노동은 고통스러워졌다. 날카로운 가시들이 그를 찔렀고, 뜨거운 햇볕이 그에게 내리쬐었다. 그는 노동에 시달려 기진맥진해야 했다.

이것들이 죄의 혹독한 결과들이다. 하나님의 저주로 인해 그분의 축복에 고통과 슬픔이 뒤섞이게 되었다. 바울은 피조물이 죄의 저주 아래 탄식하며 고통을 겪고 있다고 말했다(롬 8:22). 이런 상황은 예수님이 다시 와서 모든 것을 바로잡으실 때까지 계속될 것이다. 우리가 느끼는 모든 고통은 우리의 죄를 떠올리게 하며 우리를 죄에서 구원하시는 예수 그리스도의 필요성을 상기시켜준다.

1) 고통이 삶의 정상적인 일부가 되어버린 이유는 무엇인가?
　　── 죄 때문이다. 아담과 하와가 죄를 짓기 전에는 육체의 고통이나 관계의 슬픔과 같은 고난이 세상에 존재하지 않았다. 우리가 고통과 슬픔과 죽음이 가득한 세상에 살게 된 이유는 그들의 죄와 우리의 죄 때문이다.

2) 하나님은 아담과 하와를 징벌하는 가운데서도 어떤 은혜를 베푸셨는가?

　　　　　　　　　　　　　　　　　　　창세기 가정예배

—— 하나님은 그들에게 여전히 생명과 결혼과 자녀와 노동과 양식의 축복을 베푸셨다. 비록 그런 좋은 선물들이 죄로 인해 오염되었지만, 하나님은 그것들을 완전히 거두지 않음으로써 자신의 은혜를 나타내 보이셨다.

3) 세상을 죄의 저주로부터 구원할 자는 누구인가?

—— 예수 그리스도. 그리스도께서 하늘에서 다시 와서 이 세상에서 모든 고통과 슬픔을 없애주실 것이다(롬 8:20-21). 그리스도를 믿어 구원을 받으면, 그분과 함께 새로운 세상에서 영원히 살게 될 것이다. 그러나 성경은 그리스도를 거부하면 영원히 지옥에 가게 될 것이라고 경고한다. 지옥은 우리가 이 타락한 세상에서 경험하는 것보다 더 큰 고통과 슬픔이 존재하는 곳이다.

기도

가족들이 일상 속에서 경험하는 고통과 슬픔이 저주가 없는 내세와 그리스도를 상기시켜주는 계기가 되게 해달라고 기도하라.

22   은혜로 지어 입힌 옷

복습

1) 우리의 육체와 인간관계에 고통이 발생하는 이유는 무엇인가?

　　— 고통은 죄에 대한 하나님의 징벌이다.

2) 죄는 하나님과 우리의 관계에 어떤 영향을 미치는가?

　　— 죄는 하나님과 우리의 관계를 단절시킨다.

본문 읽기

창 3:20-21, 사 61:10

1) 아담이 여자의 이름을 하와로 일컬은 이유는 무엇인가?

　　— 하와가 '생명을 주는 자'라는 의미를 지니기 때문이다. 하와는 모든 사람의 어머니일 뿐 아니라 그를 통해 약속된 후손(예수 그리스도)이 태어날 것이었다.

2) 하나님은 아담과 하와에게 무엇으로 옷을 지어 입히셨는가?

　　— 그분은 짐승의 가죽으로 옷을 지어 입히셨다. 그들은 자신들의 죄와 수치를 무화과나무 잎으로 가리려고 했다. 그러나 오직 하나님만이 그들의 죄와 수치를 진정으로 가려주실 수 있다.

3) 이사야서 61장에 언급된 즐거움과 기쁨의 이유는 무엇인가?

— 그 이유는 하나님이 의의 옷으로 이스라엘을 입히셨기 때문이다. 이것이 하나님이 우리를 구원하시는 방식이다. 하나님은 예수 그리스도의 의를 덧입혀 우리의 죄를 가려주신다.

해설

> **핵심 내용 :** 오직 예수님만 우리가 필요로 하는 의의 옷을 덧입혀 우리의 죄를 가려주실 수 있다.

우리는 스스로 우리를 구원할 수 있다는 거짓말을 믿는 경향이 있다. 삶이 한쪽에는 좋은 것들을 올려놓고, 다른 한쪽에는 나쁜 것들을 올려놓고 무게를 재는 구식 저울과 같다고 생각해 보자. 우리는 좋은 것들이 나쁜 것들보다 더 무거울 때는 하나님이 우리를 받아주실 것이라고 믿고, 좋은 일을 하고, 어려운 사람들을 돕고, 관대하게 베푼다. 우리는 우리의 악함이 의식될 때는 선한 것으로 그것을 가릴 수 있다고 생각한다. 그러나 이사야 선지자는 그렇게 하는 것은 더럽고, 냄새 나는 옷을 입는 것과 같다고 경고했다(사 64:6). 아담과 하와도 그렇게 하려고 했다. 그들은 무화과나무 잎이 효험이 있을 것으로 생각했다. 그러나 그들의 노력으로는 자신들의 죄를 하나님 앞에서 가릴 수 없었다.

그들의 죄를 가리려면 하나님이 직접 나서셔야 했다. 놀랍게도 하나님은 그렇게 하셨다. 그분은 동물 가죽으로 옷을 지어 입히셨다. 동물의 가죽을 벗기려면 먼저 동물을 죽여야 했다. 하나님은 동물을 희생시키셨다. 우리의 첫 조상에게 옷을 지어 입히기 위해 무고한 동물이 피를 흘렸다. 이것은 언뜻 생각하면 이상해 보일 수도 있다. 그러나 하나님은 이것으로 예수 그리스도를 통해 베풀어 주실 구원을 생생하게 묘사하셨다. 예수 그리스도께서는 우리가 죄를 용서받아 자신의 의를 덧입을 수 있도록 피 흘려 희생된 하나님의 어린 양이시다.

하나님은 우리의 행위라는 무화과나무 잎으로 죄를 가리려고 노력하는 일을 중단하라고 말씀하신다. 오직 예수님만이 우리를 구원하실 수 있고, 우리에게 필요한 아름다운 의의 옷을 입혀주실 수 있다. 그분은 우리가 죄에서 돌이켜 믿음으로 자기를 바라보면 그렇게 해주겠다고 약속하셨다.

1) 우리는 우리의 죄를 어떻게 가리려고 노력하는가?
── 우리는 더 잘하고, 더 열심히 노력하고, 더 착하게 살면 구원받을 것으로 생각한다. 우리는 우리의 행위로 죄책감과 수치심을 떨쳐내려고 노력한다.

2) 우리가 우리 자신을 죄로부터 구원할 수 없는 이유는 무엇인가?
── 우리의 죄는 극악하기 이를 데 없고, 하나님은 지극히 거룩하시다. 잘못했다고 말하거나 더 잘하려고 노력하는 것만으로는 충분하지 않다. 우리의 불순종으로 인해 우리가 하나님께 진

죄의 빚은 우리 스스로 절대 갚을 수 없다. 심지어 우리가 그리스도 없이 행하는 선한 일도 사실은 전혀 선하지 않다. 그 이유는 우리가 그런 일을 하나님이 아닌 우리 자신을 위해 하기 때문이다.

3) 하나님은 어떤 옷을 주어 우리의 죄를 가리게 하시는가?
— 하나님은 우리에게 의의 옷을 주신다. 아담과 하와의 수치를 가려주기 위해 동물이 희생된 것처럼, 우리의 수치를 가리기 위해 예수님이 희생되셨다. 은혜로 말미암아 그리스도를 믿으면, 하나님은 그분의 의를 우리에게 덧입히신다.

기도

자녀들이 오직 하나님만을 바라보고, 은혜로운 구원의 옷을 입게 해달라고 기도하라.

복습

1) 하나님은 우리의 첫 조상에게 무엇으로 옷을 지어 입히셨는가?
    —— 동물의 가죽.

2) 이 사실과 예수님을 통한 구원은 어떤 관련이 있는가?
    —— 예수님은 우리가 자기의 의를 덧입을 수 있도록 우리의 죄
    를 위한 희생양으로 죽임을 당하셨다.

본문 읽기

창 3:22-24

1) 하나님은 아담과 하와를 어디로 보내셨는가?
    —— 에덴동산 밖으로. 하나님은 그들을 자기 앞에서 쫓아내 생
    명 나무에 접근하지 못하게 하셨다.

2) 하나님은 왜 그들을 쫓아내셨는가?
    —— 죄 때문이다. 하나님은 그들이 생명 나무의 열매를 먹고 죄
    악된 상태에서 영원히 살기를 원하지 않으셨다.

3) 하나님은 무엇으로 에덴동산을 지키게 하셨는가?
    —— 그룹과 불 칼. 그룹은 하나님의 수행 천사들이다. 에덴동산

을 악으로부터 보호하는 것이 아담의 임무였다. 이제는 이 천사들이 아담이 실패한 임무를 담당하게 되었다. 그들은 인간을 비롯해 죄가 있는 것은 무엇이나 하나님의 거룩한 동산에 들어오지 못하게 막아야 했다.

해설

> **핵심 내용 :** 하나님과 함께 살려면 우리의 죄가 제거되어야 한다.

앞서 말한 대로, 에덴동산은 성전이었다. 그곳은 하나님이 사시는 장소였다. 하나님이 아담을 그곳에 두신 이유는 자기와 함께 살며, 제사장으로서 자기를 섬기게 하기 위해서였다. 그러나 아담은 죄를 지은 까닭에 그런 고귀한 직위를 잃고 말았다. 하나님은 거룩하고, 선하기 때문에 악과 함께 거하실 수 없다. 하나님은 빛이시기 때문에 어둠과 함께 거하실 수 없다. 아담이 악과 어둠 속으로 추락하자 하나님은 그를 자신의 성전에서 쫓아낼 수밖에 없으셨다.

하나님은 에덴동산의 입구에 그룹이라는 강력한 천사들을 세우셨다. 이 천사들은 아담에게 죄 때문에 더 이상 하나님과 함께 거할 수 없다는 사실을 상기시켜주었다. 나중에 이스라엘 백성이 성막과 성전을 건축할 때 하나님은 지성소의 입구에 두꺼운 휘장을 만들라고 지시하셨다. 지성소는 하나님이 거하시는 곳이었다. 그러나 그 입구는 휘장을 쳐 막았다. 그 휘장에 무엇이 수놓아 있었는지 아는가? 바로 그룹이다(출 26:1). 거룩하신 하나님이 계시는 곳을 죄 있는 것들로부터 보호해야 했다. 그 누구도 감히 그룹을 지나 하나님이 계시는 곳으로 들어올 수 없었다.

죄는 우리를 하나님 앞에서 내쫓는다. 그렇다면 에덴동산으로 되돌아갈 희망이 있을까? 그룹이 우리를 영원히 못 들어오게 막는 것일까? 하나님은 우리와 함께 살기를 간절히 바라기 때문에 우리가 되돌아올 수 있는 길을 열어주셨다. 아담보다 더 큰 이가 오실 예정이었다. 그분의 이름은 예수 그리스도이시다. 그분이 우리의 죄로 인해 하나님의 심판의 불 칼 아래에서 고난을 받으신 덕분에 우리는 다시 하나님과 함께 살 수 있게 되었다. 이것이 예수님이 십자가에서 운명하셨을 때 성전의 휘장이 위에서 아래로 두 쪽으로 찢어진 이유였다(마 27:51). 우리는 예수님 덕분에 다시 하나님과 함께 살 수 있다.

1) 그룹이 하나님에 관해 가르치는 것은 무엇인가?
—— 하나님이 거룩하시다는 사실을 가르친다. 하나님은 죄 있는 것은 무엇이든 자기와 함께 거하도록 허용하지 않으신다. 우리는 죄 때문에 하나님과 함께 살 수 없다.
2) 하나님은 어떤 방법을 통해 우리가 다시 자기와 함께 살 수 있게 하셨는가?
—— 그분은 예수님을 보내셨다. 예수님은 하나님의 동산으로 다시 돌아갈 수 있는 길을 열어준 새로운 아담이시다. 그분이

죄인들을 위해 죽으신 덕분에 그룹이 수 놓인 휘장이 둘로 찢어졌다.

3) 예수님의 죽음으로 다시 하나님과 함께 사는 것이 가능해진 이유는 무엇인가?

— 예수님은 자기 백성의 죄를 짊어지고, 그들이 받아야 할 징벌을 대신 당하셨다. 구원을 받기 위해 오직 그리스도만 바라보면, 하나님은 우리의 죄를 없애고, 우리를 거룩하게 여기신다. 그 덕분에 우리는 다시 하나님이 계시는 거룩한 곳으로 들어갈 수 있다. 하나님은 예수님을 믿는 사람들이 장차 에덴으로 되돌아와 자기와 함께 영원히 살 것이라고 약속하셨다(계 22:1-3).

기도

자녀들이 하나님의 거룩하심과 그리스도를 통해 그분과 화목해야 할 필요성을 더욱 깊이 의식하게 해달라고 기도하라.

복습

1) 아담과 하와는 하나님께 무슨 죄를 지었는가?

　── 그들은 금단의 열매를 따 먹었다.

2) 아담과 하와는 죄를 짓고 난 후에도 에덴동산에 계속 머물도록 허용되었는가?

　── 아니다. 그들은 죄 때문에 더 이상 하나님과 함께 살 수 없었다.

본문 읽기

창 4:1-10

1) 아담과 하와가 낳은 두 아들의 이름은 무엇인가?

　── 가인과 아벨

2) 하나님은 가인과 아벨의 제사를 받아주셨는가?

　── 하나님은 양을 잡아 바친 아벨의 제사는 받아주셨지만, 땅의 소산을 드린 가인의 제사는 받아주지 않으셨다. 히브리서 11장 4절은 아벨이 믿음으로 제사를 드렸기 때문에 하나님이 그의 제사를 받아주셨다고 말씀한다.

3) 가인은 아벨을 어떻게 했는가?

—— 그는 아벨을 죽였다. 성경은 가인이 '악한 자'에게 속했다고 말씀한다(요일 3:12). 그는 뱀의 후손에게 속했다. 여자의 후손과 뱀의 후손이 서로 싸울 것이라는 하나님의 말씀이 그대로 이루어지기 시작하는 것을 알 수 있다(창 3:15).

해설

> **핵심 내용 :** 불행히도 하나님과 사탄의 싸움으로 인해 아담의 가정이 분열되었다.

아담과 하와가 죄를 짓자 하나님은 전쟁을 선포하셨다. 그분은 우리의 첫 조상에게 하와의 후손이 사탄의 후손과 싸워 결국에는 승리할 것이라고 말씀하셨다. 그러나 그들은 그 싸움으로 인해 자신의 가정이 분열될 것이라고는 미처 생각하지 못했다.

하나님은 그들에게 가인과 아벨이라는 두 아들을 허락하셨다. 가인은 겉으로는 매우 경건해 보였다. 만일 그가 오늘날 살아 있다면, 교회에 가서 성경을 읽었을 것이다. 그러나 가인은 하나님을 사랑하지 않았다. 그는 사탄의 거짓말을 믿었다. 그는 하나님께 제물을 바쳤지만, 믿음과 사랑으로 바친 것이 아니다. 그는 의무감으로 그렇게 했다. 피 흘림도 없었다. 따라서 하나님은 그의 제사를 받아주지 않으셨다. 그와는 달리, 아벨의 제사는 하나님의 인정을 받았다.

그는 양 떼 중에서 가장 좋은 것을 진실한 믿음을 담아 하나님께 드렸다. 그가 양의 첫 새끼를 잡아 피 흘림이 있는 제사를 드렸다는 것은 자신의 죄를 위해 죽임을 당하실 분을 믿음으로 바라보았다는 것을 보여준다. 믿음에서 우러나온 그의 예배는 하나님의 마음을 기쁘게 했다.

가인은 하나님이 아벨의 제사를 받아주신 것을 보고 악에서 돌이켜야 마땅했다. 그러나 그는 마음속에 더 큰 악을 품었다. 그는 분노했다. 그는 분을 참지 못하고 자신의 형제를 살해했다. 전쟁이 시작되고, 싸움이 벌어졌다. 그러나 하와의 후손이 사탄의 후손을 제압해야 했지만 기대와는 달리 그 날에는 불의한 가인이 의로운 아벨을 죽이는 결과가 초래되었다. 그 암울한 날에는 마치 사탄이 승리한 것처럼 보였다. 그러나 자기 백성을 구원하려는 하나님의 목적은 결코 좌절되지 않을 것이 분명했다.

1) 하나님이 가인의 제사를 받아주지 않으신 이유는 무엇인가?

—— 그가 믿음으로 하나님을 예배하지 않고, 감히 피 흘림 없이 그분 앞에 나왔기 때문이다. 그는 자신의 의로운 행위만으로 충분히 하나님의 인정을 받을 수 있을 것으로 생각했다. 이것은 우리에게 경고의 의미를 지닌다. 우리는 교회에 나가고, 기도를 드리고, 성경을 읽는 등, 겉으로 경건하게 보이는 행위를 할 수 있다. 그러나 예수님을 진정으로 믿지 않으면, 그런 행위들만으로는 하나님을 기쁘시게 할 수 없다.

창세기 가정예배

2) 가인은 하나님이 아벨의 제사를 받아주시는 것을 보고 어떻게 반응했어야 했는가?

── 그는 마땅히 하나님 앞에서 겸손한 태도를 보이며 죄에서 돌이켜야 했다. 그러나 그는 죄에 사로잡혀 사탄을 추종했다.

3) 이 이야기를 통해 죄에 관해 배울 수 있는 것이 있다면 무엇인가?

── 죄는 매우 강력하다. 하나님은 가인에게 죄가 그를 덮치기 위해 문 앞에서 기다리는 원수와 같다고 말씀하셨다(창 4:7). 하나님의 말씀은 한 치도 틀리지 않고 현실로 나타났다. 죄는 대개 작게 시작하지만 그것으로 그치지 않는다. 가인의 불신앙은 질투심으로 발전했고, 그의 질투심은 살인으로 이어졌다. 하나님은 이 이야기를 통해 예수님을 믿는 믿음으로 죄를 멸하지 않으면 죄가 우리를 파멸시킬 것이라고 경고하신다.

기도

가족들이 아벨처럼 참된 믿음으로 하나님을 예배하고, 죄인들을 위해 죽임을 당하신 어린 양을 믿게 해달라고 기도하라.

복습

1) 하나님이 가인의 제사를 받아주지 않으신 이유는 무엇인가?

　── 그가 믿음으로 제사를 드리지 않고, 하나님께 피 흘림이 없
는 제물을 바쳤기 때문이다. 그리스도와 그분의 피 흘린 희생을
믿지 않으면 하나님을 기쁘시게 할 수 없다.

2) 가인은 하나님이 아벨의 제사를 받아주시는 것을 보고 어떻게
반응했는가?

　── 그는 분노하며 아벨을 살해했다.

본문 읽기

창 4:25-26

1) 아담과 하와가 낳은 셋째 아들의 이름은 무엇인가?

　── 셋. 그의 이름은 '하나님이 정하여 세우셨다'라는 의미인
듯하다. 아담과 하와는 하나님이 또 다른 아들을 주셨다고 인
정했다.

2) 하나님이 셋을 정하여 세우신 이유는 무엇인가?

　── 아벨의 자리를 대신하는 아들이 되게 하시기 위해서였다.

창세기 3장 15절의 약속은 계속되었다. 뱀이 아벨을 죽여 의인들을 멸한 것처럼 보였지만, 하나님은 하와를 통해 자신을 예배할 다른 후손을 일으켜 세우셨다.

3) 셋의 아들 에노스가 태어난 후에 어떤 일이 일어났는가?

—— 사람들이 하나님을 예배하기 시작했다. 모세는 상세한 설명을 덧붙이지 않았지만, 셋의 가정 내에서 예배가 이루어졌던 것이 분명하다. 셋과 그의 자녀들은 아벨처럼 하나님을 경배했다.

해설

핵심 내용 : 아벨은 살해되었지만, 하나님은 예수님의 조상이 될 또 다른 후손을 허락하셨다.

누구나 살면서 하나님이 대체 어디에 계시는지를 궁금해할 수밖에 없는 상황에 부딪힐 때가 있다. 때때로 하나님의 약속과 어긋나는 것처럼 보이는 일이 우리에게 일어나곤 한다. 그럴 때는 성경에 기록된 하나님의 말씀을 믿기가 어려울 수 있다. 가인이 아벨을 죽였을 때도 하나님의 약속이 실패하는 것처럼 보였다. 아담과 하와는 하나님의 말씀을 믿어야 할지 말지를 고민했을 것이다. 뱀이 정말로 파멸할까? 사탄이 결국 패배할까? 악인이 의인을 죽였다. 의로운 아벨이 죽었다. 사탄이 승리한 것이 확실해 보였다.

그러나 하나님은 자신의 목적이 좌절되도록 놔두지 않으신다. 그분은 자신의 약속을 끝까지 이루신다. 따라서 하나님은 아담과 하와에게 세 번째 아들을 허락하셨다. 그의 이름은 셋이었다. 하와는 하나님이 아벨의 죽음으로 인해 사라진 것을 되찾게 하려고 셋을 허락하셨다는 것을 알았다. 그녀는 셋이 태어나자 그가 하나님의 약속을 이룰 자가 될 것이라는 새로운 희망을 품었다.

셋과 그의 자녀들은 하나님을 경배하는 자들이 되었다. 그들은 하나님을 믿었고, 그분의 길로 행했다. 그들은 하나님을 아랑곳하지 않고 자기 자신을 위해 살았던 가인과 그의 후손들과는 달랐다. 셋을 통해 메시아에 관한 하나님의 약속이 이루어졌다. 셋의 가계를 통해 노아, 아브라함, 다윗을 비롯해 궁극적으로 예수님이 태어나셨다. 하나님은 셋의 탄생을 통해 뱀의 머리를 상하게 할 구원자에 관한 약속을 계속 유지하셨다.

1) 아벨이 죽은 후, 하나님은 어떤 방법을 통해 사탄이 승리하지 못하게 하셨는가?
   —— 하나님은 아담과 하와에게 셋이라는 또 다른 아들을 허락하셨다. 그분은 셋과 그의 자녀들을 예수님의 조상으로 선택하셨다.
2) 셋의 가족은 가인의 가족과 어떻게 다른가?
   —— 셋의 가족은 하나님의 말씀을 믿고, 그분을 예배했다. 그들은 하나님을 사랑했고, 그분을 위해 살았다. 그와는 달리 가인의 가족은 하나님의 말씀을 믿지 않았다. 그들은 세상의 것들을

창세기 가정예배

숭배했고, 자기 자신을 위해 살았다. 셋은 믿음으로 의롭게 되었지만 가인은 불신앙으로 인해 의롭지 못한 상태에 머물렀다. 우리는 여기에서 역사 대대로 서로 싸움을 벌이게 될 두 종류의 사람들, 곧 하나님의 자손과 사탄의 자손이 형성되어 가는 과정을 엿볼 수 있다.

3) 이 이야기를 통해 하나님에 관해 배울 수 있는 것이 있다면 무엇인가?

—— 하나님을 안심하고 신뢰할 수 있다는 것을 배울 수 있다. 하나님은 한 번 약속한 것은 반드시 이루신다. 하나님의 말씀을 파기할 만큼 충분한 능력을 지닌 존재는 어디에도 없다. 사탄도 예외가 아니다.

기도

자녀들이 하나님이 말씀하신 복음의 확실한 약속들을 끝까지 신뢰할 수 있게 해달라고 기도하라.

26 죽음이 우리의 궁극적인 운명이 아니라는 것을 보여준 에녹

복습

1) 가인은 누구를 좇아 아벨을 살해했는가?

　　—— 그는 사탄을 좇았다. 사탄은 살인자요 거짓말쟁이다.

2) 아벨이 죽은 후에 하나님이 아담과 하와에게 허락하신 셋째 아들의 이름은 무엇인가?

　　—— 셋. 그는 가인과 달리 사탄이 아닌 하나님을 좇았다.

본문 읽기

창 5:21-24, 히 11:5-6

1) 에녹은 누구와 동행했는가?

　　—— 하나님. 에녹은 하나님을 알았고, 사랑했으며, 그분께 복종했다.

2) 에녹은 다른 사람들처럼 죽었는가?

　　—— 그렇지 않다. 그는 죽지 않고 세상을 떠났던 사람 가운데 하나였다(에녹 외에 성경에 기록된 또 다른 사람은 엘리야가 유일하다. 왕하 2:11 참조). 에녹은 365세를 살고 나서 하나님에게 이끌려 하늘로 곧장 올라갔다.

3) 에녹이 하나님을 기쁘시게 했던 이유는 무엇인가?

　　—— 그 이유는 그가 믿음을 가졌기 때문이다. 아벨이 믿음 때문에 하나님께 인정을 받았던 것처럼 에녹도 믿음으로 하나님과 동행했다. 그는 하나님과 그분의 말씀, 특히 사탄의 머리를 상하게 할 구원자가 올 것이라는 약속을 믿었다.

해설

> **핵심 내용 :** 죽음이 아닌 영생이 하나님과 동행하는 사람들의 소망이다.

죄로 인해 죽음이 모든 사람에게 임했다. 우리는 모두 죽는다. 언젠가는 우리의 심장이 멈추고, 우리의 뇌가 생각을 멈추고, 우리의 팔다리가 움직이지 않을 것이다. 우리의 몸은 땅에 묻힐 것이다. 죄는 죽음을 가져온다. 모세는 창세기 5장에서 이 사실을 상기시켰다. 그는 아담의 셋째 아들 셋의 계보를 언급했다. 셋의 아들들과 손자들과 증손자들이 대대로 이어졌다. 그들은 매우 오래 살았지만(개중에는 900년이 넘게 산 사람들도 있었다), 모두 죽고 말았다.

그러나 한 사람은 예외였다. 그의 이름은 에녹이었다. 그가 하나님과 동행했다는 것 외에는 그에 대한 정보는 거의 없다. 진정으로 친한 친구를 사귀어본 적이 있는가? 가장 친한 친구들은 서로 함께 어울리기를 좋아한다. 에녹과 하나님이 그랬다. 에녹은 하나님을 즐거워했고, 하나님은 그를 즐거워하셨다. 하나님과 그는 서로 함께 있는 것을 좋아했다. 그럴 수 있었던 이유는 에녹이 믿음을 가졌기 때문이다. 그는 뱀의 거짓말에 귀를 기울이지 않았다. 그는 뱀이 멸망할 것이라는 하나님의 약속을 믿었다.

셋의 가문에 속한 모든 사람이 죽었지만 에녹은 죽지 않았다. 하나님이 그를 직접 하늘로 데려가 자기와 함께 살게 하셨다. 죄는 죽음을 가져왔다. 그러나 하나님은 에녹을 통해 죄와 죽음이 우리의 궁극적인 운명이 아니라는 사실을 일깨워주셨다. 죄와 죽음은 에녹이 믿음으로 바라보았던 구원자를 통해 정복될 것이었다. 예수님이 십자가의 죽음으로 사탄과 죄와 죽음을 정복하실 예정이었다. 우리도 에녹처럼 하나님과 동행하면 비록 죽더라도 하나님과 함께 영원히 살게 될 것이다.

1) 하나님과 동행한다는 것은 어떤 의미인가?

—— 그것은 하나님과 함께 친밀한 사랑의 교제를 나누고, 그분과 함께 살고, 그분을 즐거워하고, 그분께 순종하는 것을 의미한다. 이것이 우리가 창조된 목적이다. 하나님은 에덴동산에서 아담과 하와와 동행하셨다. 아담과 하와는 죄를 짓기 전에는 하나님과 친밀한 관계를 맺었다. 에녹도 그랬다. 우리도 예수님을 통해 나타난 하나님의 구원 약속을 믿으면 그렇게 할 수 있다.

2) 에녹이 다른 가족들과 다른 점은 무엇이었는가?

—— 그는 죽지 않았다. 하나님이 그를 곧장 하늘로 데려가서 자기와 함께 살게 하셨다.

3) 하나님이 에녹을 죽음에서 구원하신 일을 통해 우리는 무엇을 배울 수 있는가?

—— 하나님을 믿고, 그분과 동행하면 우리도 언젠가는 죽음에서 구원받을 것이라는 교훈을 배울 수 있다. 에녹처럼 우리도 예수님을 바라봐야 한다. 그분은 죄를 정복하심으로써 우리와 같은 죄인들이 생명을 얻을 수 있게 하셨다.

기도

가족들이 죽음을 정복한 구원자이신 그리스도께 소망을 두게 해달라고 기도하라.

안위를 바라는 믿음

복습

1) 에녹은 누구인가?

── 그는 셋의 후손이었고, 믿음으로 하나님과 동행했다.

2) 에녹은 죽었는가?

── 아니다. 하나님이 그를 곧장 하늘로 데려가서 자기와 함께 살게 하셨다.

본문 읽기

창 5:28-32

1) 라멕은 자기 아들의 이름을 뭐라고 지었는가?

── 그는 아들의 이름을 '안식,' 또는 '안위'를 뜻하는 '노아'로 지었다.

2) 라멕이 아들의 이름을 노아로 지은 이유는 무엇인가?

── 그는 타락의 결과로 세상에 임한 저주로부터 위안을 받기를 갈망했고, 노아가 사탄을 멸하고, 죄의 저주를 없애줄 약속의 아들이기를 바랐다.

해설

> **핵심 내용** : 하나님의 약속을 믿으면, 라멕처럼 더 나은 날을 갈망하게 된다.

먹구름이 도무지 걷히지 않을 것처럼 보이는 때가 있다. 여러 날이 흘러도 태양을 볼 수가 없다. 모든 것이 차갑고, 음산하다. 햇빛이 없는 흐린 날이 계속되면 우리 안에서 갈망이 생겨난다. 태양이 다시 모습을 드러내 그 빛과 온기를 느끼게 해주길 바라는 마음이 간절해지고, 청명한 하늘이 그리워진다. 비 오는 날에는 맑게 갠 날이어서 왔으면 싶다.

라멕에게도 그런 갈망이 있었다. 그는 거의 200년 동안 죄로 인해 저주받은 세상에서 살았다. 그는 비 오는 날과 가시덤불로 뒤덮인 땅을 경험했고, 가족들과 친구들이 죽는 것을 목격했으며, 날마다 마음속에서 죄와 싸워야 했다. 그런 이유로 그는 좀 더 나은 날을 사모했다. 그는 성경책을 가지고 있지 않았지만, 구원자를 보낼 것이라는 하나님의 약속을 알고 있었던 것이 틀림없다. 그는 뱀의 머리를 상하게 할 여자의 후손이 와서 모든 것을 바로잡을 것을 알고 있었다. 그는 아들이 태어나자 그가 약속된 후손일지도 모른다고 생각했다. 혹시 노아가 안식이 없는 세상에 안식을 가져다줄 자가 아닐까? 그가 죄의 저주 아래에서 고통을 받는 사람들에게 참된 위로를 가져다줄 자가 아닐까? 그가 악을 종식시킬 자가 아닐까?

라멕처럼 하나님의 약속을 믿으면, 죄로 인한 상처와 슬픔이 오히려 축복이 될 수 있다. 왜냐하면 하나님이 라멕에게 하셨던 것처럼, 그것들을 통해 더 나은 날을 사모하게 하시기 때문이다. 우리는 죄와 고난이 가득한 세상, 곧 저주받은 세상에 살고 있다. 그러나 하나님은 자기 백성에게 저주가 없는 세상을 약속하셨다(계 21:4, 22:3). 비 오는 날, 가시덤불로 뒤덮인 땅, 병든 육체, 죄와의 싸움은 그리스도인들에게 이 세상이 그들의 집이 아니라는 것을 상기시켜준다. 그런 것들은 사탄은 없고, 예수님이 전부가 되시는 새로운 세상을 바라보게 만든다.

1) 라멕은 자기 아들이 어떤 사람이 되기를 바랐는가?

—— 그는 자기 아들이 사탄을 멸하고, 구원을 가져다줄 약속의 후손이 되기를 바랐다. 에녹처럼 라멕도 하나님을 신뢰했다. 아담의 후손 가운데 대부분이 죄 가운데 머물렀지만, 하나님은 항상 자기를 믿는 참된 예배자들을 일으켜 세우셨다.

2) 죄의 저주가 라멕에게 축복이 된 이유는 무엇인가?

—— 라멕은 세상에서 고통과 슬픔을 더 많이 겪을수록 그것들로부터 구원받기를 더 많이 갈망했다. 그는 그럴수록 하나님의 약속을 더욱 굳게 붙잡고, 그것이 이루어지기를 간절히 열망했다.

3) 하나님은 고난과 죄를 어떻게 축복으로 바꾸어주시는가?

—— 라멕처럼 하나님을 믿으면, 그분은 고난과 죄를 통해 세상이 우리의 집이 아니라는 것을 깨우쳐주고, 예수님이 다시 와서 모든 것을 바로잡아주시기를 갈망하게 하신다.

기도

죄의 저주 아래 놓인 세상에서 자녀들이 겪는 고난이 오히려 죄와 저주가 없는 새로운 세상을 갈망하게 만드는 계기가 될 수 있게 해 달라고 기도하라.

복습

1) 에녹과 라멕과 같은 사람들은 어떤 점이 특별했는가?

　── 그들은 하나님과 그분의 말씀을 믿었다.

2) 에녹과 라멕은 무엇에 소망을 두었는가?

　── 그들은 자기 백성을 사탄과 죄에서 구원하겠다는 하나님의
소망속에 소망을 두었다.

본문 읽기

창 6:5-8

1) 본문은 하나님이 무엇을 보셨다고 말씀하는가?

　── 하나님은 인간의 죄악이 극심하다는 것을 보셨다. 세상과
각 사람의 마음에는 죄가 가득했다. 하나님이 처음에 피조 세
계, 곧 자신이 지으신 만물을 보았을 때는 보기에 심히 좋았다
고 말씀하셨지만(창 1:31), 인간의 타락으로 인해 훼손된 후에 그
것을 보았을 때는 악이 모든 곳에 만연한 것을 보셨다.

2) 하나님은 사람들의 죄에 대해 어떻게 반응하셨는가?

　── 그분은 크게 근심하며 죄를 심판하겠다고 선언하셨다. 하

나님은 온전히 선하기 때문에 악한 것은 무엇이든 증오하신다.

3) 하나님의 은혜를 입는 사람은 누구인가?

―― 노아. 다른 사람들은 모두 하나님의 심판을 받았지만, 노아
는 하나님의 은혜를 입었다.

해설

> **핵심 내용 :** 죄로 인해 인간의 모든 기능이 훼손되었다. 하나님의 은혜가 없
> 으면 계속 그런 상태에 머물 수밖에 없다.

창세기 6장에 묘사된 세상의 모습은 참으로 암담하기 그지없다. 지
극히 선했던 피조 세계가 극도로 악해졌다. 에덴동산에서 자행된
한 가지 불순종의 행위로 인해 온 세상에 악이 가득해졌다. 아담의
죄가 동산의 잡초처럼 모든 곳에 퍼졌다. 죄에 오염되지 않은 사람
은 아무도 없었다. 사람들이 생각하는 것과 마음으로 바라는 것이
모두 항상 악했다. 죄는 치명적인 독즙과 같다. 한 방울이면 신선한
물이 가득한 항아리를 모두 오염시킬 수 있다. 죄도 인간의 기능 가
운데 하나가 아닌 전부에 영향을 미친다. 우리는 하나님이 금지하
신 것을 생각하고, 바라고, 선택한다. 우리가 생각하고, 바라고, 행하
는 것은 모두 죄에 오염되었다.

성경은 죄가 우리를 종으로 부린다고 가르친다(롬 6:19). 우리는
죄의 감옥에 갇혀 있는 신세다. 우리는 죄에서 벗어날 수 없다. 그러

나 우리가 죄에서 벗어날 수 없는 이유는 놓여나길 원하지 않기 때문이다. 우리는 본성적으로 하나님을 미워하고, 죄를 사랑한다. 우리는 하나님을 미워하기 때문에 그분께 순종할 수 없다(롬 8:7-8). 우리는 어둠을 사랑하기 때문에 빛으로 나오기를 싫어한다(요 3:19). 우리에게는 우리를 죄에서 구원하고, 우리의 생각과 마음을 변화시켜주실 하나님과 예수 그리스도 안에서 우리에게 새 생명을 주실 성령이 필요하다. 하나님이 노아에게 하셨던 것처럼 우리에게 은혜를 베풀어주셔야 한다. 하나님의 은혜가 없으면, 우리는 노아 시대의 세상 사람들처럼 죄 가운데서 멸망할 수밖에 없다.

1) 죄는 우리의 일부만을 파괴하는가?
   —— 아니다. 죄는 쉽게 지워 없애거나 가릴 수 있는 작은 얼룩과 같은 것이 아니다. 죄는 전인을 오염시킨다. 하나님의 은혜가 없으면 우리의 생각과 욕구와 선택이 모두 다 죄의 영향을 받는다.

2) 우리는 왜 죄로부터 자유로울 수 없는가?
   —— 그 이유는 우리가 사실상 죄를 사랑하기 때문이다. 성경이 가르치는 대로, 죄 가운데 있는 사람들은 하나님을 미워하기 때문에 그분께 순종하거나 그분의 말씀에 복종할 수 없다. 이것이 우리는 물론, 모든 사람의 본성이다.

3) 누가 죄의 노예가 된 상태에서 우리를 구원할 수 있을까?
   —— 하나님. 하나님이 노아에게 은혜를 베푸셨던 것처럼 우리

에게 은혜를 베푸셔야만 구원받을 수 있다. 오직 하나님만이 우리의 생각을 변화시켜 자신의 말씀을 믿게 하고, 우리의 마음을 변화시켜 자신의 율법을 사랑하게 하고, 우리의 의지를 변화시켜 자신의 길을 선택하게 하실 수 있다. 하나님의 은혜가 없으면, 우리는 죄 가운데서 죽어 노아 시대의 세상 사람들처럼 하나님의 심판을 받을 수밖에 없다.

기도

자녀들이 죄의 사악함을 깨닫고, 성령을 통해 주어지는 은혜로운 새 생명의 선물을 하나님께 구하게 해달라고 기도하라.

29 심판과 구원

복습

1) 아담과 하와가 죄를 짓고 난 후에 세상에 어떤 일이 일어났는가?

—— 악이 세상에 갈수록 더 만연해졌다.

2) 인간은 조금만 죄악될 수 있는가?

—— 그럴 수 없다. 죄는 우리의 전부를 훼손한다. 우리의 생각과 마음과 의지가 모두 죄에 온전히 사로잡혀 있다.

본문 읽기

창 6:9-19

1) 본문은 노아를 어떻게 묘사하는가?

—— 노아는 의롭고, 흠 없는 사람이었다. 그는 하나님의 은혜로 다른 세상 사람들과는 달리 죄의 노예가 되지 않았다. 그는 하나님과 동행했다. 이것은 에녹에게 사용되었던 표현과 똑같은 표현이다(창 5:22, 24). 그는 하나님과 친밀한 관계를 맺었고, 그분의 명령에 순종했다.

2) 세상은 어떻게 묘사되었는가?

—— 세상은 죄와 포악함이 가득했다. 세상은 노아와는 전혀 딴

 창세기 가정예배

판이었다. 세상은 불의했지만 노아는 의로웠고, 세상은 하나님의 심판 아래 있었지만 노아는 그분의 은혜 아래 있었다.

3) 하나님은 노아에게 무엇을 명령하셨는가?

── 나무로 방주를 지으라고 명령하셨다. 하나님은 홍수로 세상을 멸하고, 방주를 이용해 노아와 그의 가족들을 비롯해 많은 동물을 구원할 생각이셨다.

해설

> 핵심 내용 : 우리 가운데는 하나님의 의로운 심판을 받을 사람들과 그분의 구원하시는 은혜를 입을 사람들이 있다.

세상에는 악이 가득 넘쳤다. 곳곳에서 살육이 자행되었다. 죄가 매우 심각했다. 사탄이 승리하는 것처럼 보였다. 온 세상이 뱀의 거짓말에 귀를 기울였다. 하나님은 의로운 분노를 쏟아내 모든 것을 멸하실 생각이셨다. 과연 희망이 존재할까? 죄와 사탄을 멸할 자가 올 것이라는 하나님의 약속이 실패로 끝나고 말 것일까? 그렇지 않다. 하나님은 노아라는 사람을 보존하셨다. 그도 다른 모든 사람과 마찬가지로 죄 가운데 태어났는데 무엇이 그를 다르게 만들었을까? 그는 하나님의 은혜를 입었다. 하나님은 노아의 마음을 변화시켜 그로 하여금 의롭게 살며 자신과 친밀한 교제를 나누게 하셨다.

노아의 아버지 라멕이 예견한 대로, 하나님은 노아를 통해 세상을 죄의 저주로부터 구원하겠다는 약속을 지킬 생각이셨다. 그분은 거대한 홍수로 뱀의 후손을 모두 멸하기로 결정하셨다. 사나운 물이 곧 온 세상을 뒤덮을 것이었다. 모든 사람과 동물들이 물에 빠져 죽을 것이었다. 이것은 모두 죄 때문이었다. 이런 사실은 하나님이 죄를 얼마나 심각하게 여기시는지를 여실히 보여준다. 그러나 하나님은 방주를 이용해 노아와 그의 가족을 구원할 생각이셨다. 그분은 그들에게 은혜를 베풀어 심판의 홍수로부터 그들을 구원하기로 마음먹으셨다.

본문은 세상에 오직 두 종류의 사람들이 존재한다는 점을 상기시켜준다. 즉 하나님의 심판을 받아야 할 사람들이 있고, 그분의 구원을 받게 될 사람들이 있다. 우리는 사탄의 친구이든 하나님의 친구이든 둘 중 하나다. 이 둘의 차이는 오직 하나님의 은혜로 결정된다.

1) 사탄이 승리하는 것처럼 보였던 이유는 무엇인가?

   —— 그 이유는 온 세상에 죄가 가득했기 때문이다. 모든 사람이 뱀을 따르는 것처럼 보였다. 그러나 하나님은 자기를 위해 한 가족을 보존하셨다. 온 세상 가운데 딱 한 가정뿐이었다. 노아의 가족을 통해 하나님의 약속대로 사탄을 멸할 메시아가 오실 예정이었다.

2) 노아가 죄 가운데서 태어났는데도 다른 세상 사람들과 전혀 달랐던 이유는 무엇인가?

   —— 그 이유는 하나님이 그에게 은혜를 베푸셨기 때문이다. 은

혜란 하나님의 진노를 받아 마땅한 우리를 구원하시는 하나님의 인자하심이다. 노아가 달랐던 이유는 본성적으로 다른 사람들보다 더 낫거나 더 현명하거나 더 거룩했기 때문이 아니다. 그가 사탄의 거짓말과 죄를 거부할 수 있었던 이유는 하나님이 그를 구원하셨기 때문이다.

3) 하나님이 홍수로 온 인류를 멸하려고 하셨던 이유는 무엇인가?
　　— 죄 때문이다. 하나님은 온전히 선하시기 때문에 악한 것은 다 미워하신다. 그분은 세상을 선하시게 창조하셨지만 죄로 인해 악이 가득 넘치게 되었다. 홍수는 우리의 죄가 받아야 마땅한 징벌을 상징한다. 죄는 그만큼 심각하고, 하나님은 지극히 거룩하시다.

기도

가족들이 노아처럼 하나님의 은혜를 입을 수 있게 해달라고 기도하라.

하나님이 제공하신 구원의 수단

복습

1) 노아는 다른 세상 사람들과 어떻게 달랐는가?

   —— 그는 하나님의 은혜를 입은 덕분에 그분을 사랑하고, 그분
   께 순종했다.

2) 하나님은 홍수를 일으키기 전에 노아에게 무엇을 명령하셨는
   가?

   —— 그와 그의 가족과 많은 동물을 구원할 방주를 만들라고 명
   령하셨다.

본문 읽기

창 6:13-16, 히 11:7, 벧후 2:5

1) 방주는 몇 층이었는가?

   —— 삼 층. 방주는 수천 마리의 동물을 태울 만큼 큰 규모였다.

2) 노아는 무엇으로 방주를 지었는가?

   —— 그는 믿음과 경외함으로 방주를 지었다. 믿음으로 방주를
   지었다는 것은 그가 홍수 심판을 경고한 하나님의 말씀과 방주
   를 통한 구원의 약속을 믿었다는 뜻이고, 경외함으로 방주를 지

었다는 것은 그가 하나님을 크게 존중하며 그분의 임박한 심판을 두려워했다는 뜻이다.

3) 베드로는 노아를 어떻게 묘사했는가?
—— 베드로는 노아를 설교자로 묘사했다. 노아는 단지 자신의 가족들만 구원받기를 바라는 마음으로 방주를 짓지 않았고, 다른 사람들에게 죄를 뉘우쳐 하나님이 예비하신 방주를 통해 구원을 얻으라고 권고했다.

해설 ⋯⋯

> **핵심 내용 :** 노아는 믿음으로 방주를 지으면서 타락한 세상을 향해 회개와 구원을 전했다.

노아의 방주 제작에 관한 정보는 그리 많지 않다. 그러나 그것이 매우 어려운 작업이었다는 것은 분명하다. 하나님이 지으라고 명령하신 배는 거대했다. 높이는 이층집보다 더 높았고, 길이는 축구장 하나 반만 했다. 노아와 그의 아들들은 큰 배를 만들기 위해 뜨거운 햇볕 아래에서 많은 세월 동안 힘들게 일해야 했을 것이다. 그 일을 훨씬 더 어렵게 만들었던 요인은 하나님의 말씀을 믿지 않는 사람들에게 둘러싸인 채로 외딴곳에서 홀로 거대한 배를 만들어야 했다는 것이었다. 사람들은 "사막 한복판에서 그렇게 큰 배를 만드는 이유가 무엇이오?"라고 그를 비웃으며 조롱했을 것이 틀림없다. 그러나 노아는 하나님을 믿었고, 방주 제작을 멈추지 않았다.

　노아가 망치질과 톱질을 할 때마다 주위 사람들에게 회개를 촉구하는 소리가 울려 났다. 제작된 방주의 각 부분은 임박한 심판의 상징이었다. 노아는 방주를 만들면서 목소리를 높여 사람들에게 심판을 경고했다. 그는 그들의 죄 때문에 하나님이 홍수 심판을 내리실 것이라고 외쳤다. 그는 그들에게 악한 길을 버리고, 하나님이 구원을 베풀려고 예비하신 방주 안으로 들어오라고 말했다. 그들은 오직 방주 안에서만 구원을 받을 수 있었다.

　노아의 메시지는 오늘날에도 똑같이 적용된다. 하나님은 방주와 같은 구원자를 보내셨다. 그분 안에 있어야만 다가올 심판에서 구원받을 수 있다. 그분의 이름은 예수 그리스도이시다. 하나님은 멸망당해야 할 우리 죄인들에게 예수님 안으로 들어와서 진노의 폭풍우를 피하라고 말씀하신다. 우리는 오직 예수님을 통해서만 죄인들이 마땅히 받아야 할 죽음의 형벌을 면할 수 있다. 예수님이 없으면 홍수처럼 밀려들 하나님의 심판을 피할 수 없다.

1)　노아가 방주를 만드는 것이 어려웠던 이유는 무엇인가?
　　—— 오랫동안의 고된 작업이 필요했던 거대한 배인 데다가 홍수의 징후가 전혀 보이지 않는 상황에서 악한 사람들의 비웃음에 시달려야 했기 때문이다.

2)　노아는 사람들에게 무엇을 전했는가?
　　—— 정확한 내용은 알 수 없지만 임박한 홍수를 경고하며 악한

길을 버리고 방주를 통해 구원을 얻으라고 말했을 것으로 추정된다.

3) 하나님이 우리를 위해 제공하신 구원의 방주는 누구인가?

── 예수 그리스도. 노아 시대의 악인들처럼 우리도 죄에서 돌이켜 하나님의 구원 초청을 받아들여야 한다. 방주 안에 있으면 홍수로부터 안전했다. 우리도 믿음으로 예수님 안으로 들어가면 우리의 죄에 대한 심판으로부터 구원받을 수 있다.

기도

자녀들이 예수님 밖에서 사는 것이 얼마나 위험한지를 깨닫고, 죄를 회개하고, 하나님이 제공하신 구원의 방주이신 그분을 영접하게 해달라고 기도하라.

복습

1) 하나님은 노아에게 무엇을 만들라고 명령하셨는가?

　── 방주라고 불리는 거대한 배.

2) 방주와 예수님은 어떤 관계가 있는가?

　── 하나님의 심판에서 구원받으려면 믿음으로 방주 안으로 들어가야 했던 것처럼, 믿음으로 예수님 안에 들어가야만 하나님의 영원한 심판에서 구원받을 수 있다.

본문 읽기

창 7:11-16

1) 노아가 육백 세가 되던 해에 무슨 일이 일어났는가?

　── 홍수가 시작되었다. 물이 사방에서 몰아닥쳐 육지를 뒤덮었다.

2) 노아의 가족은 홍수가 시작되던 날에 어떻게 했는가?

　── 그들은 방주 안에 들어가면 구원받을 수 있다는 하나님의 말씀을 믿고 동물들과 함께 방주 안으로 들어갔다.

3) 하나님은 노아의 가족들과 동물들이 방주 안으로 들어가자 어

떻게 하셨는가?

── 방주의 문을 닫으셨다. 그때까지만 해도 문이 모든 사람을 위해 열려 있었지만, 이제는 문이 닫혀 노아의 가족들을 보호하고, 다른 사람들이 들어오지 못하게 했다.

해설

> **핵심 내용 :** 하나님이 방주의 문을 닫으신 것은 격려와 경고의 의미를 동시에 지니고 있다.

오랜 세월 동안 땀과 눈물을 쏟은 결과로 마침내 방주가 완성되었다. 그것은 문을 활짝 열어젖힌 거대한 배였다. 과연 누가 노아의 가족과 함께 방주에 들어갈 것인가? 노아는 경고하며 초청했지만 아무도 응하지 않았다. 심판이 다가오고 있다고 생각하는 사람은 아무도 없었다. 그들은 "사막 한복판에 무슨 홍수가 난다는 말인가? 말도 안 돼."라고 생각했다. 그들은 방주에 들어가야 한다는 생각을 비웃었다. 결국, 노아의 가족과 많은 동물들만 방주에 들어갔다. 물이 차오르기 시작했고, 하나님은 방주의 문을 닫으셨다.

하나님은 문을 닫아 노아와 그의 가족을 보호하셨다. 그분은 그들이 밖으로 나오지 못하게 했고, 물이 방주 안으로 들어가지 못하게 하셨다. 그들은 하나님이 베푸신 구원의 수단을 신뢰하고 방주 안으로 들어갔다. 하나님은 그들을 방주 안에서 홍수로부터 안전하게 보호하셨다. 이런 사실은 우리에게 큰 격려가 된다. 우리도 믿음으로 그리스도 안에 들어가면 하나님이 문을 닫아주신다. 그분은 우리를 보호하고, 자신의 진노의 홍수가 우리에게 미치지 못하게 하신다.

그러나 닫힌 문은 또한 우리를 향한 경고의 의미를 지닌다. 노아 시대의 사람들은 문이 열려 있을 때 방주 안으로 들어가기를 거부했다. 결국에는 문이 봉해졌다. 하나님은 그들에게 기회를 주셨지만, 그들은 심판의 물속에 빠져 죽는 길을 선택했다. 우리는 그런 악한 사람들을 본받아서는 안 된다. 지금은 구원의 날이다. 방주의 문이 활짝 열려 있다. 그러나 문이 영원히 열려 있는 것은 아니다. 너무 늦기 전에 죄를 회개하고, 예수 그리스도를 믿어 구원을 얻어야 한다.

1) 노아의 가족과 함께 방주 안으로 들어간 사람이 아무도 없었던 이유는 무엇인가?
   —— 그들은 노아가 전한 하나님의 말씀을 믿기를 거부했다. 그들은 자신들이 안전할 것으로 생각하고, 구원의 필요성을 의식하지 못했다.
2) 방주의 문이 닫힌 것이 우리에게 격려가 되는 이유는 무엇인가?
   —— 그것은 예수님을 믿으면 하나님이 우리를 심판으로부터 보호하신다는 가르침을 준다. 그리스도 안에 있으면 그 무엇도 우

리를 하나님의 사랑에서 끊을 수 없다(롬 8:38, 39). 하나님은 우리가 멸망하지 않도록 은혜롭게 지켜주신다(요 10:28).

3) 방주의 문이 닫힌 것이 우리에게 경고가 되는 이유는 무엇인가?

── 그것은 하나님의 구원 초청이 영원히 계속되지 않을 것이라는 가르침을 준다. 방주의 문이 일단 닫힌 후에는 홍수에서 구원받을 기회는 더 이상 없었다. 아직 시간이 있을 때 하나님이 우리에게 제시하시는 구원을 받아들여야 한다. 죄를 회개하고, 복음을 믿는 것을 미뤄서는 안 된다. 문은 영원히 열려 있지 않을 것이다.

기도

가족들이 아직 시간이 있을 때 예수 그리스도 안에 있는 하나님의 은혜로운 구원을 붙들게 해달라고 기도하라.

32 심판의 홍수

복습

1) 사람들은 노아의 설교에 귀를 기울였는가?

── 그렇지 않았다. 그들은 그의 말을 무시하고, 하나님이 구원의 수단으로 제공하신 방주를 거부했다.

2) 방주의 문은 영원히 열려 있었는가?

── 그렇지 않았다. 하나님은 나중에 방주의 문을 닫아 노아가 전한 말씀을 믿지 않는 사람들이 안으로 들어올 수 없게 하셨다.

본문 읽기

창 7:17-24

1) 홍수가 땅에 며칠 동안 계속되었는가?

── 사십 일. 하루가 지날 때마다 물이 더 높이 차올라 가장 높은 산들조차도 다 잠기고 말았다.

2) 땅에 있는 사람들과 동물들은 어떻게 되었는가?

── 모두 죽었다. 홍수는 땅 위의 움직이는 모든 생물을 쓸어버렸다. 이것이 죄에 대한 하나님의 심판이었다.

3) 홍수에서 살아남은 유일한 생존자들은 누구였는가?

— 방주에 탄 노아와 그의 가족들과 동물들이었다. 방주에 타지 않은 사람들과 동물들은 모조리 익사하고 말았다.

해설

> **핵심 내용 :** 홍수는 죄에 주어지는 형벌과 예수님이 마지막 날에 베푸실 심판을 상징한다.

우리는 노아의 이야기를 밝고, 유쾌한 이야기로 간주하는 경향이 있다. 우리는 방주에 탄 기린들과 행복한 가족과 무지개를 떠올린다. 그러나 그것은 사실상 죽음이 가득한 가슴 아픈 이야기가 아닐 수 없다. 하나님이 세상에 일으키신 홍수로 인해 수많은 사람과 동물들이 죽었다. 남자들과 여자들과 어린아이들이 평소처럼 살고 있을 때 느닷없이 홍수가 임해 살아 있는 모든 생명체를 삼켜버렸다. 곳곳에 시체들이 즐비했다. 하나님은 왜 그렇게 하셨을까? 그 이유는 사망이 죄의 삯이기 때문이다(롬 6:23). 하나님은 노아의 설교를 통해 오랫동안 세상 사람들에게 회개할 기회를 주셨다. 그분은 방주를 통해 그들에게 구원의 길을 보여주셨다. 그분이 인내하며 기다린 이유는 악인들의 죽음을 기뻐하지 않으시기 때문이다(겔 33:11). 그러나 그들은 하나님을 향해 끝까지 마음을 강퍅하게 했기 때문에 그분은 마침내 그들에게 심판을 베푸셨다. 하나님은 모두를 죽음으로 징벌하셨고, 그분의 진노에서 살아남은 사람은 아무도 없었다.

노아 시대의 홍수는 예수님이 다시 와서 베푸실 심판을 생생하게 묘사한다(벧후 3:1-6). 그분이 언제 다시 오실지는 아무도 모른다. 그 때에도 사람들은 노아 당시처럼 학교와 일터에 가고, 친구들과 함께 놀고, 미래를 계획하는 등, 평소와 다름없이 정상적인 삶을 살고 있을 것이다. 그러다가 눈 깜박할 사이에 모든 것이 끝나고, 예수님이 홀연히 나타나 심판을 베푸실 것이다. 죄에서 돌이켜 예수님을 믿고 구원을 얻지 못한 사람들은 영원한 죽음이 주어질 것이다. 그들은 하나님의 진노의 홍수에 빠져 죽을 것이다. 노아와 그의 가족이 방주로 피신했던 것처럼, 우리도 다가올 심판을 모면하려면 하나님의 은혜를 힘입어 그리스도께로 피해야 한다. 오직 예수님만이 우리의 죄에 대한 진노의 심판으로부터 우리를 구원하실 수 있다.

1) 노아 당시의 홍수는 무엇을 상징하는가?

— 예수님이 다시 와서 베푸실 심판을 상징한다. 예수님은 지금은 하늘에서 하나님의 오른편에 계시지만, 곧 다시 와서 자기를 거부한 사람들에게 심판을 베푸실 것이다.

2) 예수님이 언제 다시 오실지 알 수 있는가?

— 알 수 없다. 성경은 예수님이 다시 오실 때를 아는 사람은 아무도 없다고 가르친다(마 24:34). 노아 당시의 홍수처럼 예수님

의 재림도 사람들을 갑작스레 놀라게 할 것이다. 그분은 언제라도 다시 오실 수 있다. 따라서 항상 그분을 맞이할 준비를 하고 있어야 한다.

3) 예수님이 베푸실 심판을 모면하려면 어떻게 해야 할까?

── 죄를 회개하고, 그리스도를 믿어 구원을 받아야 한다. 노아 당시의 사람들이 악한 길을 버리고 방주에 들어갔더라면 심판으로부터 구원받을 수 있었을 것이다. 우리도 진노의 심판으로부터 구원받으려면 믿음으로 그리스도 안으로 들어가야 한다. 그분은 하나님이 우리를 구원하기 위해 마련하신 방주이시다.

기도

자녀들이 하나님의 홍수 심판을 두렵게 생각하고, 장차 올 더 큰 심판에 대비할 수 있게 해달라고 기도하라.

복습

1) 방주 안에 들어가지 않은 사람들과 동물들은 어떻게 되었는가?

　　── 그들은 홍수로 인해 모두 죽고 말았다.

2) 홍수는 무엇을 상징하는가?

　　── 예수님이 마지막 때에 베푸실 심판을 상징한다.

본문 읽기

창 8:1, 13-19

1) 하나님은 누구를 기억하셨는가?

　　── 노아. 하나님이 기억하신다는 것은 그분이 무엇을 잊으실
수도 있다는 의미가 아니다. 이것은 하나님이 노아에게 끝까지
약속을 지키셨다는 의미를 담고 있는 표현 방식이다.

2) 하나님은 노아를 기억하고 무엇을 하셨는가?

　　── 바람을 불게 해 홍수로 불어난 물이 서서히 줄어들게 하셨
다. 약속에 충실하신 하나님은 노아가 방주 속에서 죽어가도록
방치하지 않으셨다.

3) 땅이 마르자 하나님은 노아에게 어떻게 하라고 말씀하셨는가?

—— 가족들과 동물들을 데리고 방주에서 나오라고 말씀하셨다. 하나님은 아담에게 하신 대로 노아의 가족에게도 많은 자손을 낳아 땅에서 번성하라고 명령하셨다.

해설

> **핵심 내용 :** 하나님은 항상 자신의 약속에 충실하며, 자기 백성을 잊지 않으신다.

하나님은 신실하시다. 친구들은 이따금 자기가 한 약속을 지키지 않는다. 그러나 하나님은 자신의 약속을 항상 지키신다. 하나님은 무엇을 하겠다고 말씀하면 그것을 반드시 이행하신다. 따라서 우리는 그분을 항상 신뢰할 수 있다. 노아는 방주를 만들면서 이 점을 깨우쳐야 했다. 하나님은 그에게 홍수가 닥칠 것이라고 말씀하셨다. 그러나 오랜 세월 동안 홍수의 기미조차 보이지 않았다. 그의 마음속에서 온갖 의문이 떠올랐다. 하나님이 잊으셨는가? 하나님이 말씀하신 것을 과연 그대로 행하실까? 그러나 노아는 끝까지 하나님을 신뢰하였고, 방주를 만들었다.

하나님이 말씀하신 대로 홍수가 일어나자 노아는 그때부터 다시 하나님을 신뢰하는 법을 배워야 했다. 하나님이 방주의 문을 닫으실 때만 해도 노아는 일 년이 넘게 방주 안에 있어야 할 것이라고는 생각하지 못했을 것이다. 냄새나는 동물들이 가득한 배 안에서 보낸 열두 달은 참으로 긴 시간이었다. 노아는 때로는 하나님이 자기를 잊으셨는지 궁금해했을 것이고, 때로는 홍수가 멈추지 않아 방주에서 나가지 못할까 봐 두려웠을 것이다.

그러나 하나님은 결코 자기 백성을 버리지 않으셨다. 그분은 노아를 기억하셨다. 땅 위에 움직이는 모든 생물들이 홍수로 죽자 하나님은 물이 차츰 줄어들어 육지가 드러나게 하셨다. 그것이 노아에게 어떤 경험이었을지 생각해 보라. 그는 육지가 전혀 보이지 않는 상태에서 수백 일 동안 파도에 이리저리 흔들리다가 방주가 평화롭게 땅 위에 안착하는 것을 목격했다. 노아는 방주에서 나와 마른 땅을 밟는 순간, 하나님의 신실하심을 생생하게 의식했을 것이 틀림없다. 하나님은 그와 그의 가족을 구원하셨다. 그분은 약속한 것을 정확하게 지키셨다. 우리 하나님은 더할 나위 없이 신실하시다.

1) 하나님이 신실하시다는 것은 무슨 의미인가?
— 하나님은 모든 약속을 지키고, 자기 백성을 절대로 버리지 않으신다. 하나님은 어떤 일을 하겠다고 말씀하면 반드시 이행하신다.

2) 노아가 하나님의 신실하심을 의심하지 않으려고 노력해야 했던 이유는 무엇인가?
— 노아가 방주를 짓기 시작한 때부터 실제로 홍수가 일어날 때까지는 오랜 세월이 소요되었다. 그가 방주에 타고 있을 때도 하나님이 그를 육지에 안전하게 내려주실 때까지 상당히 긴 시

간이 흘러갔다. 그렇게 기다리는 동안, 하나님이 약속을 지키지 않고 노아를 잊으신 것처럼 보일 때가 많았을 것이 틀림없다. 우리도 살다 보면 하나님이 우리를 잊었거나 버리신 것처럼 보일 때가 있을 수 있다.

3) 기다리는 동안 노아는 어떻게 반응했는가?

—— 그는 때로 두렵고, 의심스러웠지만 하나님을 신뢰하고, 그분께 순종했다. 우리도 하나님이 항상 약속을 충실히 지키신다는 것을 기억하고, 그렇게 해야 한다.

기도

가족들이 노아처럼 하나님의 신실하심에 관해 배울 수 있게 해달라고 기도하라.

복습

1) 하나님이 신실하시다는 것은 무슨 의미인가?

   —— 하나님은 자신의 약속을 잊거나 자기 백성을 버리지 않으신다.

2) 노아는 하나님의 신실하심을 어떻게 경험했는가?

   —— 하나님은 홍수를 일으키고, 그것으로부터 노아를 구원하겠다는 약속을 지키셨다.

본문 읽기

창 8:18-22

1) 누가 방주에서 가장 먼저 나왔는가?

   —— 노아의 가족이 먼저 나왔고, 그다음에 동물들이 제각기 종류대로 나왔다.

2) 노아가 방주에서 나와 가장 먼저 한 일은 무엇인가?

   —— 그는 제단을 쌓고 하나님께 번제를 드렸다. 그가 새로운 세상에서 가장 먼저 한 일은 예배였다.

3) 하나님은 노아의 제사에 어떻게 반응하셨는가?

── 하나님은 제사를 기쁘게 받으셨고, 다시는 이전처럼 살아 있는 피조물들을 멸하지 않겠다고 결심하셨다.

해설

> **핵심 내용 : 노아의 향기로운 제사는 하나님의 저주를 멈추게 한 그리스도의 제사를 예표한다.**

일 년 동안 방주에 갇혀 지내다가 밖으로 나오면 가장 먼저 무엇을 하겠는가? 먹을 음식을 찾겠는가? 집을 짓겠는가? 밝은 태양 아래서 놀이를 하겠는가? 그렇게 해도 잘못은 아니다. 그러나 노아는 그보다 훨씬 더 좋은 것을 했다. 그가 방주에서 나와 가장 먼저 했던 일은 예배였다. 그는 자기 가족을 위해 집을 짓지 않고, 하나님께 제단을 쌓아 바쳤다.

피의 희생제사는 죄인들이 하나님 앞에 나올 수 있는 유일한 길이다. 앞서 아담과 아벨에게서도 그런 사실을 확인할 수 있었다(창 3:21, 4:4). 왜 피가 필요할까? 그 이유는 죄의 징벌이 죽음이기 때문이다. 노아는 홍수를 통해 이 사실을 분명하게 깨달았다. 하나님이 인류를 멸하신 이유는 죄 때문이었다. 노아는 자기도 죽어 마땅한 죄인이라는 사실을 의식하고, 하나님의 심판을 크게 두려워했을 것이 틀림없다. 그는 하나님의 구원에 감사하기 위해 자신이 쌓은 제단에 짐승들을 죽여 제물로 바쳤다.

마치 빵집 앞으로 지날 때 나는 신선한 빵 냄새처럼, 노아의 제사도 하나님께 향기가 되어 피어올랐다. 하나님은 그의 예배를 기쁘게 받으셨고, 세상을 다시는 멸하지 않겠다고 선언하셨다. 이것은 하나님을 훨씬 더 기쁘시게 할 훨씬 더 향기로운 제사, 곧 예수 그리스도의 희생을 나타내는 예표였다(엡 5:2). 노아는 짐승들을 제물로 바치면서 궁극적으로 예수님을 바라보았다. 오직 그리스도의 피만이 우리를 죽음에서 구원하고, 우리의 예배를 하나님이 기쁘시게 받으시는 예배로 만들 수 있다. 오직 그분의 피만이 죄의 저주를 없앨 수 있다.

1) 노아가 방주에서 나와 가장 먼저 한 일은 무엇인가?
   —— 그는 제단을 쌓고, 피의 희생제사를 드려 하나님을 예배했다. 그는 하나님의 진노의 홍수에서 구원받고 나서 하나님께 감사와 찬양을 드리기를 원했고, 오직 피의 제사를 통해서만 그렇게 할 수 있다는 것을 알았다.

2) 노아가 피의 제사로 하나님 앞에 나와야 했던 이유는 무엇인가?
   —— 그 이유는 그가 죄인이었기 때문이다. 죄의 징벌은 죽음이다. 죄인들이 하나님과 함께 살려면 다른 누군가가 그들을 대신해 죽어야 한다.

3) 노아의 희생제사는 누구를 예표하는가?
   —— 예수님. 하나님은 노아의 제사를 향기롭게 받아들여 기뻐

했고, 다시는 홍수로 세상을 멸하거나 저주하지 않겠다고 약속
하셨다. 예수님은 우리를 위해 십자가에서 피를 흘리셨고, 우
리를 대신해 저주를 받으셨다(갈 3:13). 우리와 같은 죄인들은
예수님의 희생 덕분에 죽음에서 구원받아 영생을 누릴 수 있다
(요 3:16).

기도

가족들이 그리스도의 피의 희생이 없었다면 죄의 저주에서 구원받
을 희망이 없었을 것이라는 엄연한 현실을 분명하게 깨닫게 해달라
고 기도하라.

35

새로운 아담

복습

1) 노아는 방주에서 나오자마자 무엇을 했는가?

── 그는 제단을 쌓고 희생제사를 드려 하나님을 예배했다.

2) 하나님은 노아의 희생제사를 어떻게 생각하셨는가?

── 그분은 그것을 기쁘게 생각하셨다. 하나님은 노아의 희생제사의 향기를 맡으시고 다시는 세상을 멸하지 않기로 결심하셨다.

본문 읽기

창 9:1-7

1) 하나님은 본문의 첫 구절과 마지막 구절에서 노아와 그의 아들들에게 무엇을 명령하셨는가?

── "생육하고, 번성하여 땅에 충만하라"라고 명령하셨다. 이것은 아담을 창조하고 나서 그에게 하셨던 명령과 똑같다(창 1:28).

2) 하나님은 노아에게 어떤 양식을 주셨는가?

── 노아는 동물들과 식물들을 양식으로 먹을 수 있었지만, 먹기 전에 동물들의 피를 제거해야 했다.

3) 살인이 그토록 심각한 범죄인 이유는 무엇인가?

—— 그 이유는 인간이 하나님의 형상으로 창조되었기 때문이다. 본문을 통해 알 수 있는 대로, 인간은 타락 후에도 여전히 하나님의 형상을 지니고 있었다. 하나님의 형상은 비록 죄로 인해 심각하게 훼손되었지만 완전히 없어지지는 않았다.

해설

> **핵심 내용 : 노아는 방주에서 나와 새로운 세상의 새로운 아담이 되었다.**

홍수 이전의 세상은 참으로 끔찍한 상태였다. 당시의 세상은 수리가 아예 불가능할 정도로 완전히 망가져 폐차 처리해야 할 차와 같았다. 죄가 하나님이 지으신 선한 세상을 온통 망가뜨렸다. 하나님은 아담에게 많은 자손을 낳아 세상을 가득 채우라고 명령하셨지만, 아담과 그의 자손들을 세상에서 하나님을 예배하며, 그분을 나타내야 할 의무를 저버렸다. 그들은 하나님의 아름다우심을 온 세상에 드러내 보이지 못했고, 창조주께 반역했다. 따라서 하나님은 홍수로 세상을 멸하셨다. 그분은 모든 것을 새로 시작하기로 마음먹으셨다.

노아는 방주에서 나와 새로운 세상의 새로운 아담이 되었다. 하나님은 아담에게 부여한 사명을 다시 그에게 부여하셨다. 하나님은 무서운 홍수를 거치고 나온 새로운 세상에서 노아에게 지식과 의와 거룩함을 통해 자신을 나타낼 자손들을 낳아 땅을 가득 채우라고 명령하셨다. 그분은 그것을 위해 노아의 가족이 해를 입지 않도록 조처하셨다. 그분은 동물들이 사람들을 해치지 못하도록 사람을 두려워하게 하셨고(창 9:2), 살인 행위에 대한 징벌을 정하셨다. 다른 사람을 살해한 사람은 죽음의 징벌을 받아야 했다(창 9:6). 하나님은 그런 식으로 노아와 그의 가족이 순조롭게 번성해 세상을 자신의 영광으로 가득 채우도록 조치하셨다.

1) 노아가 새로운 아담인 이유는 무엇인가?

— 노아에게 아담과 똑같은 사명이 부여되었다. 곧 많은 자손을 낳아, 하나님의 성품을 드러내 보여줄 사람들로 세상을 가득 채우라는 명령이 부여되었다. 아담은 사명을 이행하지 못했고, 그로 인해 세상은 홍수 심판을 받았다. 하나님은 노아를 통해 모든 것을 새로 시작하셨다. 그러나 나중에 살펴볼 테지만 노아도 자신의 사명을 다하지 못했다.

2) 노아가 아담과 다른 점은 무엇이었는가?

— 하나님이 아담에게 생육하고 번성해 땅에 충만하라고 명령하셨을 때 그는 죄인이 아니었다. 하지만 노아는 저주 아래 있는 세상에 살았던 죄인이었다.

3) 하나님은 노아와 그의 가족이 해를 당하지 않도록 어떻게 조치하셨는가?

— 하나님은 동물들이 사람을 두려워하게 하셨고, 사람을 죽

이는 사람에게는 죽음의 형벌을 부과하셨다. 하나님은 사람들이 복음을 믿고, 자기를 예배할 수 있도록 자신의 형상을 지닌 그들을 보호할 방책을 마련하셨다.

기도

세상에 사는 사람들의 생명을 계속해서 보호하고, 그들 가운데서 하나님의 형상을 지닌 예배자들이 많이 나오게 해달라고 기도하라.

36

구원의 목적을 이루기 위한 무대

복습

1) 하나님은 노아와 그의 가족을 어떻게 보호하셨는가?

— 그분은 동물들이 그들을 두려워하게 했고, 살인 행위에 대해 엄중히 경고하셨다.

2) 다른 사람을 죽이는 사람은 어떤 형벌을 받는가?

— 살인자는 죽어야 한다. 다른 사람의 생명을 빼앗는 사람은 죽음의 형벌을 당해야 한다. 그 이유는 모든 사람이 하나님의 형상으로 창조되었기 때문이다.

본문 읽기

창 9:8-11

1) 본문은 하나님이 맺으신 특별한 관계를 무엇으로 일컫는가?

— 언약. 하나님은 성경의 여러 곳에서 자기 백성과 언약을 맺어 그들에게 자기를 내주고, 또한 자기를 위해 그들을 취하셨다.

2) 하나님은 누구와 언약을 맺으셨는가?

— 노아와 그의 가족과 모든 동물. 하나님이 사람은 물론, 동물

까지 언약에 포함시킨 사례는 성경에서 이곳이 유일하다. 하나님은 온 세상과 언약을 맺으셨다.

3) 하나님은 언약을 통해 무엇을 약속하셨는가?

── 다시는 홍수로 세상을 멸하지 않겠다고 약속하셨다. 하나님은 구원의 목적을 계속해서 이루어나가기 위해 세상을 죽음과 멸망으로부터 보호하겠다고 약속하셨다.

해설

> 핵심 내용 : 하나님은 구원의 목적을 이루기 위한 무대인 세상을 보호하신다.

오케스트라가 베토벤이나 모차르트의 곡을 연주하는 것을 들어본 적이 있는가? 악기들이 올바른 시점에 올바른 소리를 내면 아름다운 음악이 만들어진다. 그러나 음악을 연주하려면 악기들과 음악가들이 있어야 한다. 바이올린과 첼로와 베이스를 비롯해 그것들을 연주하는 숙련된 음악인들이 없으면 오케스트라의 음악을 들을 수 없다. 그와 비슷하게 세상과 그 안에 사는 사람들이 없으면 하나님의 구원 약속이 이루어질 수 없다. 하나님이 인간의 타락 이후에 아담과 하와에게 무엇을 약속하셨는지 기억하는가? 그분은 뱀을 정복할 여자의 후손이 태어날 것이라고 약속하셨다(창 3:15). 그러나 세상과 하와의 자손이 모두 멸망한다면 그 약속은 이루어질 수 없다.

홍수는 온 세상이 멸망을 받아야 마땅한 죄를 지었다는 사실을 상기시켜주었다. 그러나 하나님은 은혜롭게도 방주를 통해 노아의 가족과 동물들을 보호하셨다. 그분은 자신의 구원 약속이 실패하도록 놔두지 않으셨다. 그분은 홍수 이후에 노아에게 다시는 홍수로 세상을 멸하지 않겠다고 약속하셨다. 하나님은 세상과 사람들을 보호해 구원자이신 예수 그리스도께서 오시게 할 계획이셨다. 홍수 이후의 세상은 구원의 무대, 곧 하나님이 구원의 은혜를 베푸실 장소가 되어야 했다. 세상은 그런 식으로 지금도 계속 존재한다. 은혜로운 하나님은 복음이 온 세상 사람들에게 전파되어 자신의 영광을 드러낼 수 있도록 심판을 미룬 채 생명을 주시고, 오랫동안 인내하며 기다리신다.

1) 하나님은 노아와의 언약을 통해 무엇을 약속하셨는가?
  — 다시는 세상을 홍수로 멸하지 않겠다고 약속하셨다. 이것은 하나님의 놀라운 은혜를 보여준다. 세상은 죄 때문에 멸망을 받아야 마땅하다. 그러나 하나님은 의로운 심판을 미루고 오래 참으신다.

2) 하나님이 세상을 멸하지 않겠다고 약속하신 이유는 무엇인가?
  — 그 이유는 하나님이 계획하고, 약속하신 구원이 이루어지게 하기 위해서다. 죄와 사탄을 물리치실 분이 세상에 태어날 예정이었다. 그분이 오시려면, 그분이 태어날 세상과 구원할 사람들이 있어야 했다.

3) 하나님이 노아에게 하신 약속은 오늘날의 세상에 어떤 축복을

가져다주는가?

── 하나님은 우리가 죄를 회개하고, 예수님을 통해 제공된 구원을 받을 수 있도록 심판을 미룬 채로 생명을 유지시키며 오랫동안 기다리신다. 세상은 하나님이 홍수로 심판하실 때와 마찬가지로 똑같이 죄에 깊이 물들어 있는 상태이지만, 하나님은 복음이 모든 민족에게 전파될 때까지 세상을 보호하신다.

기도

자녀들이 하나님이 은혜로 심판을 미루고, 일시적인 축복들을 베푸신다는 것을 깊이 인식하고, 그분께 나와 구원을 구하게 해달라고 기도하라.

복습

1) 하나님은 노아와의 언약을 통해 무엇을 약속하셨는가?
   — 다시는 세상을 홍수로 멸하지 않겠다고 약속하셨다.

2) 그 약속이 중요한 이유는 무엇인가?
   — 하나님이 온 세상을 멸하신다면, 예수님을 보내 사람들을 죄와 사탄에게서 구원하겠다는 그분의 약속이 이루어질 수 없기 때문이다.

본문 읽기

창 9:12-17

1) 하나님이 노아와 맺으신 언약의 증거는 무엇인가?
   — 무지개. 무지개는 노아 당시의 홍수처럼 폭풍우로 인해 세상을 멸망하는 일이 다시는 없을 것을 보여주는 표징이다.

2) 이 표징은 누구를 위한 것인가?
   — 하나님과 우리. 하나님은 무지개를 보면 언약을 기억하겠다고 말씀하셨다. 아울러 무지개는 노아와 우리에게 하나님의 은혜로운 약속을 상기시키는 역할을 한다.

3) 하나님은 16절에서 자신의 언약을 어떻게 묘사하셨는가?

── 영원한 언약으로 묘사하셨다. 이것은 언약이 세상 끝날까지 계속될 것을 의미한다.

해설 ·······································

> **핵심 내용 : 무지개는 하나님이 다시는 세상을 홍수로 멸하지 않으실 것이라는 표징이다.**

표징은 언어를 사용하지 않고 의미를 전달하는 그림 언어다. 주차장에 차를 몰고 들어가면 휠체어를 타고 있는 사람의 모습이 그려진 표지판을 볼 수 있다. 표지판에는 아무 말도 적혀 있지 않지만, 모두가 그것이 무슨 의미인지를 알고 있다. 그것은 그 주차 공간이 장애인을 위한 곳이라는 의미다. 하나님도 종종 약속과 함께 표징을 허락하신다. 하나님은 말로 우리의 귀에 약속을 말씀하고, 또한 표징으로 우리의 눈에 약속을 보여주신다.

노아에게 주어진 표징은 무지개였다. 무지개를 본 적이 있는가? 무지개는 빨강, 노랑, 파랑 등 다채로운 색으로 이루어져 있다. 햇빛이 공중에서 물방울을 통과할 때 무지개가 만들어진다. 하나님은 세상을 홍수로 멸하셨지만, 이제 폭풍우 한복판에 빛을 비춰 아름다운 무지개를 만드셨다.

본문에서 무지개로 번역된 용어는 병사의 활을 가리키는 의미로 가장 자주 사용되었다. 성경은 하나님이 활을 들어 원수들을 향해 치명적인 화살을 날리신다고 말씀한다(시 7:12-13). 물론, 하나님이 실제로 활을 가지고 계시는 것은 아니다. 이것은 그분의 심판을 나타내는 상징적 표현이다. 하나님은 홍수를 통해 치명적인 진노의 화살을 날리셨다. 병사가 전쟁이 끝나면 활을 벽에 걸어두는 것처럼, 하나님도 하늘에 자신의 활을 걸어두셨다. 그분은 이 표징을 통해 다시는 세상에 홍수라는 화살을 날리지 않겠다고 선언하셨다. 따라서 무지개를 볼 때마다 이런 사실을 기억하고, 하나님의 은혜에 감사해야 한다.

1) 표징은 우리에게 어떻게 말하는가?
　　— 그림 언어로 말한다. 표징은 우리의 눈을 위한 것이다. 표징을 보면 그것을 통해 메시지가 전달된다. 표징은 장애인을 위한 주차장의 표지판처럼 언어 없이 메시지를 전달한다.

2) 하나님이 자기 백성에게 표징을 허락하시는 이유는 무엇인가?
　　— 그 이유는 자신의 약속을 이해하고 믿게 하기 위해서다. 하나님은 언약의 표징을 통해 자신의 은혜를 기억하고 이해하도록 도와주신다.

3) 하나님은 무지개의 표징을 통해 어떤 메시지를 전하시는가?
　　— 다시는 세상을 홍수로 멸하지 않겠다는 메시지를 전하신다. 세상은 죄로 인해 하나님의 불화살을 맞아야 마땅하지만, 그분은 자신의 활을 걸어두고 은혜롭게 세상을 보호하신다. 폭

　　　　　　　　　　　　　　　　창세기 가정예배

풍우 한복판에 무지개가 나타나면 그것이 노아 당시의 폭풍우와 같지 않을 것이라는 의미다. 하나님은 예수님을 통한 구원이 널리 퍼지도록 세상을 보존하겠다는 자신의 언약을 상기시켜 주신다.

기도

언약의 표징을 허락하신 하나님께 감사하고, 자녀들이 무지개를 통해 상징된 하나님의 은혜로운 보호의 약속을 기억하게 해달라고 기도하라.

39 노아의 실패

복습

1) 하나님은 노아와의 언약을 통해 무엇을 약속하셨는가?
  ── 다시는 세상을 홍수로 멸하지 않겠다고 약속하셨다.

2) 하나님은 약속과 함께 무슨 표징을 허락하셨는가?
  ── 활을 걸어두셨다는 의미를 지닌 그림 언어인 무지개를 허락하셨다.

본문 읽기

창 9:18-23

1) 노아는 무엇을 심었는가?
  ── 포도나무. 그는 포도주를 만드는 재료인 포도나무를 심었다.

2) 노아는 포도주를 마시고 어떻게 했는가?
  ── 그는 포도주를 너무 많이 마신 탓에 취하고 말았다. 취했다는 것은 명료하게 생각하는 능력을 상실했다는 뜻이다. 술 취함은 하나님을 거스르는 심각한 죄에 해당한다(엡 5:18).

3) 노아의 아들들은 술에 취해 장막 안에서 벌거벗은 채로 잠들어

있는 그를 발견하고 어떻게 했는가?

—— 함은 아버지의 벌거벗은 몸을 봄으로써 그를 욕되게 했지만, 셈과 야벳은 옷으로 그것을 가려줌으로써 그를 존중했다.

해설

> **핵심 내용 :** 새로운 세상의 새로운 아담인 노아도 첫째 아담처럼 실패하고 말았다.

방주에서 나온 노아는 새로운 세상의 새로운 아담이었다. 하나님은 동산을 만들어 그곳에 아담을 두셨다. 노아도 포도나무 동산을 만들었다. 그는 하나님께 순종했는가? 불행히도 그 역시 아담처럼 실패하고 말았다. 아담은 동산의 열매를 먹고 하나님께 죄를 지었고, 노아도 동산의 열매를 먹고 죄를 지었다. 아담의 죄는 벌거벗은 수치심을 느끼게 했고, 노아의 죄는 그를 벌거벗은 채로 장막에 누운 수치스러운 상태에 빠뜨렸다. 타락이 다시 재현되었다. 라멕은 노아가 죄의 저주를 없애고 안식을 가져다줄 후손이 되기를 바랐지만(창 5:29), 그가 그런 후손이 아니라는 사실이 곧 드러났다.

함은 아버지의 벌거벗은 몸을 보고 그의 수치를 가려주지 않았다. 그는 아버지의 벌거벗음을 경솔하게 다루었고, 농지거리로 삼았다. 그러나 셈과 야벳은 아버지의 수치를 조롱거리로 삼지 않았다. 하나님이 동물 가죽으로 아담의 벌거벗음을 가려주셨던 것처럼, 그들도 옷으로 아버지의 수치를 가려주었다. 그들은 아버지를 존중했고, 그의 죄를 가려주었다. 앞으로 알게 될 테지만, 이로 인해 그들의 가족은 큰 축복을 받았고, 함의 가족은 저주를 받았다.

노아의 술 취함과 수치는 뱀의 머리를 상하게 할 약속된 후손이 아직 나타나지 않았다는 것을 보여준다. 노아는 다른 사람은 물론, 자기 자신조차도 구원할 능력이 없는 죄인이었다. 그에게는 무죄한 메시아가 필요했다. 하나님의 약속에 따르면, 그런 의로운 구원자는 노아의 혈통에서 태어날 예정이었다. 그는 아담과 노아와는 달리 하나님께 순종함으로써 죄와 사탄을 물리칠 것이다.

1) 노아의 술 취함의 죄와 아담과 하와의 죄는 어떤 점에서 서로 비슷한가?
   —— 둘 다 동산에서 일어났고, 동산의 열매를 오용한 결과였을 뿐 아니라 벌거벗음의 수치와 그것을 가려줄 필요성이 뒤따랐다. 노아가 술 취한 장면은 에덴과 아담의 타락을 연상시킨다.

2) 함과 셈과 야벳 가운데 아버지의 수치스러운 모습을 보고 옳게 반응한 사람은 누구였는가?
   —— 셈과 야벳. 그들은 노아의 벌거벗음을 조롱거리로 삼지 않고, 그의 수치를 가려주었다. 그들은 죄를 지은 아버지를 존중했다.

3) 노아의 술 취함으로부터 무엇을 배울 수 있는가?
   —— 노아는 뱀의 머리를 상하게 할 약속된 후손이 아니었다. 그

도 아담이나 우리와 똑같은 죄인이었다. 구원자는 노아의 혈통에서 태어날 예정이었지만 그와는 전혀 다를 것이 분명했다. 예수님은 죄를 지은 적이 없으셨다. 오직 무죄한 사람만이 우리를 죄에서 구원할 수 있다.

기도

예수 그리스도께서는 역사상 죄가 없는 유일한 사람이셨다. 가족들이 이 사실을 알고, 그분을 예배할 수 있게 해달라고 기도하라.

39 셈의 하나님

복습

1) 노아는 어떻게 실패했는가?

　　── 그는 술에 취해 벌거벗은 채로 장막 안에서 잠들었다.

2) 노아의 아들들은 벌거벗은 그를 보고 어떻게 반응했는가?

　　── 함은 노아의 벌거벗은 몸을 그대로 보았고, 셈과 야벳은 그를 가려주었다.

본문 읽기

창 9:24-29

1) 노아는 누구를 저주했는가?

　　── 가나안. 그는 함의 아들이자 노아의 손자였다. 그는 가나안 족속의 조상이었다. 노아의 저주는 하나님이 장차 이스라엘을 통해 가나안 족속을 심판하셨을 때 그대로 성취되었다(신 7:1-3).

2) 노아는 누구를 축복했는가?

　　── 하나님이 셈의 하나님이 되어주셨기 때문에 노아는 하나님께 감사하며 찬양했다. 셈은 하나님의 언약 백성인 이스라엘 민족의 조상이었다. 노아는 또한 하나님께 야벳을 축복해 셈의 장

막에 거하게 해달라고 기도했다.

3) 노아는 몇 살까지 살았는가?

— 950세. 그는 이처럼 오래 산 마지막 족장이었다. 홍수 이후
부터 사람들의 평균 수명은 7, 80세로 줄어들었다(시 90:10).

해설

> 핵심 내용 : 여자의 후손과 뱀의 후손이 서로 반목할 것이라는 하나님의 약
> 속은 노아의 가족 안에서도 이루어져 나갔다.

죄가 세상에 들어온 후, 하나님은 두 종류의 사람들이 서로 반목할
것이라고 말씀하셨다. 하나는 사탄을 좇는 사람들이고, 다른 하나는
하나님을 좇는 사람들이다(창 3:15). 아담의 가족 안에서 그런 일이
벌어졌다. 가인은 뱀을 좇았고, 아벨은 하나님을 좇았다. 노아의 가
족 안에서도 똑같은 일이 벌어졌다.

함은 사탄을 좇아 아버지에게 죄를 지었다. 그의 죄는 가족(특히
자신의 아들 가나안)에게 저주를 가져왔다. 함의 후손들은 여호와 하나
님을 자신들의 하나님으로 섬기지 않을 것이었다. 그들은 그분의
은혜로운 구원이 아닌 심판만을 알게 될 것이었다. 함의 후손 가운
데는 가나안 족속을 비롯해 애굽인들, 블레셋인들, 앗수르인들, 바
벨론인들이 포함된다(창 10:6-13). 이들은 하나님의 백성의 원수들이
었고, 궁극적으로는 모두 멸망당할 운명이었다. 함의 가족의 미래는

매우 어두웠다.

그러나 셈의 경우는 전혀 달랐다. 하나님은 셈의 하나님이 되실 것이었다. 그의 가족들은 하나님의 축복을 경험하고, 하나님은 그들을 통해 구원을 베푸실 것이었다. 셈의 혈통에서 아브라함과 이스라엘 열두 지파를 비롯해 궁극적으로는 예수 그리스도께서 태어나셨다. 이보다 더 큰 축복이 어디에 있겠는가? 노아는 야벳의 가족이 셈의 축복을 공유하기를 바랐다. 야벳의 가족은 유럽과 소아시아에 살게 될 위대한 민족들이 될 예정이었다(창 10:2-5). 이 이방인들은 새 언약의 복음이 전파됨으로써 셈의 하나님을 경배하는 축복을 누리게 될 것이었다(엡 2:11-21).

1) 함의 죄로 인해 그의 후손들에게 어떤 일이 일어났는가?
   —— 그의 가족, 특히 그의 아들 가나안이 하나님의 저주를 받았다. 함의 가족은 뱀을 좇는 강력한 민족들이 되어 하나님의 백성과 싸울 것이지만, 하나님은 그들이 승리하도록 허락하지 않으실 것이었다.

2) 노아의 어떤 아들로부터 이스라엘 민족과 예수님이 기원했는가?
   —— 셈. 그는 큰 축복을 받은 사람이었다. 오직 그만이 하나님을 자기의 하나님으로 섬기게 될 것이라는 축복을 부여받았다. 하나님은 약속한 구원을 이루고, 뱀을 정복하기 위해 셈의 가족과 특별한 관계를 맺을 생각이셨다.

3) 야벳의 후손들에게는 어떤 일이 일어날 것인가?

— 그의 후손들은 셈의 축복을 공유하는 민족이 될 것이었다. 이것은 새 언약을 통해 성취되었다. 복음을 통해 이방 민족들이 이스라엘의 하나님을 자신들의 하나님으로 섬기게 되었다. 유대인이 아닌 사람이 예수님을 통해 구원받았다면, 믿음으로 셈의 장막에 거하게 된 셈이라고 말할 수 있다.

기도

가족들이 셈의 장막에 거함으로써 하나님을 자신의 하나님으로 섬기는 축복을 누리게 해달라고 기도하라.

복습

1) 노아의 어떤 아들이 뱀을 좇았는가?

　── 함. 그의 후손은 하나님의 저주를 받았다.

2) 노아의 어떤 아들이 하나님의 축복을 받았는가?

　── 셈. 하나님은 셈과 특별한 관계를 맺으셨다. 예수님이 그의 혈통에서 태어나셨다.

본문 읽기

창 11:1-9

1) 사람들이 바벨탑을 건설하기 전에 몇 가지 언어가 존재했는가?

　── 한 가지 언어만 존재했다. 모든 사람이 서로 의사소통할 수 있었다.

2) 사람들이 큰 도시와 높은 탑을 건설하고자 했던 이유는 무엇인가?

　── 자신들의 명성을 크게 떨치기 위해서였다. 그들은 자신들이 하나님 없이도 강하고, 현명하다는 것을 보여주려고 했다.

3) 하나님은 그들이 짓는 도시와 탑을 보시고 어떻게 하셨는가?

─── 하나님은 사람들의 언어를 다르게 만들어 서로의 말을 알아듣지 못하게 하고, 그들을 온 세상에 흩으셨다. 이것이 오늘날 사람들이 많은 언어를 말하는 이유다.

해설

> **핵심 내용 :** 하나님은 인류가 하나로 뭉쳐 자기를 대적하지 못하게 하려고 언어를 혼란스럽게 만드셨다.

언어는 하나님이 주신 위대한 선물이다. 동물들은 사람들처럼 말을 하거나 글을 쓸 줄 모른다. 우리는 언어를 통해 다른 사람들에게 우리의 생각을 표현하고, 함께 힘을 합쳐 위대한 업적을 이룬다. 언어가 하나만 존재했던 때가 있었다는 것을 아는가? 중국어나 독일어나 영어나 스페인어나 프랑스어를 말하는 사람은 아무도 없었다. 모두가 똑같은 언어를 사용했고, 서로의 말을 잘 알아들을 수 있었다. 따라서 그들은 함께 살면서 일할 수 있었다. 이것은 좋은 일이었다. 그러나 불행히도 죄가 그런 상태를 망쳐놓았다. 하나님은 노아와 그의 가족들에게 땅에 널리 퍼져 곳곳에서 자신을 예배하라고 명령하셨다(창 9:1). 그러나 사람들은 다 함께 모여 바벨이라는 큰 도시를 건설하려고 했다. 왜 그랬을까? 그 이유는 그들이 온 세상에 흩어지기를 원하지 않았기 때문이다. 그들은 자신들의 명성을 크게 떨치기 위해 함께 모여 살기를 원했다. 그들은 하나님의 도움이 없이도 하늘까지 닿을 수 있다는 것을 보여주려고 했다. 그들은 하나님이 아닌 자신들을 숭배하려고 했다.

그러나 그들의 웅장한 도시와 높은 탑은 하나님이 보시기에는 조금도 웅장하지 않았다. 오히려 그것들은 하나님이 '내려와서' 보셔야 할 정도로 작고 초라했다. 바벨은 하나님 앞에서 한 점의 먼지와 같았다. 하나님은 순식간에 사람들의 건설 작업을 혼란 상태에 빠뜨리셨다. 한 사람이 '일하러 갑시다'라고 말했는데도 다른 사람들이 그의 말을 이해하지 못했다. 하나님은 그들의 언어를 혼잡하게 만드셨고, 사람들은 더 이상 하나로 뭉쳐 하나님을 대적할 수 없게 되었다. 사실, 이것은 그들이 죄로 인해 완전히 멸망하지 않도록 도와준 하나님의 은혜로운 배려였다. 그들은 결국 불경스러운 건설 작업을 중단하고, 이리저리 흩어졌다.

1) 바벨의 건설이 잘못인 이유는 무엇인가?
—— 사람들이 단합해서 도시를 건설하려고 했던 것은 잘못이 아니었다. 그들의 잘못은 함께 뭉쳐 하나님을 대적하려는 데 있었다. 그들은 온 땅에 번성해 하나님을 예배하라는 명령에 순종하지 않았다. 그들은 하나님의 이름이 아닌 자신들의 이름을 드높이려고 했다.

2) 하나님은 죄를 지은 그들을 어떻게 심판하셨는가?
—— 하나님은 그들의 언어를 혼잡하게 만들어 서로를 이해하지 못하게 만드셨다. 그들은 결국 함께 모여 살면서 일하기가 어려

창세기 가정예배

워졌고, 결국 세상 곳곳으로 흩어지게 되었다.

3) 하나님은 이런 혼잡한 상태를 어떻게 종식시킬 생각이셨는가?
— 예수 그리스도를 통해 그렇게 하실 생각이셨다. 하나님은
모든 민족이 복음을 이해할 수 있도록 오순절에 언어의 차이로
인해 발생한 혼잡한 상태를 없애기 시작하셨다(행 2:1-11). 그분
은 지금 그리스도를 통해 각 나라와 족속과 방언 가운데서 사람
들을 구원하시는 중이다(계 7:9). 교회는 자신의 이름을 드높이
기보다 서로 합심해 예수님의 이름을 드높이고 있고, 나중에는
하늘에서 하나님의 모든 백성이 하나의 언어로 하나님께 영광
을 돌릴 것이다.

기도

자녀들이 바벨을 건설하려고 했던 사람들처럼 인간을 드높이려는
생각을 버리고, 예수 그리스도 안에서 하나님을 영화롭게 하는 삶
을 살아가게 해달라고 기도하라.

3부
한 민족의 시작

창 12-50장

사랑스럽지 않은 자를 향한 사랑

41

복습

1) 노아의 아들들 가운데 하나님으로부터 가장 큰 축복을 받은 사람은 누구인가?

— 셈. 하나님은 셈과 언약을 통해 특별한 관계를 맺으셨다. 셈의 혈통에서 뱀의 머리를 상하게 할 후손이 태어날 예정이었다.

2) 홍수 이후에 모든 사람이 하나님을 예배하고, 섬겼는가?

— 그렇지 않다. 사람들은 바벨을 건설하면서 죄를 지었다. 거의 모든 사람이 하나님 대신에 자기 자신을 숭배했다.

본문 읽기

창 11:27-32, 수 24:2

1) 아브람의 아버지의 이름은 무엇인가?

— 데라. 그는 셈의 후손 가운데 하나였다.

2) 본문에서 아브람의 아내 사래에 관해 알 수 있는 정보는 무엇인가?

— 그녀는 불임이었다. 다시 말해, 그녀는 자녀를 낳을 수 없었다.

창세기 가정예배

3) 데라는 가족들을 어디로 데려갔는가?

　　―― 그는 그들을 데리고 고향 우르를 떠나 가나안으로 가려고 했지만, 그곳까지 가지는 못했다.

4) 여호수아서를 통해 데라와 그의 가족들에 관해 알 수 있는 정보는 무엇인가(수 24:2 참조)?

　　―― 그들은 거짓 신들, 곧 우상들을 숭배했다. 심지어 셈의 후손들조차도 하나님께 많은 죄를 지었다.

해설

> 핵심 내용 : 하나님이 자기 백성을 사랑하시는 이유는 그들이 사랑스럽기 때문이 아니라 하나님 자신이 곧 사랑이시기 때문이다.

우리는 사랑스러운 것을 사랑하는 경향이 있다. 우리의 애완견이 늘 우리를 물어뜯고, 우리의 물건을 씹어놓으면 아마도 사랑하기가 어려울 것이다. 이웃집 아이가 우리의 자전거를 훔쳐 타고, 우리를 놀려댄다면 그와 친구가 될 생각이 조금도 없을 것이다. 사랑스럽지 않은 사람들과 물건들을 사랑하기는 매우 어렵다. 그러나 우리는 성경에서 사랑스럽지 않은 자를 사랑하시는 하나님을 발견한다. 온 세상이 죄 가운데 타락했다. 상스러운 이웃집 아이처럼, 모든 사람이 하나님의 영광을 빼앗으려고 했다. 그러나 하나님은 사랑스럽지 않은 사람들을 계속 사랑하셨다. 그분은 셋, 노아, 셈을 사랑하셨다. 그분이 그들을 사랑하셨던 이유는 그들이 죄가 없어서가 아니라 그분 자신이 은혜로우셨기 때문이다.

셈의 후손 가운데 한 사람이 우리의 관심을 사로잡는다. 그의 이름은 아브람이었다(그의 이름은 나중에 아브라함으로 변경되었다). 하나님은 그를 사랑하셨다. 왜 그러셨을까? 그것은 그가 선해서가 아니었다. 앞서 말한 대로, 그의 가족은 우상들을 숭배했다. 아브람은 죄인이었다. 그는 사람의 손으로 만든 우상들을 섬기며 성장했다. 그는 살아 계시는 참 하나님을 믿지 않았다. 그렇다면 하나님은 왜 아브람을 선택하셨을까? 그 이유는 그가 큰 능력이나 잠재력을 지녔기 때문이 아니었다. 그의 아내는 불임이었다. 그는 뱀의 머리를 상하게 할 구원자의 조상이 될 수 있는 자녀를 낳지 못했다. 그는 자녀가 없었고, 그의 아내는 자녀를 낳을 수 없는 상태였다. 그러나 정확히 여기에 요점이 있다. 하나님이 아브람을 선택하신 이유는 그가 선하거나 큰 능력이 있어서가 아니라 하나님의 사랑이 위대하기 때문이었다. 하나님은 연약하고, 죄 많은 아브람을 선택해 우리와 같이 연약하고, 죄 많은 사람들을 구원하기 위한 수단으로 삼으셨다.

1) 셋과 노아와 셈을 다른 죄인들과 다르게 만든 것은 무엇인가?
  —— 하나님은 그들을 사랑하셨고, 그들과 특별한 관계를 맺으셨다. 하나님은 그들을 자기 백성으로 삼고, 그들의 하나님이 되셨다. 하나님이 그렇게 하지 않으셨더라면 그들도 죄 가운데서 죽고 말았을 것이다.

창세기 가정예배

2) 하나님이 아브람을 선택하신 이유는 그가 선하고, 능력이 있었기 때문인가?

—— 그렇지 않다. 아브람은 선하지 않았다. 그는 우상들을 섬겼던 죄인이었다. 그는 능력이 출중하지도 못했고, 아내가 불임이었기 때문에 자녀도 낳지 못했다.

3) 하나님이 사랑스럽지 않은 자를 사랑하신다는 사실을 통해 그분에 관해 배울 수 있는 것은 무엇인가?

—— 하나님은 사랑받을 자격이 없는 사람들에게 사랑을 베푸는 은혜로우신 분이다. 우리 가운데 그분의 구원을 받을 자격이 있는 사람은 아무도 없다. 우리에게는 하나님의 사랑을 받을 만한 공로나 자질이 없다. 그러나 우리가 흉악하고, 연약한 죄인일 뿐인데도 하나님은 우리와 같은 죄인들을 사랑하신다. 죄인들을 향한 그분의 사랑과 선하심은 지극히 풍성하다.

기도

가족들이 경험을 통해 사랑스럽지 않은 죄인들에 대한 하나님의 풍성한 사랑을 알 수 있게 해달라고 기도하라.

42

축복받은 줄기

복습

1) 아브람은 누구의 후손이었나?

— 그는 셋의 후손이었다. 하나님은 셋의 혈통을 통해 세상에 구원을 베푸실 것이었다.

2) 하나님이 아브람을 선택하신 이유는 무엇인가?

— 그 이유는 그가 선하거나 능력이 있어서가 아니라 하나님이 사랑과 긍휼이 풍성하셨기 때문이다.

본문 읽기

창 12:1-3, 갈 3:8

1) 하나님은 아브람에게 어디로 가라고 명령하셨는가?

— 자기가 보여줄 땅(가나안 땅)으로 가라고 명령하셨다.

2) 하나님은 아브람에게 무엇을 약속하셨는가?

— 그를 큰 민족으로 만들어 모든 민족이 그를 통해 축복을 받게 하겠다고 약속하셨다.

3) 바울의 가르침에 따르면(갈 3:8 참조), 온 세상에 미칠 이 축복의 약속은 무엇을 가리키는가?

── 복음의 약속을 가리킨다. 하나님은 아브람에게 복음을 전하셨다. 하나님은 아브람의 자손들을 통해 모든 민족과 종족과 나라에 구원을 베푸실 생각이셨다.

해설

> **핵심 내용** : 하나님은 모든 민족을 축복하기 위해 한 사람과 한 민족을 선택하셨다.

아브람을 축복해 그를 통해 모든 민족을 축복하겠다고 하신 하나님의 약속은 곧 구원의 약속을 의미한다. 바울은 하나님이 아브람에게 복음을 전하셨다고 말했다. 하나님은 자식이 없는 아브람을 선택해 이스라엘 민족을 일으킬 생각이셨다. 이스라엘은 하나님의 축복을 홀로 누려서는 안 되었다. 그들은 그것을 온 세상과 공유해야 했다. 그러나 안타깝게도 이스라엘은 자신의 장난감을 공유하기를 거부하는 버릇 없는 아이처럼 될 것이었다. 그들은 하나님의 구원을 혼자서 독차지하려고 할 테지만, 하나님은 아브람을 통해 온 세상을 축복하겠다는 자신의 약속이 좌절되지 않도록 이끄실 것이었다. 사탄과 죄로부터 인류를 구원할 한 아이가 이스라엘 가운데서 태어날 예정이었다. 하나님은 그를 통해 모든 민족을 구원할 생각이셨다.

작은 줄기와 사방으로 펼쳐진 가지들을 가진 큰 상수리나무를 생각해 보라. 가지들은 푸른 잎사귀를 길러낼 수 있는 양분을 어떻게 얻을까? 양분은 나무의 줄기를 통해 공급된다. 줄기는 뿌리가 흡수한 물과 양분을 가지들로 실어나른다. 이것이 하나님이 아브람과 이스라엘을 통해 하고자 하셨던 일이다. 아브람과 이스라엘 민족은 나무의 작은 줄기와 같다. 하나님은 생명과 구원으로 이 줄기를 축복하셨다. 그러나 그것은 그들만을 위한 것이 아니었다. 하나님은 자신의 축복이 이스라엘이라는 줄기를 통해 모든 민족이라는 가지들로 전달되기를 바라셨다. 그분은 작은 통로(한 사람과 한 민족)를 세상 끝까지 구원을 전할 통로로 삼으셨다.

1) 하나님은 어떻게 아브람에게 복음을 전하셨는가?
   —— 하나님은 그에게 구원의 축복이 그의 혈통을 통해 모든 민족에게 전달될 것이라고 약속하셨다. 이것은 아브람의 후손들이 다른 민족들에게 이 구원을 전하는 일을 아주 잘 수행했기 때문이 아니라 예수님이 아브람의 혈통에서 태어나실 예정이었기 때문이다(마 1:1).

2) 나무의 형상을 떠올리면, 아브람에게 주어진 하나님의 약속을 이해하는 데 어떤 유익이 있는가?
   —— 나무의 줄기는 사방으로 뻗어 있는 가지들로 양분을 실어날라 생명을 유지하고, 싹을 틔우게 만든다. 아브람과 이스라엘은 나무의 작은 줄기와 같다. 하나님의 구원의 축복이 그들을 통해 나무의 가지들과 같은 세상의 모든 민족에게 전달될 예정

창세기 가정예배

이었다.

3) 아브람에게 주어진 이 약속은 오늘날 어떻게 이루어지고 있는가?

—— 교회를 통해 이루어지고 있다. 그리스도께서 교회를 향해 세상의 모든 민족에게 구원의 복음을 전하라고 명령하셨다(마 28:19). 그분은 온 세상이 복음을 듣고 아브람처럼 우상들을 섬기는 데서 돌이켜 오직 자기만을 숭배하기를 원하신다.

기도

자녀들이 성령의 은혜로 아브람에게 약속된 구원의 축복을 받아들여 참된 예배를 드리는 삶을 살 수 있게 해달라고 기도하라.

43

믿음을 지닌 순례자

복습

1) 하나님은 누구를 통해 모든 민족을 축복할 생각이셨는가?

  —— 아브라함을 통해 그렇게 할 생각이셨다. 그의 후손들 가운데서 사탄을 정복하고, 하나님의 백성을 구원할 그리스도께서 태어나실 예정이었다.

2) 하나님은 아브람에게 어디로 가라고 명령하셨는가?

  —— 가나안 땅

본문 읽기

창 12:4-9, 히 11:8

1) 아브람은 가나안으로 가라는 하나님의 명령에 어떻게 반응했는가?

  —— 그는 하나님에게 순종해 가족과 모든 소유를 이끌고 낯선 땅으로 떠났다.

2) 아브람이 그렇게 하나님께 순종할 수 있었던 이유는 무엇인가?

  —— 하나님을 믿는 믿음을 지녔기 때문이다. 고향의 안락하고 안전한 삶을 버리고 떠나기는 쉽지 않았지만, 그는 하나님의 약

속을 굳게 믿었다.

3) 아브람은 가나안에 도착해서 무엇을 했는가?

— 하나님을 위해 제단을 쌓았다. 아벨과 노아를 통해 알 수 있는 대로, 하나님을 예배할 때는 동물을 제단에 희생 제물로 바쳐야 했다. 아브람은 한때 우상들을 섬겼지만, 이제는 피를 흘리는 희생제사로 참되신 하나님을 예배했다.

해설 📖

> **핵심 내용 :** 아브람은 하나님의 부르심에 복종했고, 그분의 약속에 믿음으로 반응했다.

가나안 땅에는 하나님의 원수들이 가득했다. 그 명칭이 암시하는 대로, 그곳은 하나님의 저주를 받은 노아의 손자 가나안의 후손들이 사는 곳이었다(창 9:25). 뱀의 후손들이 그곳을 소유했다. 가나안 족속은 강력했다. 그들은 아브람과 그의 가족을 쉽게 죽이고, 그의 소유를 간단히 취할 수 있었다. 그런데 왜 아브람은 가족들을 위태롭게 하면서까지 가나안 땅에 들어갔을까? 그 이유는 하나님이 그렇게 하라고 명령하셨기 때문이다. 사막 한복판에서 거대한 배를 제작한 노아처럼, 아브람도 하나님의 말씀을 신뢰하고, 그분의 명령에 순종했다. 그의 아버지와 형제들은 "아브람, 무슨 생각인 게냐? 낯선 땅을 홀로 떠도는 것이 얼마나 위험한지 모른다는 말이냐?"라고 말했을 것이 틀림없다. 그러나 아브람은 믿음으로 나아갔고, 하나님이 자기를 보호해 큰 민족을 이루실 것이라고 확신했다.

아브람이 가나안에 도착하자 하나님이 그에게 나타나 다시 약속하셨다. 하나님의 원수들이 가득한 땅이 장차 아브람의 후손들의 소유가 될 것이었다. 아브람은 어떻게 반응했을까? 그는 제단을 쌓았다. 그는 집이나 도시를 건설하지 않고, 가나안을 돌아다니며 하나님께 제단을 쌓았다. 그곳은 우상 숭배가 가득한 땅이었지만, 아브람은 돌로 제단을 쌓아 자기 자신과 다른 사람들에게 그 땅이 하나님의 소유라는 것을 상기시켰다. 다시 말해, 그는 "이곳은 뱀의 땅이 아니다. 이곳은 하나님의 땅이요 그분의 백성의 땅이다."라는 메시지를 전했다. 아브람은 장차 가나안이 하나님의 은혜와 능력을 통해 자기 후손들의 땅이 될 것이라는 믿음을 보여주었다.

1) 아브람이 가나안으로 여행하는 것이 어려웠던 이유는 무엇인가?

── 안락한 고향을 떠나 가나안에서 이방인의 신분으로 이리저리 떠돌면서 천막생활을 해야 했기 때문이다. 하나님이 그를 부르신 땅은 원수들이 가득한 위험한 곳이었다. 그러나 아브람은 믿음으로 나아갔다.

2) 아브람의 제단은 무엇을 상징하는가?

── 그 땅이 하나님과 그분의 백성의 소유라는 것을 상징했다. 아브람은 가나안을 하나님을 예배하는 곳으로 만들려고 했다.

창세기 가정예배

그는 비록 그 결과를 보지는 못했지만, 그 땅은 장차 그의 후손의 소유가 될 예정이었다. 나중에 가나안에 제단이 있는 성전이 건축되었다.

3) 아브람의 믿음은 우리에게 어떤 교훈을 주는가?

── 눈으로 보는 것이 아닌 하나님의 약속을 믿는 믿음으로 행해야 한다는 교훈을 준다(고후 5:7). 아브람 당시의 가나안처럼 오늘날의 세상에도 우상 숭배가 가득하다. 그러나 하나님은 장차 온 세상에 자신의 영광이 가득할 것이라고 약속하셨다(합 2:14). 우리는 하나님의 약속을 신뢰하며, 믿음으로 그분을 예배하고, 그분께 순종해야 한다.

기도

가족들이 아브람을 본받아 유일하신 참 하나님을 믿고, 따르게 해 달라고 기도하라.

44 　　　　　　　　　　　　　　　　　　**가나안 땅의 기근**

복습

1) 아브람은 하나님의 명령에 따라 어디로 떠났는가?

　— 가나안 땅. 그곳은 하나님의 원수들이 가득한 땅이었다.

2) 하나님은 그곳에서 아브람에게 무엇을 약속하셨는가?

　— 가나안이 장차 아브람의 후손들의 땅이 될 것이라고 약속
하셨다.

본문 읽기

창 12:10-20

1) 가나안 땅에 무슨 일이 일어났는가?

　— 심한 기근이 발생했다. 기근이 들면 사람들이 먹을 음식이
없어진다. 심하면 사람들이 굶어 죽을 수도 있다.

2) 아브람은 기근에 어떻게 반응했는가?

　— 그와 그의 가족은 애굽으로 내려갔다. 이것은 아브람의 불
신앙을 보여주는 증거였다. 하나님은 그에게 가나안에 살라고
명령하셨지만, 상황이 어려워지자 그는 그곳을 떠나고 말았다.

3) 아브람이 사래가 자기 아내라는 사실을 숨긴 이유는 무엇인가?

—— 그는 애굽인들이 자기를 죽이고, 사래를 데려갈까 봐 두려웠다. 아브람은 하나님이 자기와 자기 가족을 보호하실 것이라고 믿지 못하고, 또다시 불신앙을 드러내고 말았다.

해설

> **핵심 내용:** 하나님은 아브람이 믿음을 잃었을 때도 자신의 약속에 충실하셨다.

아브람은 믿음의 사람이었다. 그는 큰 위험에도 불구하고 가나안으로 떠났다. 그는 우상들을 숭배하는 가나안 족속들 앞에서 하나님을 위해 제단을 쌓음으로써 놀라운 용기를 보여주었다. 그러나 가나안의 상황은 아브람이 기대했던 대로 전개되지 않았다. 그는 축복을 경험하기보다 기근이라는 재난에 직면했다. 구름이 사라지고, 비가 내리지 않고, 풀들이 말라버렸고, 과실과 채소와 곡식이 사라졌다. 가나안 땅에는 먹을 양식이 없었다. 아침에도 점심에도 저녁에도 먹을 것이 아무것도 없었다. 아브람은 심한 굶주림에 시달렸다. 무엇이라도, 심지어 채소 한 조각이라도 먹을 것이 있다면 행복할 것 같은 상황이었다. 그는 뭔가 변화가 일어나지 않으면 자기와 가족이 모두 굶어 죽을 수밖에 없다는 생각이 들었다.

그러면 아브람은 어떻게 했을까? 그는 자신이 나서서 문제를 해결할 방법을 찾기로 결정했다. 본문에서 하나님이나 기도나 예배에 관한 내용이나 아브람이 가족들에게 하나님의 약속을 상기시켜주었다는 내용은 전혀 발견되지 않는다. 아브람은 장막을 걷고 나서 가축들과 가족들을 이끌고 하나님이 부르신 땅을 떠나 애굽으로 향했다. 그는 그곳에서 양식은 얻었는지 모르지만, 하나님을 믿는 믿음을 잃어버린 탓에 큰 혼란을 경험해야 했다. 하나님이 구원의 손길을 내밀지 않으셨다면 아브람의 가족은 모두 다 죽고 말았을 것이다. 그러나 하나님은 아브람의 불신앙에도 불구하고 자신의 약속이 좌절되도록 놔두지 않으셨다. 기근은 아브람의 죄를 드러냈다. 그는 초인적인 믿음의 영웅이 아니었다. 그도 사람들에 대한 두려움과 시련 앞에서 쉽게 흔들렸다. 그러나 아브람은 신실하지 못했지만 하나님은 끝까지 신실하셨다.

1) 아브람이 가나안을 떠난 것이 잘못인 이유는 무엇인가?
   —— 그는 믿음으로 행하지 않았다. 하나님은 아브람을 불러 가나안에 살라고 명하셨지만, 상황이 어려워지자 그는 하나님을 바라보지 않고, 자기 자신을 바라보기 시작했다. 그는 자신의 능력으로 자기 가족을 보호하고, 보살피려고 했다.

2) 가나안에 기근이 발생했을 때 아브람은 어떻게 해야 했을까?
   —— 계속해서 하나님을 믿음으로 바라봤어야 했다. 하나님은 아브람을 축복하고, 그의 후손들에게 가나안을 주겠다고 약속하셨다. 그는 약속을 상기하며 하나님이 자신의 필요를 채워주실 것을 굳게 믿었어야 했다.

창세기 가정예배

3) 우리도 믿음을 잃은 아브람처럼 행동할 때가 많은데 그 이유는 무엇일까?

　── 삶이 형통할 때는 하나님을 믿고, 따르기가 쉽다는 생각이 든다. 그러나 삶이 어려워지면, 금세 하나님을 의심하기 시작한다. 하나님은 기근을 통해 아브람의 죄를 드러낸 것처럼, 비슷한 시련을 통해 우리의 불신앙을 보여주신다. 그러나 우리가 믿음이 없을 때도 하나님은 항상 신실하시다는 것을 알면 큰 위로와 용기를 얻을 수 있다(딤후 2:13).

기도

하나님의 구원 목적은 우리의 신실함에 궁극적으로 달려 있지 않음으로 인해 하나님을 찬양하라. 그리고 자녀들이 하나님의 변치 않는 신실하심 안에서 안식할 수 있게 해달라고 기도하라.

롯과 아브람의 선택

복습

1) 하나님은 아브람에게 어디에서 살라고 하셨나?

　── 가나안 땅. 하나님은 그 땅을 아브라함의 후손에게 주기로 약속하셨다.

2) 왜 아브람은 가나안 땅을 떠나 애굽으로 갔나?

　── 그 땅에 기근이 있었기 때문이다. 하나님이 음식을 공급해 주시길 기다리는 대신에 아브함은 스스로 문제를 해결하고자 했다.

본문 읽기

창 13:7-15

1) 아브람의 종들과 롯의 종들 사이에 무슨 일이 일어났는가?

　── 그들은 서로 다투기 시작했다. 아브람과 롯은 많은 가축을 길렀기 때문에 함께 먹일 풀이 충분하지 않았다. 그들은 서로를 떠나 흩어져 살 필요가 있었다.

2) 롯은 어디를 선택했는가?

　── 요단 지역. 그는 물리적인 눈으로 보았고, 그곳이 에덴동산

처럼 물이 넉넉하다는 것을 알았다.

3) 아브람은 어디를 선택했는가?

── 가나안 땅. 아브람은 영적인 눈으로 보았고, 하나님이 가나안 땅에서 자기를 축복하실 것이라는 믿음을 새롭게 회복하고 그곳에 거주했다.

해설

> **핵심 내용:** 하나님의 약속은 투명한 안경과 같아서 아브람이 바르고 분명하게 볼 수 있도록 도와주었다.

아브람과 롯은 서로 비슷한 점이 많았다. 롯은 아브람의 조카였고, 둘 다 셈의 후손이었으며, 믿음의 사람이었다(롬 4:3, 벤후 2:7). 그들은 또한 함께 고향을 떠나 가나안에 왔다. 그러나 본문에서 눈앞에 있는 땅을 바라보는 아브람과 롯의 눈은 서로 달랐다. 시력이 나쁜 두 사람이 있다고 가정해 보자. 그들은 눈이 너무 나빠 글을 읽을 수 없었다. 책에 가득 적혀 있는 글이 온통 흐릿하기만 했다. 그러나 그들 가운데 한 사람은 안경을 쓰자 갑자기 모든 것을 잘 볼 수 있었다. 흐릿한 글자들이 선명해졌다.

롯은 안경을 쓰지 않은 사람과 같았다. 그는 눈을 들어 바라봤지만, 옳고 정확하게 보지 못했다. 그는 자기를 부유하게 해줄 가장 아름다운 땅을 찾았다. 그는 "어디에서 돈을 가장 많이 벌 수 있을까?

가장 편안하게 지낼 수 있는 곳이 어디일까?"를 생각했다. 그는 요단 지역에 악인들이 가득하다는 것과 그곳이 가나안 땅 밖이라는 것을 생각하지 않았다. 그의 눈은 모든 것을 잘못 보았다.

그와는 달리, 아브람은 안경을 쓴 사람과 같았다. 그의 안경은 무엇이었을까? 무엇이 그가 보도록 도와주었을까? 그것은 다름 아닌 하나님의 약속이었다. 그가 눈을 들어 주위를 바라보는 순간, 하나님의 말씀이 그의 귓가에 메아리쳤다. 그는 안락하거나 부유한 땅을 찾지 않았다. 그는 하나님의 땅을 원했다. 나중에 창세기를 통해 알 수 있는 대로, 이기심에 이끌려 요단 지역을 선택했던 롯은 큰 시련을 겪었고, 믿음으로 가나안을 선택했던 아브람은 큰 축복을 받았다.

1) 롯이 요단 지역을 선택한 이유는 무엇인가?
  —— 믿음이 아닌 물리적인 눈으로 땅을 보았기 때문이다. 그는 하나님의 약속을 무시하고, 가장 좋아 보이는 땅을 선택했다. 그로 인해 그는 큰 시련을 겪어야 했다.

2) 아브람이 가나안 땅을 선택한 이유는 무엇인가?
  —— 그곳이 하나님이 약속하신 땅이었기 때문이다. 아브람은 믿음의 눈으로 바라보았다. 하나님의 약속은 그가 땅을 옳게 바라보도록 도와준 안경과 같았다. 하나님은 믿음을 지닌 아브람에게 풍성한 축복을 베풀 생각이셨다.

3) 본문의 이야기는 세상에서 어떻게 살라고 가르치는가?

── 본문의 이야기는 참 신자들도 속된 욕망으로 인해 그릇 치우칠 수 있다는 경고를 담고 있다. 우리는 아브람처럼 하나님의 약속을 굳게 믿고, 그분이 그리스도 안에 있는 자들에게 약속하신 거룩한 천국을 바라보며 살아야 한다.

기도

예수 그리스도 안에 있는 하나님의 약속이 가족들이 세상을 바라보는 안경이 될 수 있게 해달라고 기도하라.

46 지극히 높으신 하나님

복습

1) 아브람과 롯이 헤어진 이유는 무엇인가?

—— 그들이 함께 살 장소가 충분하지 않았기 때문이다.

2) 그들은 각각 어디를 선택했는가?

—— 롯은 물리적인 눈으로 요단 지역을 선택했고, 아브람은 믿음의 눈으로 가나안 땅을 선택했다.

본문 읽기

창 14:17-24

1) 본문에서 하나님과 아브람을 축복한 사람은 누구인가?

—— 멜기세덱. 그의 이름은 '의의 왕'이라는 뜻이다. 그는 살렘의 왕이자 제사장이었다.

2) 멜기세덱은 하나님을 어떻게 일컬었는가?

—— 그는 하나님을 '지극히 높으신 하나님'으로 일컬었다. 하나님은 세상이 있는 그 어떤 사람이나 사물보다 더 높고, 위대하고, 강하시다. 그분은 하늘과 땅을 소유하고, 다스리신다.

3) 아브람은 멜기세덱의 축복에 어떻게 반응했는가?

── 그는 적들에게서 빼앗은 전리품의 10분의 1을 그에게 주었다. 아브람은 그렇게 함으로써 멜기세덱의 말에 동의하는 자신의 믿음을 표현했다.

해설

> **핵심 내용:** 아브람은 멜기세덱의 제사장적 행동을 통해 하나님의 위대하심과 영광을 경배했다.

아브람은 큰 싸움에서 승리를 거두었다. 악한 왕들이 소돔과 고모라를 공격해 롯의 가족을 납치하고, 모든 소유를 빼앗아갔다. 그러나 아브람은 용감하게 롯을 구하러 나섰다(창 14:1-16). 그의 칼은 여전히 피로 젖어 있었고, 그의 심장은 격한 싸움으로 인해 아직도 크게 박동하고 있었다. 싸움에서 막 승리한 아브람 앞에 한 신비로운 인물이 나타났다. 그의 이름은 멜기세덱이었다. 모세는 그가 왕이자 제사장이었다는 사실 외에는 아무런 정보도 제공하지 않았다. 그는 떡과 포도주를 가지고 아브람에게 나왔지만, 더 중요한 것은 그가 축복을 베풀었다는 것이다.

아브람은 승리의 순간에 우쭐하는 심정을 느꼈을 것이 틀림없다. "내가 얼마나 강한지 보라구."라고 생각했을지도 모른다. 그러나 멜기세덱의 축복은 낡은 건물을 부수는 철구(鐵球)처럼 아브람의 자만심을 산산이 깨부수었다. 지극히 높은 자는 아브람이 아닌 하나님이셨다. 아브람에게 승리를 허락한 분은 지극히 높은 하나님이셨다. 아브람이 적들에게서 빼앗은 것들은 모두 하나님의 소유였다.

멜기세덱이 축복을 선언하자 아브람은 자신이 자기보다 훨씬 더 위대한 존재 앞에 서 있다는 것을 의식했다. 그는 자신이 지극히 높으신 하나님 앞에 나아갈 수 있게 도와주는 위대한 제사장을 보았다. 다시 말해, 그는 하나님의 백성에게 축복과 구원을 가져다줄 위대한 대제사장이신 예수 그리스도를 바라보았다(히 7:1-25). 따라서 아브람은 멜기세덱에게 전리품의 10분의 1을 주었다. 그는 승리의 공로를 자기에게 돌리지 않고, 이 제사장을 통해 지극히 높으신 하나님을 경배했다. 모든 영광은 하나님에게 있다!

1) 아브람이 우쭐하는 심정을 느끼게 유혹되었을 이유는 무엇인가?
   — 그는 다수의 강력한 왕들을 제압했다. 우리는 승리하거나 성공했을 때 우리 자신이 현명하고, 강력하고, 위대하다고 생각하는 경향이 있다.

2) 진정으로 높은 자는 누구인가?
   — 하나님. 멜기세덱은 축복을 선언하면서 하나님을 지극히 높으신 하나님으로 일컬었다. 하나님은 가장 강력하고, 부유한 왕들보다 더 높으시다. 그분은 천지 만물의 주인이시다. 아브람은 높은 자가 자기가 아닌 하나님이시라는 사실을 기억해야 할 필요가 있었다. 하나님이 그에게 승리를 허락하셨다. 우리도 하

창세기 가정예배

나님이 얼마나 위대하고, 강력하신지를 항상 기억해야 할 필요가 있다.

3) 멜기세덱은 누구를 상징하는가?

—— 예수 그리스도. 멜기세덱은 하나님과 아브람 사이에 서 있는 제사장이자 왕이었다. 예수님은 하나님과 그분의 백성 사이에 서 계시는 더 위대한 제사장이자 왕이시다. 성경은 예수님이 멜기세덱의 반차를 따른 제사장이시라고 가르친다(시 110:4, 히 6:20). 우리는 예수님을 통해 하나님의 축복을 받고, 하나님 앞에 가까이 나가 예배를 드린다.

기도

자녀들이 멜기세덱이 상징하는 위대한 대제사장이신 예수 그리스도를 통해 지극히 높으신 하나님의 권위 앞에서 겸손히 자신을 낮출 수 있게 해달라고 기도하라.

의롭게 하는 믿음

복습

1) 아브람이 롯을 구한 후에 누가 그를 축복했는가?

   —— 살렘의 왕이자 제사장이었던 멜기세덱.

2) 멜기세덱은 하나님을 어떻게 일컬었는가?

   —— 지극히 높으신 하나님. 하나님은 세상에 있는 그 어떤 사람이나 사물보다 더 높고, 위대하시다.

본문 읽기

창 15:1-6

1) 하나님은 아브람에게 나타났을 때 스스로를 어떻게 일컬으셨는가?

   —— 아브람의 방패. 철 방패가 전쟁터에서 병사를 보호하는 것처럼, 하나님은 아브람을 보호하실 것이다. 그것이 아브람이 두려워할 필요가 없는 이유였다.

2) 하나님은 왜 아브람에게 밤하늘을 보라고 말씀하셨는가?

   —— 그 이유는 별들을 보여주시기 위해서였다. 어두운 하늘에서 빛나는 수많은 별들은 하나님이 아브람에게 허락하실 많은

후손을 상징했다.

3) 하나님은 많은 후손을 허락하겠다는 하나님의 약속에 어떻게 반응했는가?

—— 그는 하나님을 믿었다. 아브람은 늙었고, 사래는 불임이었지만 그는 하나님이 약속을 지켜 많은 후손을 허락하고, 그들을 통해 모든 민족을 축복하실 것을 믿었다.

해설

> **핵심 내용:** 우리도 하나님의 구원 약속을 믿으면 하나님이 아브람에게 하신 대로 우리를 의롭게 여기신다.

오랫동안 무엇인가를 기다려본 적이 있는가? 아브람의 삶은 기다림의 연속이었다. 하나님은 아브람에게 큰 약속을 하셨지만, 그것을 신속하게 이루어주지는 않으셨다. 수많은 세월이 지나갔지만 아브람에게는 자식이 단 한 명도 없었다. 아마도 그는 하나님께 "주님, 아직도 자식이 없는데 어떻게 제가 큰 민족을 이루겠나이까?"라고 물었을 것이 틀림없다.

하나님은 화를 내며 그렇게 묻는 아브람을 꾸짖지 않으셨다. 오히려 그분은 인내하며 그에게 자신의 약속을 상기시켜주며 밤하늘을 보라고 말씀하셨다. 아브람이 밤하늘을 올려다보자 하나님은 그에게 하늘에서 반짝이는 수많은 별들을 셀 수 있겠느냐고 물으셨다다. 그러나 누구든 별들을 세어보려고 시도해 본 적이 있다면, 그것이 얼마나 어려운 일인지 잘 알 것이 틀림없다. 별들의 숫자는 너무나도 많다. 그것이 바로 하나님의 의도였다. 별이 셀 수 없을 정도로 많은 것처럼, 아브람의 후손들도 셀 수 없을 만큼 많을 것이었다. 하나님의 말씀에는 "내가 누구인지 잊지 말라. 나는 수많은 별들을 무에서 창조한 하나님이다. 아브람아, 나는 네게도 그와 똑같은 일을 할 것이다."라는 의미가 담겨 있었다.

아브람은 어떻게 반응했을까? 그는 믿었다. 그는 하나님의 약속을 신뢰했고, 그분의 신실하심을 확신했다. 그는 자기 자신과 자신의 상황을 보지 않고, "나의 하나님은 참되시다."라고 말했다. 하나님은 아브람의 믿음 때문에 불의한 그를 의롭게 여기셨다. 그는 의롭다 하심을 받았다. 예수 그리스도 안에서 하나님의 구원 약속을 믿는 사람은 누구나 그렇게 된다(갈 3:7-14). 하나님은 복음을 통해 우리에게 의를 제공하신다. 우리와 같은 죄인들이 하나님을 알고, 그분과 함께 살려면 의가 필요하다. 그 의는 아브람처럼 오직 믿음을 통해서만 얻을 수 있다.

1) 하나님은 아브람에게 자신의 능력을 어떻게 상기시켜주셨는가?
    ── 그분은 아브람에게 하늘의 별들을 보여주셨다. 하나님이 무에서 수많은 별들을 창조하셨다면, 늙은 아브람과 임신하지 못하는 사래를 통해 큰 민족을 이루는 일도 능히 하실 수 있을

창세기 가정예배

것이 분명하다. 하나님이 너무 어려워서 못하실 일은 아무것도 없다.

2) 아브람이 하나님을 믿었다는 것은 무슨 의미인가?

── 그는 하나님이 약속을 이행하실 것이라고 믿었다. 자식을 단 한 명도 낳지 못한 채 오랜 세월이 흘렀지만, 아브람은 자신의 후손들이 위대한 민족을 이루고, 그들을 통해 구원자가 나타나 뱀의 머리를 상하게 하고, 땅끝까지 구원을 가져다줄 것이라는 하나님의 약속을 굳게 믿었다.

3) 우리와 같은 불의한 사람들이 어떻게 의롭다 하심을 받는가?

── 성령의 역사로 인해 주어진 믿음을 통해 의롭다 하심을 받는다. 아브람은 하나님의 약속을 믿는 믿음으로 의롭다 하심을 받았다. 우리도 마찬가지다. 예수님을 믿으면 그분의 의를 옷입어 하나님께 받아들여진다(빌 3:9).

기도

가족들이 믿음을 통해 하나님께 의롭다 하심을 받는다는 것이 무슨 의미인지를 알게 해달라고 기도하라.

복습

1) 하나님은 아브람의 믿음을 강화하기 위해 무엇을 보라고 하셨
는가?

── 밤하늘의 별들. 아브람의 후손은 별들처럼 많을 것이다.

2) 하나님은 무엇 때문에 아브람을 의롭게 여기셨는가?

── 하나님은 자신의 약속을 믿는 그의 믿음 때문에 그를 의롭
게 여기셨다.

본문 읽기

창 15:7-12, 17-21

1) 아브람은 무엇을 믿기를 어려워했는가?

── 그는 자기가 가나안 땅을 소유하게 되리라는 것을 믿기 어
려워했다. 그곳에는 하나님의 원수들이 가득했고, 아브람은 장
막을 치며 떠도는 이방인 신세였다.

2) 밤이 되자 죽은 짐승들 사이로 무엇이 지나갔는가?

── 연기 나는 화로와 타는 횃불. 이것들은 하나님의 임재를 나
타내는 상징물들이었다. 하나님은 죽은 짐승들 사이로 지나가

셨다.

3) 하나님은 아브람과 맺으신 관계를 무엇으로 일컬으셨는가?

— 언약. 하나님은 이 언약을 통해 아브람의 후손들에게 가나안 땅을 주겠다고 약속하셨다.

해설 ....

> **핵심 내용:** 하나님은 언약을 맺는 의식을 통해 아브람에게 약속한 것을 확증하셨다.

하나님은 아브람이 아들을 주겠다는 자신의 약속을 의심하자 그에게 증표를 보여주셨다. 그분은 "별들을 보라"라고 말씀하셨다. 하나님은 아브람이 가나안 땅을 주겠다는 약속을 의심하자 이번에는 또 다른 증표를 보여주셨다. 하나님은 그에게 짐승들을 몇 마리 잡아 사체들을 반으로 쪼개 나란히 늘어놓으라고 지시하셨다. 참으로 이상한 증표가 아닐 수 없었다. 왜 하나님은 그렇게 하셨을까? 아브람 당시에는 그것이 언약을 맺는 일반적인 관습이었다. 짐승의 사체들을 양쪽으로 나란히 늘어놓아 길을 만들었다. 서로 특별한 관계를 맺는 양쪽 사람들이 죽은 짐승들 사이를 걸어갔다. 그것은 "만일 내가 언약을 어기면 이 짐승들처럼 쪼개져 죽을 것이다."라는 의미였다.

하나님과 아브람이 맺은 언약은 오직 한쪽만 죽은 짐승들 사이를 지나갔다는 점이 특이하다. 아브람은 모든 것을 준비하고 나서 잠이 들었다. 그는 피로 얼룩진 길을 지나가지 않았다. 오직 하나님만 연기 나는 화로와 타는 횃불의 형상으로 그 길을 지나가셨다. 그런 하나님의 행동에는 "내가 이 언약의 약속을 어긴다면 이 짐승들처럼 두 조각이 날 것이다."라는 의미가 담겨 있었다. 아브람은 잠을 자다가 눈앞의 광경을 목격했을 뿐이고, 언약의 저주는 하나님이 홀로 짊어지셨다.

하나님은 아브람을 큰 민족으로 만들고, 그로 인해 모든 민족이 축복을 받게 하겠다는 약속을 확실하게 보증하셨다. 짐승들이 둘로 쪼개진 것처럼, 그리스도께서도 십자가에서 찢겨 피를 흘리셨다. 그분이 자기 백성이 마땅히 받아야 할 저주를 대신 짊어지신 이유는 그들이 구원을 받게 하기 위해서였다. 하나님 혼자 죽은 짐승들 사이를 지나가셨던 것처럼 그리스도께서도 우리에게 구원의 축복을 베풀기 위해 홀로 고난을 감당하셨다.

1) 하나님이 아브람에게 짐승들을 둘로 쪼개라고 명령하신 이유는 무엇인가?
— 언약을 맺음으로써 아브람에게 한 약속을 확증하시기 위해서였다. 이것은 아브람 당시의 일반적인 관습이었다. 짐승들을 절반으로 쪼개 늘어놓아 길을 만들었다. 언약 당사자들이 그 길을 걸어가면서 서로에게 약속을 충실히 지키지 않으면 죽은 짐승들처럼 될 것이라고 말했다.

창세기 가정예배

2) 아브람이 준비한 피로 얼룩진 길을 누가 걸어갔는가?

—— 하나님만 홀로 걸어가셨다. 하나님은 아브람을 깊은 잠에 빠뜨리고, 친히 언약의 저주를 짊어지셨다. 이것은 아브람의 도움 없이 그에게 한 약속을 지키시겠다는 의미였다.

3) 하나님의 언약의 약속은 궁극적으로 그리스도 안에서 어떻게 이루어졌는가?

—— 그리스도께서 모든 민족이 구원의 축복을 받을 수 있도록 죄의 저주를 짊어지셨다. 그분은 도살된 짐승들처럼 십자가에서 하나님의 진노로 인한 고난과 죽음을 감당하셨다. 그분은 그 모든 것을 홀로 감내하셨다. 그리스도께서 저주를 감당하신 덕분에 우리는 저주를 당할 필요가 없다.

기도

자녀들이 자기들을 축복하기 위해 기꺼이 저주를 감당하신 하나님의 신실하심을 깨닫고, 감사하게 해달라고 기도하라.

49 인간이 마련한 구원

복습

1) 하나님은 아브람에게 무엇을 약속하셨는가?

— 그분은 그를 큰 민족으로 만들어 그들을 통해 온 세상이 축복을 받게 하겠다고 약속하셨다. 하나님은 이 약속을 이루기 위해 그에게 많은 후손과 넓은 땅을 허락할 생각이셨다.

2) 하나님이 죽은 짐승들 사이를 지나가신 이유는 무엇인가?

— 아브람에게 하신 약속을 확증하기 위해서였다. 그것은 만일 하나님의 약속이 이루어지지 않는다면, 하나님이 죽은 짐승들처럼 되실 것이라는 의미였다.

본문 읽기

창 16:1-6

1) 하갈은 누구인가?

— 사래의 여종이었다. 그녀는 아브람의 가정에서 축복을 누린 애굽인 여성이었다.

2) 아브람과 사래는 당시에 가나안에 거주한 지 얼마나 되었는가?

— 10년. 많은 세월이 흘렀지만 많은 후손을 허락하겠다는 하

　　　　　　　　　　　　　　　　　　　　창세기 가정예배

나님의 약속은 이루어지지 않았다. 아브람과 사래는 여전히 자식이 없었다.

3) 사래는 아이를 낳지 못하는 문제를 어떻게 해결하려고 시도했는가?

── 그녀는 아브람에게 하갈을 첩으로 내주었다. 사래는 아이를 낳을 수 없었기 때문에 아브람에게 아이를 낳을 수 있는 여자를 첩으로 주면 문제가 해결될 것으로 생각했다. 그러나 하나님은 세상을 창조할 때 오직 한 남자와 한 여자 사이에서만 결혼이 성립되도록 정하셨다(창 2:24).

해설

> 핵심 내용: 우리의 노력으로 하나님의 구원을 얻으려는 시도는 큰 불행을 초래한다.

하나님은 아브람에게 한 약속을 확증하기 위해 여러 가지 노력을 기울이셨다. 그분은 아브람에게 자신이 약속을 꼭 지킬 것이라는 확신을 심어주기 위해 하늘의 별들을 보라고 말씀하셨고, 죽은 짐승들 사이를 지나가기도 하셨다. 하나님은 아브람에게 많은 후손을 허락해 그들을 통해 세상의 구원자가 태어나게 할 생각이셨다. 아브람은 믿음으로 화답했다. 그러나 시간은 계속 흘러갔고, 많은 세월이 지났다. 사래는 10년을 기다리고 나서 마침내 스스로 문제를 해결할 방법을 찾기 시작했다. 그녀는 아브람에게 자기는 아이를 낳을 수 없으니 자신의 종 하갈을 첩으로 맞아들이라고 종용했다.

아브람은 사래보다 더 나았어야 했다. 그는 아내를 둘 이상 두는 것은 하나님의 선한 계획을 거스르는 행위라는 것을 의식하고, "사래여, 어리석게 굴지 마시오. 당신은 아들을 낳게 될 것이오. 그런 일이 어떻게 일어날지는 알 수 없으나 하나님은 약속을 반드시 지키실 것이오."라고 말했어야 옳았다. 그러나 그는 에덴동산의 아담처럼 아내의 그릇된 제안에 귀를 기울이고 말았다. 그는 하갈과 동침했고, 그녀는 아이를 임신했다.

그들은 그 일이 축복이 될 것으로 생각했지만 실제로는 불행이 초래되고 말았다. 하갈은 사래를 존중하지 않았고, 사래는 하갈을 선대하지 않았다. 하갈은 아브람의 아이를 임신한 채로 도망쳐야 했다. 모두가 하나님을 잊고 행동했다. 그들은 자신들의 힘으로 하나님의 축복과 구원을 얻으려고 애썼다. 그 결과는 완전한 재앙이었다. 하나님의 약속을 믿지 않고, 우리의 노력과 행위로 구원을 얻으려고 하면 항상 그런 결과가 초래된다(갈 4:21-31).

1) 아브람이 하갈을 아내로 받아들인 것이 잘못인 이유는 무엇인가?

—— 하나님은 한 남자와 한 여자 사이에만 결혼이 성립되도록 정하셨다. 그러나 아브람은 하나님의 율법을 어겼을 뿐 아니라 그분의 약속마저 잊고 말았다. 하나님은 아브람과 사래에게 아

들을 주겠다고 약속하셨지만, 아브람은 그것이 가능할 것이라고 믿지 않았다.

2) 아브람과 사래가 자신들의 노력으로 하나님의 축복을 받으려고 시도했을 때 어떤 일이 일어났는가?

── 축복이 아닌 저주가 임했다. 아브람과 사래가 하나님이 약속을 지키실 때까지 그분만을 바라보며 기다리지 못했던 탓에 가정은 뒤죽박죽이 되었다.

3) 본문의 이야기가 구원에 관해 가르치는 것은 무엇인가?

── 우리는 오직 하나님의 은혜로만 구원받는다. 아브람과 사래는 자신들의 노력으로 모든 민족을 축복할 후손을 낳으려고 시도했다. 그러나 그런 노력은 파멸로 귀결되었다. 우리도 마찬가지다. 바울은 갈라디아서 4장에서 우리의 행위로 구원을 얻으려고 노력하면, 하갈의 길을 좇는 것과 같다고 말했다. 하나님은 우리의 도움이 필요하지 않으시다. 그분은 오직 자신의 은혜로 우리를 구원하신다.

기도

하나님의 은혜의 위대함을 찬양하고, 구원을 위해 오직 그분만을 의지하는 믿음을 허락해달라고 기도하라.

복습

1) 아브람이 자신의 노력으로 하나님의 축복을 얻으려고 했을 때 어떤 일이 일어났는가?

── 큰 불행이 초래되었다. 우리의 노력으로 구원을 얻으려고 애쓰면 항상 그런 결과가 초래된다.

2) 하갈은 사래의 학대에 어떻게 반응했는가?

── 그녀는 자신의 고향인 애굽으로 돌아가려고 도망쳤다.

본문 읽기

창 16:7-16

1) 도망치는 하갈 앞에 누가 나타났는가?

── 여호와의 사자. 이는 일반적인 천사가 아니었다. 그는 마치 하나님처럼 말했고, 하갈은 그를 하나님으로 일컬었다. 본문을 비롯해 구약성경의 여러 곳에 언급된 여호와의 사자는 하나님의 아들, 곧 성자 하나님을 가리킨다.

2) 하나님은 하갈이 낳을 아들에게 어떤 이름을 지어주셨는가?

── 이스마엘. 이 이름은 '하나님이 들으신다'라는 뜻이다. 하나

님은 하갈의 울부짖음을 들었고, 그녀에게 은혜를 베푸셨다.

3) 하갈은 여호와의 사자를 어떻게 일컬었는가?

—— '나를 살피시는 하나님.' 하갈은 위대하거나 중요한 인물이 아니었다. 그녀는 종이었다. 그러나 하나님은 그녀를 보셨고, 불쌍히 여기셨다.

해설

> **핵심 내용:** 하나님은 자기 백성이 자신을 잊고, 자신의 축복을 등한시할 때도 그들을 결코 잊지 않으신다.

하갈은 아브람의 집에서 받는 학대를 더 이상 견디지 못하고 도망쳤다. 그녀는 어디로 향했을까? 그녀는 자신이 태어난 고향인 애굽으로 도망쳤다. 애굽으로 돌아가는 것은 창세기에서 거듭 발견되는 주제다. 아브람은 약속의 땅에 기근이 발생하자 애굽으로 갔고(창 12:10), 롯은 애굽과 같이 물이 넉넉해 보인다는 이유로 가나안이 아닌 요단 지역을 선택했다(창 13:10). 본문의 하갈도 약속의 땅을 떠나 애굽으로 향했다. 이것은 하나님의 백성이 항상 직면했던 유혹이었다. 아브람의 후손들이 나중에 이스라엘 민족이 되었을 때도 애굽으로 돌아가기를 갈망했다(민 14:3). 오늘날의 그리스도인들도 그와 똑같은 유혹에 직면한다. 그들은 때로 하나님의 구원을 저버리고 다시 부패한 세상으로 되돌아가고 싶어 한다.

그러나 비록 하갈은 아브람의 가정과 약속의 땅을 버렸지만 하나님은 그녀를 버리지 않으셨다. 그녀는 하나님의 축복을 거부했지만 하나님은 여전히 그녀를 축복하셨다. 하나님은 애굽으로 내려간 아브람과 롯을 구원하셨던 것처럼, 하갈도 구원하셨다. 그분은 그녀의 울부짖음을 듣고, 그녀의 고초를 돌아보셨다. 하나님은 도망치는 그녀를 쫓아가서 그녀의 생각을 바로잡고, 오직 아브람의 가정에서만 참된 축복과 구원을 누릴 수 있다는 것을 알게 하셨다. 그로 인해 하갈은 아브람의 아이를 임신한 채로 다시 돌아왔다. 그러나 그녀가 낳은 아이는 약속의 자녀가 아니었다. 아브람은 약속의 자녀를 얻기까지 더 많은 세월을 기다려야 했다.

1) 하갈이 애굽으로 돌아가는 것이 잘못이었던 이유는 무엇인가?
— 하갈은 하나님의 은혜로 아브람의 가족 가운데 하나가 되었다. 그녀는 아브람의 축복을 공유했고, 축복의 땅에서 살았다. 그녀가 다시 애굽으로 돌아간다면, 그것은 곧 하나님의 구원을 저버리고, 그분의 저주 아래 놓인 땅으로 향하는 것이었다.

2) 오늘날의 그리스도인들은 어떤 방식으로 애굽으로 돌아가는 것과 비슷한 유혹에 직면하는가?
— 예수 그리스도를 믿으면 하나님이 이 타락한 세상에서 우리를 구원하신다(갈 1:4). 세상에서 구원받았다고 해서 더 이상 세상에 살지 않는다는 의미는 아니다. 하나님은 단지 우리가 더 이상 세상이 사랑하는 악한 것들을 사랑하지 않도록 새 마음을

창세기 가정예배

주실 뿐이다. 그러나 가장 강한 그리스도인들도 때로 하나님의 축복을 저버리고 세상의 죄를 좇으려는 유혹을 느끼곤 한다.

3) 하갈이 하나님을 일컬은 이름을 통해 그분에 대해 무엇을 배울 수 있는가?

—— 하나님은 우리에 관한 모든 것을 알고, 살피는 분이시다. 그분은 우리의 행위나 생각을 낱낱이 알고 계신다. 그러나 하나님은 우리의 악한 마음을 알고 있는데도 항상 예수 그리스도 안에서 우리를 은혜롭게 대하며, 우리가 어디에 있든지 우리를 찾아 구원을 베푸신다.

기도

자녀들이 예수 그리스도를 통해 죄인들을 사랑스레 살피고, 그들의 부르짖음에 귀를 기울이시는 하나님을 만날 수 있게 해달라고 기도하라.

복습

1) 아브람이 하갈을 아내로 삼은 이유는 무엇인가?

── 하나님이 아닌 자신의 노력을 의지했기 때문이다.

2) 하갈의 아들의 이름은 무엇인가?

── 이스마엘. 하나님은 이스마엘이 모든 민족에게 축복을 가져다줄 약속의 아들이 아니었는데도 그를 잘 보살펴줄 생각이셨다.

본문 읽기

창 17:1-8

1) 하나님은 아브람에게 어떻게 하라고 말씀하셨는가?

── 자기 앞에서 행하여 완전하라고 말씀하셨다. 에녹과 노아가 하나님과 동행했던 것처럼(창 5:22, 6:9), 아브람도 그렇게 해야 했다. 하나님과 동행하려면, 그분을 알고 즐거워해야 할 뿐아니라 그분께 순종해야 한다. 이것이 하나님이 아브람에게 '완전하게,' 즉 흠 없이 행하라고 명령하신 이유다.

2) 하나님이 아브람에게 주신 새 이름은 무엇인가?

— 아브라함. '여러 민족의 아버지'라는 뜻이다. 아브라함은 새 이름을 들을 때마다 자기를 통해 큰 민족을 이루겠다는 하나님의 약속을 기억할 수 있었다(창 12:2).

3) 하나님은 누구와 언약을 맺으셨는가?

— 하나님은 아브람만이 아니라 노아의 경우처럼 그의 온 가족 및 미래의 후손들과 언약을 맺으셨다.

해설

> **핵심 내용:** 아브람은 하나님의 지체하심을 통해 자신의 연약함과 그분의 강하심을 깨달았다.

'그랜드 캐니언'에 가본 적이 있는가? '캐니언'은 깎아지른 바위산 사이로 뚫려 있는 깊은 협곡을 가리킨다. '그랜드 캐니언'은 세상에서 가장 큰 협곡이다. 어떤 곳은 넓이가 약 29킬로미터나 된다. 한쪽에서 다른 쪽으로 건너뛴다고 상상해 보라. 올림픽 멀리뛰기 금메달 선수라고 해도 29킬로미터를 건너뛰는 것은 절대 불가능하다. 바로 이것이 하나님이 약속의 지체를 통해 아브람에게 깨우쳐주려고 하셨던 사실이다. 하나님이 아브람과 언약을 맺으신 이후로, 즉 그를 통해 큰 민족을 이루겠다고 약속하신 이후로 오랜 세월이 흘렀다. 그러나 사래는 여전히 자식을 낳지 못했고, 아브람은 거의 백 세에 가까운 나이가 되었다. 그들이 자식을 낳는다는 것은 29킬로미터나 되는 협곡을 건너뛰는 것과 같았다. 그러나 이것이 하나님이 말씀하려는 요점이었다. 아브람은 하나님의 약속을 이룰 능력이 없었다. 그는 건너뛸 수 없었다. 그러나 하나님은 하실 수 있었다.

하나님은 아브람에게 나타나 그에게 새 이름을 주셨다. 그분은 자신을 '전능한 하나님,' 곧 모든 능력을 소유한 하나님으로 계시하셨다. 아브람은 연약했지만 하나님은 강하셨다. 하나님은 그에게 새 이름을 주었고, 그때부터 그는 '여러 민족의 아버지'를 뜻하는 아브라함으로 불렸다. 하나님은 이 이름으로 자신의 약속을 확증하셨다. 그분은 자신의 위대한 능력으로 아브라함을 많은 민족과 왕들의 조상이 되게 할 생각이셨다. 하나님이 친히 29킬로미터의 협곡을 건너뛰실 예정이었다.

1) 하나님은 본문에서 자신과 아브람을 어떻게 일컬으셨는가?
   — 하나님은 자신을 '전능한 하나님'으로 일컬으셨다. '전능한'은 '무엇이든 할 수 있는'이라는 뜻이다. 하나님이 너무 어려워 못하실 일은 아무것도 없다. 그분은 백 세가 된 아브람과 임신하지 못하는 사래가 자식을 낳게 하실 수 있다. 하나님은 아브람의 이름도 '여러 민족의 아버지'를 뜻하는 아브라함으로 바꿔주셨다.

2) 하나님이 자신과 아브람을 새 이름으로 일컬으신 이유는 무엇인가?
   — 아브람의 믿음을 강하게 하시기 위해서였다. 아브람은 하

창세기 가정예배

나님이 어떤 분인지를 기억해야 할 필요가 있었다. 아브람은 연약했지만 하나님은 강하셨다. 그분은 전능하시다. 아브람의 새 이름이 암시하는 대로, 그분은 그를 여러 민족의 아버지로 만들 수 있으시다. 아브람은 새 이름을 들을 때마다 하나님의 약속을 상기할 수 있었다.

3) 하나님의 능력은 우리를 어떻게 위로하고, 격려하는가?

―― 하나님이 전능하시다는 것을 기억하면, 그분이 불가능해 보이는 상황에서도 약속을 능히 지킬 수 있을 만큼 충분히 강하시다는 위로를 얻을 수 있다. 그분의 구원하시는 능력은 우리에게 자기 자신을 의지하지 말고 오직 그분만을 의지하라고 가르친다.

기도

자녀들이 자신의 연약함을 인정하고, 은혜로운 능력(즉 그들의 영혼을 구원하고, 그들이 할 수 없는 일을 행하시는 능력)을 베푸시는 하나님을 높이 우러러 경배할 수 있게 해달라고 기도하라.

52 저주를 통한 축복

복습

1) 하나님은 아브라함에게 무엇을 약속하셨는가?

　— 그를 큰 민족으로 만들어 모든 민족을 축복하겠다고 약속하셨다. 하나님은 아브라함에게 많은 후손과 넓은 땅을 주어 이 약속을 이루실 생각이셨다.

2) 하나님은 약속을 즉시 지키셨는가?

　— 아니다. 아브라함과 사라가 자식이 없는 상태로 오랜 세월이 흘렀다. 그들은 가나안 땅에서 계속 이방인으로 살아야 했다.

본문 읽기

창 17:9-14

1) 아브라함과 그의 가족들은 어떤 식으로 하나님의 언약을 지켜야 했는가?

　— 그의 가족들 가운데 남자는 모두 할례를 받아야 했다. 언약의 표징은 모든 남자의 포피를 베는 것이었다.

2) 하나님은 할례를 무엇으로 일컬으셨는가?

—— 아브라함의 가족들과 맺은 언약의 표징. 이것은 하나님이 아브라함에게 약속하신 은혜와 구원을 나타내는 상징이었다.

3) 아브라함의 후손 가운데 할례를 받지 않은 남자는 무슨 일을 겪게 되었는가?

—— 포피를 베지 않은 남자는 하나님의 백성인 이스라엘 가운데서 끊어졌다.

해설

> **핵심 내용:** 할례는 하나님이 심판을 통해 구원을 베푸실 것을 보여준다.

하나님은 항상 죄와 사탄에 대한 심판을 통해 자기 백성을 구원하신다. 한 무리의 병사들이 적들에게 사로잡혔다고 가정해 보자. 그들은 두들겨 맞고 굶주린 채로 감옥에 갇혀 있다. 그들이 구조될 유일한 희망은 적들이 패배하는 것이다. 포로들을 위한 구원은 적들에 대한 심판을 통해서만 가능하다. 우리도 마찬가지다. 우리는 본성적으로 죄와 사탄에게 속박되어 있다. 그러나 하나님이 아담과 하와에게 약속하신 대로, 사탄의 머리를 으깸으로써 구원이 이루어진다(창 3:15). 우리를 대신해 다른 누군가가 죄의 저주를 짊어지고 죽어야만 우리의 수치가 가려질 수 있다(창 3:21).

하나님은 앞서 창세기 15장에서 언약의 의식에 사용된 죽은 짐승들을 통해 아브라함에게 이 진리를 가르쳤고, 여기에서 또다시 언약의 표징을 통해 그것을 새롭게 일깨워주셨다. 포피는 날카로운 칼로 베어내야 했다. 아브라함의 후손들은 포피를 잘라냄으로써 마음으로부터 죄가 잘려나가야 한다는 교훈을 깨우쳐야 했다(신 30:6). 더욱이 하나님은 그들에게 구원자가 올 것이라고 예고하셨다. 사내아이들의 포피가 잘린 것처럼, 예수님도 '살아 있는 자들의 땅에서 끊어지셔야' 했다(사 53:8, 골 2:11). 그분은 자기 백성이 구원받을 수 있도록 그들의 죄를 짊어지셔야 했다. 그분이 심판을 받아 죽음으로써 구원이 온 세상에 임할 예정이었다. 하나님은 아브라함에게 할례의 표징을 통해 이 놀라운 약속을 분명하게 주지시키셨다.

1) 구원이 항상 심판을 통해 주어지는 이유는 무엇인가?

—— 하나님이 우리의 원수들을 먼저 정복하셔야만 우리가 구원받을 수 있기 때문이다. 죄책과 죄의 권세로부터 구원받으려면 먼저 우리의 죄가 심판받아야 한다. 우리가 사탄의 왕국에서 벗어나려면 먼저 사탄이 정복되어야 한다.

2) 할례가 우리의 마음에 관해 가르치는 것은 무엇인가?

—— 외적인 할례의 행위는 하나님이 우리의 내면에 할례를 베풀어 우리의 마음에서 죄를 잘라내셔야 한다는 상징적 의미를 지닌다. 그래야만 진정으로 하나님을 사랑하며 섬길 수 있다(롬 2:29).

3) 할례가 예수님에 관해 가르치는 것은 무엇인가?

—— 포피를 잘라내는 행위는 예수님의 죽음을 암시한다. 예수

님은 십자가에서 하나님의 심판을 받으셨다. 예수님은 우리가 하나님의 축복을 받을 수 있도록 그분의 축복에서 배제되셨고, 우리가 구원받을 수 있도록 저주를 당하셨다. 십자가는 하나님의 구원이 심판을 통해 이루어진다는 것을 가장 생생하게 보여준다.

기도

가족들이 자기 백성의 영원한 축복을 위해 십자가에 못 박히신 그리스도를 바라보게 해달라고 기도하라.

53

너희와 너희 후손 사이에 지킬 내 언약

복습

1) 하나님이 아브라함과 맺으신 언약의 표징은 무엇인가?

— 할례. 모든 남자의 포피를 베어내야 했다.

2) 할례는 아브라함의 후손들에게 무엇을 가르쳤는가?

— 마음에서 죄가 잘려나가야 한다는 것과 예수님이 죄 때문에 십자가에서 죽으셔야 한다는 것을 가르쳤다.

본문 읽기

창 17:7, 10, 12

1) 하나님은 누구와 언약을 맺으셨는가?

— 아브라함과 그의 가족들. 성경에 보면 하나님이 가족들과 언약을 맺으신 사례들이 많이 발견된다.

2) 아브라함의 후손 가운데서 누가 할례를 받아야 했나?

— 모든 남자와 사내아이

3) 아브라함의 후손으로 태어난 사내아이는 언제 할례를 받았는가?

— 태어난 지 8일째 되는 날에 받았다. 하나님은 아브라함에게

언약의 표징을 회개하거나 믿을 수 있는 의지를 갖추기 전인 갓
난아이들에게 적용하라고 명령하셨다.

해설

> **핵심 내용:** 하나님은 대개 가족들을 통해 자신의 구원 계획을 이루어 나가
> 신다.[1]

하나님의 언약이 제공하는 가장 큰 축복은 하나님 자신이다. 하나
님은 아브라함에게 자녀를 약속했을 뿐 아니라 무엇보다도 자기 자
신을 내어주셨다. "내가 네 하나님이 될 것이다."라는 것이 은혜 언
약의 핵심이다(렘 31:33 참조). 하나님은 자기 백성에게 자신을 가장
큰 선물로 내어주신다. 이것은 참으로 놀라운 일이다. 그러나 더욱
놀라운 것은 하나님이 신자들만이 아니라 그들의 자녀들에게까지
자기를 내어주신다는 것이다. 하나님은 아브라함만이 아니라 그의
온 가족과 언약을 맺으셨다. 하나님은 가족을 중시하신다.

---

1. 두 저자는 모두 유아세례론자로서 언약 멤버십과 세례의 이슈를 이 시리즈에서 최소한도로
   언급하려 했다. 유아세례를 반대하는 사람은 별표(*)표시된 단락을 건너뛰어도 좋다. 언약 안
   에서 신자의 자녀들이 어떠한 위치를 점하는지에 대한 개혁파의 이해에 관하여 추가적인 정
   보를 얻기 원한다면 Joel R. Beeke, *Parenting by God's Promises: How to Raise Children
   in the Covenant of Grace* (Orlando: Reformation Trust, 2011), 15 – 28을 참고하라. 개혁파의 유
   아세례를 다룬 자료로는 J. V. Fesko, *Word, Water, and Spirit: A Reformed Perspective on
   Baptism* (Grand Rapids: Reformation Heritage Books, 2010), 337 – 67을 보라.

하나님은 아브라함의 가족에게 언약의 표징을 주셨다. 그분은 할례를 통해 아브라함의 가족들을 세상 사람들과 따로 구별하셨다. 그분은 그들에게 언약 백성들의 죄를 속량하기 위해 심판을 받을 구원자에 관한 은혜로운 약속을 상기시키는 표징을 허락하셨다.

*예수님의 죽음으로 할례라는 피 흘림의 표징이 피 흘림이 없는 세례의 표징으로 대체되었다(골 2:11, 12). 할례가 아브라함의 후손으로 태어난 사내아이들에게 적용된 것처럼, 세례도 신자들의 어린 자녀들에게 적용된다.

그러나 그리스도의 가정에서 태어났다는 이유만으로 구원을 받는 것은 아니다. 아브라함의 자녀들과 손자들이 회개하고 믿어야 했던 것처럼, 그리스도인의 자녀들도 그렇게 해야 한다. 하나님이 우리를 신자의 가정에 태어나게 하고, 예수 그리스도를 통해 자신을 내어주실지라도, 구원받으려면 믿음으로 예수님을 영접해야 한다. 세례나 부모의 신앙을 의지해서는 안 된다. 오직 예수 그리스도만이 우리를 구원하실 수 있다.

1) 성경은 하나님이 가정을 중시하신다는 것을 어떻게 보여주는가?

—— 하나님은 노아나 아브라함과 언약을 맺으면서 그들의 자녀들을 비롯한 온 가족을 언약에 포함시키셨다.

2) *오늘날에는 어떤 표징이 할례를 대체했는가? 그것을 받는 사람은 누구인가?

―― 할례는 그리스도의 죽음을 예표하기 때문에 그분이 십자가에서 죽으신 뒤부터는 세례로 대체되었다. 할례가 아브라함과 그의 자녀들에게 주어진 것처럼, 세례도 신자들과 그들의 자녀들에게 주어진다.

3) 그리스도인의 가정에서 태어나면 자동적으로 구원받는가?

―― 그렇지 않다. 오직 예수님만 우리를 구원하실 수 있다. 우리가 그리스도인 가정의 일원으로서 받는 축복은 진정으로 죄를 뉘우치고, 예수 그리스도를 통해 구원을 받았을 때만 참된 유익을 가져다준다.

기도

자녀들이 그리스도인의 가정에 속한 특권을 소중히 여기고, 그리스도를 믿음으로써 구원을 받게 해달라고 기도하라.

54

나의 믿음 없는 것을 도와주소서

복습

1) 하나님은 아브라함하고만 언약을 맺으셨는가?

— 그렇지 않다. 그분은 아브라함의 모든 가족과 언약을 맺으셨다. 이것이 아브라함의 후손들이 언약의 표징인 할례를 받았던 이유였다.

2) 할례는 오늘날 무엇으로 대체되었는가?

— 세례. 피 흘림이 있는 할례의 표징은 그리스도의 십자가를 예표하기 때문에 지금은 피 흘림이 없는 세례의 표징으로 대체되었다.

본문 읽기

창 17:15-23

1) 하나님이 사래에게 지어준 새 이름은 무엇인가?

— '공주'를 뜻하는 사라였다. 하나님은 아브라함에게 새 이름을 허락한 것처럼 그의 아내에게도 새 이름을 허락해 자신의 언약을 확증하셨다. 군주와 왕들, 궁극적으로는 만왕의 왕이신 예수 그리스도께서 그녀의 후손으로 태어나실 예정이었다.

2) 아브라함은 사라에게 아들을 허락할 것이라는 하나님의 말씀에 어떻게 반응했는가?

— 그는 늙은 사람이 아이를 낳는 것은 불가능하다고 생각하고 웃으면서 하나님이 하갈에게서 낳은 이스마엘이나 축복해 주시기를 바랐다.

3) 하나님은 아브라함의 아들들 가운데 누구와 언약을 맺으셨는가?

— 하나님은 이스마엘에게 축복을 베풀 생각이셨지만, 언약은 사라가 낳게 될 이삭이라는 이름의 아들과 맺을 계획이셨다. 이삭의 후손들을 통해 아브라함에게 한 약속을 이루는 것이 그분의 뜻이었다.

해설

> **핵심 내용:** 아브라함의 경우처럼 이 땅의 삶 속에서는 우리의 믿음에 항상 의심이 뒤따른다.

아브라함은 하나님의 약속을 믿었다. 그는 하나님이 자기를 큰 민족으로 만드실 것으로 믿었고, 자신의 후손 가운데서 뱀의 머리를 상하게 할 후손이 태어날 것이라고 확신했다. 그러나 그는 그런 일이 사라를 통해 일어날 것이라고는 꿈에도 생각하지 못했다. 사라는 불임인 데다가 증손자를 둘 만큼 나이가 늙었다. 아브라함은 하나님이 약속을 지키실 것이라고 믿었지만, 이스마엘을 통해 그렇게 하시는 것이 훨씬 더 합리적일 것 같았다. 아브라함의 믿음은 연약했다. 그는 여전히 자신의 도움이 있어야만 하나님이 세상을 축복하실 수 있을 것으로 생각했다. 그러나 하나님은 오랫동안 아브라함에게 주지시켜왔던 것처럼 자신의 능력만으로 구원을 베푸실 수 있었다. 아브라함의 의심에도 불구하고, 하나님은 불가능한 일을 하실 수 있었다. 그분은 아이를 낳지 못하는 사라에게 이듬해에 아들을 허락하셨다.

아브라함에게 실망하기 쉬울 것이다. 그는 왜 그렇게 하나님을 온전히 신뢰하지 못했을까? 그러나 제아무리 강한 그리스도인이라도 아브라함과 조금도 다르지 않다는 점을 기억해야 할 필요가 있다. 가장 훌륭한 동산에도 잡초가 있는 법이다. 이 세상에 있는 한, 믿음의 열매에 항상 의심의 잡초가 섞여 있다. 하나님을 이해하고, 신뢰하는 데는 항상 어려움이 뒤따른다. 우리의 행위와 지혜로 구원을 얻으려는 유혹이 항상 존재한다(갈 3:3). 참된 그리스도인은 "내가 믿나이다 나의 믿음 없는 것을 도와주소서"(막 9:24)라고 부르짖는다. 우리의 믿음이 연약하고, 많은 의심에 시달리더라도 하나님은 강하시다. 우리의 구원이 우리 믿음의 힘이 아닌 하나님의 은혜의 능력에 달려 있다는 것이 얼마나 다행인지 모른다. 하나님께 감사하자.

1) 그리스도인은 아브라함과 어떤 점이 비슷한가?

창세기 가정예배

── 그리스도인이 하나님을 믿는 참된 믿음을 지니고 있더라도 믿음에는 항상 의심이 뒤따르기 마련이다. 우리의 믿음은 천국에 갈 때까지 결코 의심에서 온전히 자유로울 수 없다.

2) 어떻게 우리의 영혼 안에 있는 의심의 뿌리를 제거할 수 있을까?

── 아브라함의 의심은 하나님의 약속을 듣고, 그분이 제공하신 표징들(별들, 피 흘림이 있는 언약의 의식, 할례)을 봄으로써 제거되었다. 우리도 마찬가지다. 우리는 성경에서 발견하는 하나님의 약속들에 주의를 기울이고, 그것들을 가르치고 전하는 말씀을 듣고, 세례와 성찬을 통해 그것들을 봐야 한다.

3) 여전히 의심이 있는데 어떻게 구원받을 수 있는가?

── 우리의 구원은 우리가 지닌 믿음의 크기가 아닌 하나님의 변하지 않는 신실하심에 달려 있다. 하나님은 아브라함의 믿음이 겨자씨만큼 작았는데도 그에게 한 약속을 충실히 지키셨다. 하나님은 자기를 믿는 모든 사람들에게 그렇게 하신다(마 17:20).

기도

믿음의 선물을 주신 하나님을 찬양하고, 성령과 말씀으로 나 자신과 자녀들 안에 있는 불신앙을 제거해달라고 기도하라.

55 우리와 함께 하시는 하나님

복습

1) 하나님은 아브라함의 아들 이스마엘을 통해 약속을 지킬 생각이셨는가?

── 그렇지 않다. 사라가 이삭이라는 이름의 아들을 낳을 예정이었다. 그를 통해 약속된 메시아가 올 것이었다.

2) 아브라함은 하나님의 약속을 의심했는가?

── 그렇다. 그는 믿었지만 의심을 온전히 떨쳐버리지 못했다.

본문 읽기

창 18:1-3, 9-15

1) 누가 아브라함을 방문했는가?

── 세 명의 신비로운 인물들이 아브라함에게 찾아왔다. 그들의 지도자는 다름 아닌 하나님 자신이었다. 하나님은 잠시 인간의 형상으로 아브라함에게 나타나셨다. 이것은 하나님이 장차 예수님을 통해 이루실 일을 보여준다. 나중에 밝혀진 대로, 다른 두 사람은 천사였다(창 19:15).

2) 사라는 왜 웃었는가?

―― 그녀는 이듬해에 자기가 아들을 낳을 것이라는 하나님의 말씀을 엿들었다. 그녀는 하나님의 말씀이 불가능할 것이라고 생각하고, 웃음으로 불신앙을 드러냈다.

3) 하나님은 사라의 의심에 어떻게 반응하셨는가?

―― 하나님은 그녀를 부드럽게 꾸짖으며 그녀와 아브라함에게 자기가 할 수 없는 일은 아무것도 없다고 말씀하셨다. 하나님은 모든 능력을 소유하고 계신다. 그분은 자신의 약속을 능히 지키실 수 있다.

해설

> **핵심 내용:** 하나님은 신자를 의심 속에 버려두지 않고, 은혜로 자기에게로 가까이 이끄신다.

하나님은 전에도 아브라함을 여러 차례 방문하셨다. 그러나 인간의 형상으로 그를 방문하기는 이번이 처음이었다. 하나님은 인간이 아니시다. 그분은 우리처럼 손과 발을 가진 육체가 없으시다. 하나님은 영이시다(요 4:24). 아버지가 어린 자녀와 놀기 위해 무릎을 꿇는 것처럼, 하나님도 자기를 낮춰 우리를 대하신다. 하나님이 인간의 형상으로 나타나시자 아브라함은 그분을 좀 더 자세하게 알 수 있었다. 하나님은 아브라함과 함께 음식을 잡수셨다. 하나님이 손님으로 우리의 식탁에 앉으셨다고 상상해 보라. 예수님이 오실 때까지 하나님이 사람들과 함께 음식을 잡수신 것은 이것이 처음이자 마지막이었다. 아브라함은 하나님의 친구였다, 하나님은 우정을 돈독하게 하기 위해 그를 찾아오셨다.

식사 자리에서 무슨 말이 오갔을까? 하나님의 약속에 관한 말이었다. 아이를 낳지 못하는 사라가 아들을 낳을 것이었다. 하나님은 오랫동안 고통스러운 기다림의 날들이 지나간 후에 사라에게 아이를 임신할 능력을 허락하실 생각이었다. 그러나 대화를 엿듣던 사라는 그 말을 믿지 못하고 웃었다. "하나님, 뭘 잘 모르시는군요. 저는 불임이고요. 이미 다 늙어버렸답니다. 불가능한 일이에요."라는 것이 그녀의 생각이었다. 그러나 하나님이 웃었다며 꾸짖으시자 그녀는 웃지 않았다고 거짓말을 했다. 누군가에게 큰 약속을 했는데 그들이 비웃으면서 "어련하시겠어?"라고 말하고 나서 비웃지 않았다고 거짓말을 한다면 어떻게 하겠는가? 아마도 "좋아요. 나를 그런 식으로 대했으니 없던 일로 합시다."라고 대답할 것이 틀림없다. 그러나 하나님은 놀라울 정도로 은혜로우셨다. 그분은 사라를 물리치지 않으셨다. 예수님이 의심하는 제자들을 대하셨던 것처럼 하나님도 의심하는 사라를 부드럽게 꾸짖으며 약속을 재차 확인해주셨다 (마 14:31, 요 20:27). 그분은 놀라운 은혜로 그녀를 자기에게로 가까이 이끄셨다.

1) 하나님은 우리처럼 육체를 지니고 계시는가?
   ── 그렇지 않다. 하나님은 가장 순수한 영이시다. 그분은 인간

과 같은 육체가 없으시다. 그러나 구약성경을 보면, 하나님이 이따금 인간의 형상으로 자기 백성에게 자신을 나타내신 것을 알 수 있다. 이것은 하나님이 예수 그리스도를 통해 영원히 인간의 육체를 취하실 때를 예표하는 의미를 지닌다.

2) 사라가 웃은 것이 잘못인 이유는 무엇인가?

—— 그녀는 하나님을 의심했다. 그것은 믿음의 기쁨을 표현한 웃음이 아니라 하나님의 능력을 망각한 데서 비롯한 불신의 웃음이었다.

3) 본문의 이야기를 통해 하나님에 관해 배울 수 있는 것이 있다면 무엇인가?

—— 하나님은 지극히 은혜로우시다. 그분은 자기를 낮춰 아브라함과 사라에게 나타나셨고, 의심하며 거짓말까지 한 사라를 부드럽게 대해 주셨다. 하나님은 그들을 물리치지 않으셨다. 하나님은 죄를 지은 그들에게 오히려 은혜를 베푸셨다.

기도

은혜로우신 하나님을 찬양하고, 의심하고 두려워하는 가족들에게 가까이 다가와주시길 기도하라.

복습

1) 누가 아브라함과 사라를 방문했는가?

   — 하나님이 사람의 모습으로 나타난 두 천사를 동반하여, 인간의 형상을 하고서 그들의 장막에 찾아오셨다.

2) 하나님이 그들에게 찾아오신 이유는 무엇인가?

   — 아브라함과 사라를 통해 큰 민족을 이루겠다는 약속을 그들에게 다시 확신시켜주시기 위해서였다.

본문 읽기

창 18:20-28, 31-33

1) 방문자들은 아브라함의 장막을 떠난 후에 어디로 갔는가?

   — 그들은 롯이 사는 소돔으로 향했다. 소돔은 죄악이 가득한 곳이었다. 하나님의 천사들은 그들의 불의를 심판할 예정이었다.

2) 아브라함은 소돔을 심판하겠다는 하나님의 말씀을 듣고 어떻게 반응했는가?

   — 그는 하나님께 기도했다. 그는 제사장으로서 하나님과 소

돔 사이에 서서 의인들을 악인들과 함께 멸하지 말고, 옳고 선하게 처리해달라고 간구했다.

3) 아브라함은 기도하면서 하나님을 어떻게 일컬었는가?

—— 그는 하나님을 '세상을 심판하시는 이(의로운 재판관)'로 일컬었다. 하나님은 자신의 세계를 다스리는 의로운 재판관으로서 항상 옳은 일만 하신다.

해설

> **핵심 내용:** 소돔을 위한 아브라함의 제사장적 기도는 더 위대한 제사장이신 예수 그리스도를 가리킨다.

아브라함은 하나님의 친구였다. 하나님은 친구에게 솔직하게 말하는 친구처럼 미래의 계획을 아브라함에게 말씀하셨다. 아브라함을 축복하신 하나님은 소돔을 멸할 생각이셨다. 왜일까? 그 이유는 소돔의 죄가 심히 컸기 때문이다. 소돔 사람들은 하나님을 저버리고, 그분의 율법을 거역했다. 하나님은 노아 시대에 세상을 멸하신 것처럼 그들을 멸할 생각이셨다.

아브라함은 "내가 소돔에 살고 있지 않아서 참 다행이군."이라는 식으로 이기적으로 반응할 수도 있었다. 그는 냉담한 심정으로 "마침내 저 악한 도시가 마땅히 받아야 할 형벌을 받게 되는군."이라고 생각하며 즐거워할 수도 있었다. 또한, 그는 전혀 무관심한 태도로 "고작 하나의 도시일 뿐이야. 그래도 이만하길 다행이로군."이라고 생각할 수도 있었다. 우리는 그런 식으로 반응하고 싶은 유혹을 느낄 수 있다. 그러나 아브라함은 그렇지 않았다. 그는 두렵고 떨리는 심정으로 하나님께 나아가서 부패한 소돔을 위해 기도했다. 한갓 먼지와도 같은 아브라함이 담대하게 하나님 앞에 나아갔다. 그는 세상을 심판하시는 하나님께 그 안에 사는 의인을 위해 심판의 손길을 거둬달라고 기도했다. 그는 제사장으로서 하나님과 소돔 사이에 섰다. 하나님은 그의 기도를 들으셨다.

아브라함은 훨씬 더 위대한 제사장인 예수 그리스도를 예표한다. 그분은 우리와 같은 죄인들을 위해 기도했을 뿐 아니라 우리가 받아야 할 심판을 스스로 감당하기까지 하셨다. 하나님은 의로운 재판관이시다. 그분은 우리의 죄를 무작정 덮어주실 수 없다. 죄는 소돔처럼 심판을 받아야 한다. 이것이 예수님이 와서 우리의 죄와 징벌을 대신 짊어지신 이유다. 그 덕분에 우리는 장차 다가올 멸망으로부터 구원받을 수 있게 되었다.

1) 하나님이 소돔을 멸하려고 하신 이유는 무엇인가?
　　—— 소돔의 죄가 심히 컸기 때문이다. 하나님은 온전히 의롭기 때문에 죄를 심판하셔야 한다. 그분은 소돔의 죄 때문에 죽음과 멸망으로 그곳을 심판하셨다.

2) 아브라함이 소돔을 위해 기도한 것을 통해 그에 관해 무엇을 배울 수 있는가?

　　　　　　　　　　　　　　　　　창세기 가정예배

—— 아브라함은 자기 주위에 있는 죄인들을 사랑했고, 또 하나님의 영광을 크게 중시했다. 우리도 아브라함처럼 믿지 않는 이웃들을 위해 기도해야 한다.

3) 아브라함의 기도가 예수님을 가리키는 이유는 무엇인가?

—— 아브라함은 제사장으로서 하나님과 소돔 사이에 섰다. 그는 소돔이 하나님의 심판을 면하게 해달라고 기도했다. 예수님은 죄인들이 당해야 할 멸망의 심판을 스스로 감당함으로써 그들을 하나님의 심판에서 구원하는 대제사장이시다. 그분이 죄인들을 위해 죽으신 덕분에 그들은 죽음의 심판을 당하지 않는다. 그리스도께서는 항상 살아 계시면서 자기를 믿는 모든 사람을 위해 중보 기도를 드리신다(히 7:25).

기도

세상을 심판하시는 의로운 재판관께서 이웃들과 국가와 세상에 대한 심판을 연기하심으로써 더 많은 사람이 진리를 깨달아 구원을 받게 해달라고 기도하라.

도망쳐 생명을 보존하라

복습

1) 롯은 누구인가?

　　—— 그는 악한 도시 소돔에 살았던 아브라함의 조카였다.

2) 하나님은 소돔의 죄를 보고 그곳을 어떻게 하려고 하셨는가?

　　—— 그분은 심판을 베풀어 그곳을 멸하려고 하셨다.

본문 읽기

창 19:15-17, 24-29

1) 천사들은 롯에게 어떻게 하라고 말했는가?

　　—— 소돔이 멸망하기 전에 아내와 딸들을 데리고 그곳을 떠나라고 말했다.

2) 하나님은 소돔에 무엇을 비처럼 내리셨는가?

　　—— 소돔과 고모라에 심판의 불이 쏟아져 모든 사람과 모든 것을 태웠다. 아브라함이 소돔을 보았을 때 그곳에서 연기가 옹기가마의 연기같이 치솟았다.

3) 하나님은 아브라함을 어떻게 기억하셨는가?

　　—— 그분은 롯을 구해주셨다. 아브라함은 하나님께 의인들을

위해 소돔에 대한 심판을 거두어달라고 기도했다. 하나님은 롯과 그의 가족을 불이 쏟아지기 전에 그곳에서 구함으로써 그의 기도에 응답하셨다.

해설

> **핵심 내용:** 하나님이 소돔을 멸하신 것은 그리스도께로 도망쳐 다가올 심판을 모면하라는 큰 경고의 의미를 지닌다.

아브라함이 하나님께 기도하는 동안, 두 천사가 소돔으로 향했다. 그들은 그곳에서 아브라함의 조카 롯을 만났다. 그들은 롯에게 곧 도시가 멸망할 것이라고 경고하며 "가족들을 데리고 도망쳐 목숨을 보전하라."고 재촉했다. 롯은 그들의 말을 믿었지만 막상 도시를 떠난다고 생각하자 주저되었다. 그는 소돔에서 좋은 집과 많은 소유와 친구들을 거느리고 편안히 살고 있었다. 그는 그런 것들을 버리고 떠나고 싶지 않았다. 롯이 머뭇거리자 천사들이 그를 붙잡아 그와 그의 가족을 도시에서 끌어내며 "도망하여 생명을 보전하라"고 말했다. 전투기 조종사가 자기편이 지상에 있을 때는 적지에 폭탄을 투하하지 않는 것처럼, 하나님은 롯이 안전하게 피할 때까지 소돔에 대한 심판을 잠시 보류하셨다. 그 후에 하늘에서 불이 쏟아졌다. 하나님은 악한 도시를 불로 모조리 태워버리셨다. 소돔 사람은 단 한 사람도 살아남지 못했다.

하나님은 때로는 조용한 속삭임으로 말씀하지만, 심판을 베풀 때는 확성기를 사용하듯 크게 말씀하신다. 사나운 불과 소돔 사람들의 비명은 장차 온 세상이 죄로 인해 심판을 받게 될 날을 경고하는 의미를 지닌다(눅 17:28-30). 인간은 모두 소돔처럼 심판을 받아야 마땅한 죄인이다. 우리는 하나님을 거역한 죄로 멸망을 받아야 마땅하다. 그러나 하나님은 확성기를 입에 대고 "도망하여 생명을 보전하라. 그리스도에게로 도망쳐 다가올 진노를 피하라."라고 외침으로써 은혜를 베푸신다. 심판은 다가오고 있지만, 하나님은 아브라함의 후손인 예수 그리스도를 통해 구원을 제공하셨다. 그리스도를 거부하면 소돔을 불살랐던 것보다 훨씬 더 뜨거운 영원한 지옥 불에 들어가게 될 것이다(마 5:22). 우리는 그리스도를 피난처로 삼아 도망쳐야 한다. 그리스도 밖에는 저주가 있고, 그분 안에는 축복이 있다.

1) 롯은 심판이 임박했다는 천사의 경고에 어떻게 반응했는가?
  —— 그는 그들의 말을 믿었지만 집과 소유를 버리고 떠나기를 싫어했다. 우리도 하나님의 심판의 경고에도 불구하고 죄와 세상의 위로를 버리고 싶지 않아서 미적거릴 수 있다.

2) 하나님이 소돔을 멸하신 것은 무엇을 상징하는가?
  —— 그것은 마지막 날에 임할 심판과 영원한 지옥 불을 상징한다. 아브라함이 소돔에서 검은 연기가 솟아오르는 것을 본 것처럼, 지옥에 있는 자들의 '고난의 연기'가 영원히 피어오를 것이

다(계 14:11).

3) 우리와 같은 죄인들은 하나님의 심판의 불로부터 어떻게 구원
받을 수 있는가?

── 우리는 하나님의 경고에 주의를 기울여 예수 그리스도를
구원의 피난처로 삼아 다가올 진노로부터 도망쳐야 한다. 오직
그분 안에서만 죄의 형벌로 주어질 불같은 저주로부터 구원받
을 수 있다.

기도

가족들이 그리스도께로 도망쳐 하나님의 진노의 불에서 구원받게
해달라고 기도하라.

58 | **다시 구원받은 아브라함**

복습

1) 죄악의 도시 소돔에 어떤 일이 일어났는가?

— 하나님이 그곳에 하늘로부터 불을 비처럼 내려 모든 사람과 모든 것을 멸하셨다.

2) 하나님이 아브라함의 기도를 듣고 소돔에서 구원하신 사람은 누구인가?

— 아브라함의 조카 롯과 그의 아내와 두 딸이었다.

본문 읽기

창 20:1-7, 17-18

1) 누가 사라를 아내로 취했는가?

— 그랄 왕 아비멜렉. 아브라함은 전에 애굽에서 했던 것처럼 (창 12:10-20), 아비멜렉에게 사라가 자신의 누이라고 거짓말을 했다. 그는 하나님을 신뢰하지 않고, 사람을 두려워했다.

2) 밤중에 누가 아비멜렉에게 나타났는가?

— 하나님이 꿈에 그에게 나타나 사라를 건드리지 말고, 아브라함에게 돌려보내라고 말씀하셨다.

3) 아브라함이 아비멜렉을 위해 기도하자 어떤 일이 일어났는가?

    —— 하나님이 아비멜렉의 집에 있는 모든 여자가 아이를 낳을 수 있게 해주셨다. 하나님은 사라를 취한 아비멜렉을 심판하기 위해 그곳의 여자들이 아이를 낳지 못하게 하셨던 것이다. 그러나 그분은 아브라함의 기도를 듣고 자기를 경배하지 않는 그랄 왕국에 자녀의 축복을 베푸셨다.

해설

> **핵심 내용:** 하나님이 뱀에게서 사라를 구원한 이유는 약속된 구원자가 그녀의 후손을 통해 태어나게 하시기 위해서였다.

그랄 땅에 도착한 아브라함은 아비멜렉이라는 강력한 왕을 만났다. 그는 보아뱀 앞에 있는 생쥐와 같은 심정을 느꼈다. 아비멜렉은 연약한 아브라함을 쉽게 죽일 수 있었다. 아브라함은 두려움 때문에 하나님을 잊었다. 그는 목숨을 보전하기 위해 아비멜렉에게 자신의 아내인 사라를 누이라고 속였다. 그로 인해 사라는 아비멜렉의 아내가 되어 그의 집으로 옮겨갔다.

    아브라함과 사라에게 주어진 하나님의 약속을 기억하는 것이 중요하다. 하나님은 아브라함에게 사라를 통해 아들을 낳게 될 것이라고 말씀하셨다. 이 약속의 아들을 통해 구원이 온 세상에 임할 예정이었다. 하나님의 약속이라는 관점에서 보면 이것이 얼마나 불길

한 사건인지 알 수 있다. 여전히 자식을 낳지 못한 사라가 아브라함을 떠나 다른 남자의 아내가 되었다. 아브라함의 불신앙 때문에 마치 뱀이 승리한 것처럼 보였다. 사라는 사탄에게 사로잡혀 있었다. 그러나 하나님이 다시 개입하셨다. 그분은 아비멜렉을 저지하고, 사라를 다시 아브라함에게 돌려보내게 하셨다. 아비멜렉이 아닌 하나님이 보좌에 앉아 계셨다. 어떤 사람이나 귀신도 하나님이 자신의 목적을 이루시는 것을 방해할 수 없다. 하나님은 그랄의 여성들이 자녀를 낳지 못하게 했다가 아브라함의 기도를 듣고서 다시 자녀를 낳을 수 있게 하셨다. 이것은 하나님이 손가락만 까딱해도 아브라함과 사라가 자녀를 낳을 수 있다는 확실한 증거였다. 진실로 하나님은 지극히 높으신 하나님이 아닐 수 없다.

1) 아브라함은 두려울 때 어떻게 했어야 했는가?
    —— 롯을 납치해간 악한 왕들과 애굽의 바로에게서 구원해주신 하나님의 손길을 기억해야 했다(창 12:10-20, 14:20). 그는 또한 자기를 큰 민족으로 만들고, 자신의 방패가 되어주겠다고 하신 하나님의 약속을 기억했어야 했다(창 12:3, 15:1). 우리도 두려울 때는 하나님의 약속과 과거에 구원받았던 일들을 기억해야 한다.
2) 본문의 이야기에서 사탄이 승리한 것처럼 보였던 이유는 무엇인가?
    —— 아비멜렉이 사라를 아내로 취한 까닭에 아브라함을 통해 약속의 자녀가 태어날 수 없어 보였기 때문이다. 만일 하나님이

사라를 구해내지 않으셨다면, 사탄이 승리했을 것이다. 그러나 하나님은 자신의 약속이 좌절되도록 허락하지 않으신다.

3) 하나님은 그랄 왕국의 여성들이 아이를 낳지 못하게 했다가 다시 아이를 낳게 하신 사건을 통해 아브라함과 사라에게 무엇을 가르치셨는가?

―― 하나님 자신이 만사를 다스리며, 원하면 언제라도 사라에게 자녀를 허락할 능력이 있다는 것을 가르치셨다. 하나님께는 불가능한 것이 없다.

기도

하나님의 신실하심과 능력을 찬양하고, 가족들이 하나님을 경외하는 마음을 갖게 해달라고 기도하라.

복습

1) 그랄에서 사라를 데려다가 아내로 삼은 사람은 누구인가?

　　—— 그곳의 왕 아비멜렉. 사라가 그의 집에 머무는 한, 그녀에게 자녀를 허락하겠다는 하나님의 약속은 성취될 수 없었다.

2) 누가 아비멜렉에게서 사라를 구했는가?

　　—— 하나님. 하나님은 꿈에 아비멜렉에게 나타나서 그에게서 사라를 구하셨다.

본문 읽기

창 21:1-7

1) 하나님이 사라를 돌아보시자 어떤 일이 일어났는가?

　　—— 그녀가 늙은 나이에 아이를 임신했다. 오랫동안 기다린 후에 마침내 하나님이 아브라함과 사라에게 하신 약속이 이루어졌다.

2) 아브라함과 사라는 새로 태어난 아이에게 어떤 이름을 지어주었는가?

　　—— '이삭,' 이 이름은 '그가 웃는다'라는 뜻이다. 하나님이 사라

에게 아들을 허락하겠다고 말씀하셨을 때 그녀는 믿지 못하고 웃어버렸지만(창 18:12), 이제는 믿음과 기쁨으로 웃었다. 하나님이 은혜롭게도 아들을 선물로 주시자 그녀의 마음에는 기쁨이 가득 넘쳤다.

3) 이삭이 난 지 8일째 되었을 때 아브라함은 그에게 어떤 일을 행했는가?

── 그는 이삭에게 할례를 행했다. 창세기 17장에서 살펴본 대로, 할례는 언약의 표징이었다. 이삭은 포피를 베어냄으로써 하나님을 위해 거룩하게 구별되었다.

해설 ··· 📖

> **핵심 내용:** 하나님은 아들을 허락하겠다는 약속을 지키심으로써 아브라함과 사라의 슬픔을 웃음으로 바꾸어주셨다.

한 쌍의 남녀가 약혼하면 여러 달에 걸쳐 결혼식을 준비하는 것이 보통이다. 시간이 지날수록 신랑과 신부의 서로를 향한 갈망은 더욱 강렬해진다. 그들은 서로를 사랑하며, 당장 결혼했으면 좋겠다고 생각한다. 그러나 그들의 기다림을 통해 결혼식 날의 기쁨이 훨씬 더 커진다. 아브라함과 사라는 몇 달이 아닌 25년이라는 긴 세월을 기다리며 아이를 낳기를 원했다. 그러다가 마침내 그 날이 이르렀다. 그들의 슬픔은 기쁨으로, 그들의 눈물은 웃음으로, 그들의 두려움은 믿음으로 바뀌었다. 신실하신 하나님은 약속하신 대로 정확한 시간에, 정확한 방식으로 약속을 지키셨다. 아브라함은 100세가 되어 아이를 낳지 못하는 사라를 통해 아들을 얻었다.

우리가 그 당시에 가나안 땅에 살았다면 이삭의 탄생에 관한 소식을 전혀 듣지 못했을 것이다. 그 소식은 마을의 화제가 아니었을 것이다. 그러나 나그네처럼 그곳을 떠돌던 아브라함의 누추한 장막 안에서 역사를 바꿀 아이가 태어났다. 이삭은 약속의 자녀였다. 그를 통해 뱀의 머리를 상하게 할 메시아가 올 예정이었다. 세상 끝까지 축복을 가져다줄 구원자가 그의 혈통에서 태어날 것이었다. 우리가 오늘날 예수 그리스도 안에서 구원을 받을 수 있게 된 이유는 하나님이 아브라함과 사라에게 하신 약속이 실현되었기 때문이다.

1) 하나님이 그토록 오랜 세월이 지난 후에야 비로소 아브라함과 사라에게 아이를 허락하신 이유는 무엇인가?

── 그 이유는 하나님이 아브라함과 사라를 사랑하셨기 때문이다. 그분은 그들의 믿음을 시험했고, 인내심을 길러주었으며, 그들에게 자신의 위대함과 능력을 가르치셨다. 하나님은 우리의 삶 속에서도 그와 똑같은 일을 하기 위해 기도 응답이나 약속의 실현을 늦게까지 미루실 때가 많다. 문제는 우리가 계속 기다리면서 그분을 끝까지 신뢰할 것이냐 하는 것이다.

2) 이삭의 탄생이 그토록 중요했던 이유는 무엇인가?

── 그 이유는 그의 혈통에서 구주 예수 그리스도께서 태어나

창세기 가정예배

실 예정이었기 때문이다. 만일 하나님이 아브라함과 사라에게 아이를 허락하지 않으셨다면 그분은 죄와 사탄을 정복할 메시아를 보내겠다는 약속을 지킬 수 없으셨을 것이다.

3) 하나님은 본문을 통해 우리에게 무엇을 가르치시는가?

—— 자신이 우리의 신뢰를 받기에 합당한 분이라는 사실을 가르치신다. 하나님의 말씀이 확실한 이유는 그분이 결코 변하지 않으시기 때문이다. 비록 아브라함처럼 오랜 세월을 기다려야 하는 일이 있더라도 하나님을 의심해서는 안 된다. 그분은 항상 약속을 충실히 지키신다.

기도

자녀들이 이삭의 후손으로 태어난 약속된 구원자를 믿고, 경배하고, 숭앙하게 해달라고 기도하라.

복습

1) 하나님이 아브라함과 사라에게 지키신 약속은 무엇이었는가?

── 그분은 그들에게 이삭이라는 이름의 아들을 허락하셨다. 이삭의 혈통에서 예수님이 태어나실 예정이었다.

2) 이삭이라는 이름의 의미는 무엇인가?

── '그가 웃는다.'라는 뜻이다. 하나님은 아브라함과 사라의 눈물을 웃음으로 바꾸어주셨다.

본문 읽기

창 22:1-3, 6-8, 히 11:17-19

1) 하나님은 아브라함에게 무엇을 명령하셨는가?

── 약속의 아들 이삭을 모리아산에서 번제로 드리라고 명령하셨다. 아브라함은 짐승들을 제물로 바쳐 하나님을 예배했지만, 하나님은 그에게 그의 아들을 제물로 바치라고 명령하셨다.

2) 이삭은 자기 아버지에게 뭐라고 질문했는가?

── 그는 번제할 어린 양에 관해 물었다. 이삭은 하나님께 희생 제물을 바칠 것을 알고 있었다. 그는 등에 나무를 짊어지고 갔

지만, 제물로 바칠 짐승이 없다는 것을 알아차렸다. 그는 자기가 제물이 될 것이라고는 꿈에도 생각하지 못했다.

3) 히브리서 저자는 본문에 언급된 아브라함에 관해 뭐라고 말했는가?

—— 아브라함은 믿음으로 하나님께 순종했다. 그는 하나님이 자기에게 그런 일을 시키시는 이유를 알지 못했지만, 그분이 이삭을 능히 죽은 자 가운데서 다시 살리실 것이라고 믿어 의심하지 않았다.

해설

> **핵심 내용:** 아브라함은 하나님의 은혜 덕분에 가장 큰 시험을 받는 상황 속에서 위대한 믿음을 보여주었다.

아브라함은 시련의 경험이 없는 사람이 아니었다. 그는 일평생 많은 시련을 겪었다. 어떤 사람들은 하나님을 믿으면 편안한 삶을 허락해 주실 것으로 생각한다. 그러나 아브라함이 하나님과 친밀하게 지낼수록 그의 삶은 더욱 어려워졌다. 약속의 아들 이삭이 자라서 건장한 청년이 되었다. 아브라함과 사라는 아들 이삭을 끔찍이 사랑했을 것이 틀림없다. 그는 노년에 낳은 아들이자 하나님의 신실하심을 보여주는 산 증인이었다. 그들은 그에게 큰 희망(하나님의 약속에 근거한 희망)을 걸었다. 이삭의 혈통을 통해 온 세상에 하나님의 축복을 가져다줄 후손이 태어날 예정이었다.

그러나 어느 날 하나님은 아브라함에게 충격적인 명령을 하달하셨다. 그분은 그에게 이삭을 번제로 드리라고 말씀하셨다. 사랑하는 아들을 죽이라고? 약속의 아들을 희생 제물로 바치라고? 메시아의 조상이 될 아들을 없애라고? 아브라함은 일찍이 이보다 더 큰 시련을 겪어본 적이 없었다. 그렇다면 그는 어떻게 반응했을까? 그는 하나님께 무엇을 묻거나 항변하지 않았다. 그는 순종했다. 아브라함은 하나님이 그런 일을 명하시는 이유를 알 수 없었다. 그러나 그는 오랜 세월에 걸쳐 깨달은 것이 있었기 때문에 하나님을 신뢰할 수 있다는 것을 알았다. 그분은 자신의 약속이 좌절되도록 놔두지 않으실 것이 분명했다. 그는 하나님이 원하시면 이삭을 죽은 자 가운데서 능히 살리실 것이라고 확신했다. 그는 희생제사를 드릴 산에 오르면서 이삭에게 '어린 양은 하나님이 친히 준비하시리라'라고 말했다. 그는 하나님이 모든 것을 잘 처리하실 것이라고 믿었다.

1) 시련이란 무엇인가?
— 시련은 하나님이 우리의 믿음을 시험하고 성장시키기 위해 허락하시는 힘든 일들을 가리킨다. 하나님은 그런 어려움을 통해 자기를 더욱 굳게 의지하게 만드신다.

2) 아브라함은 어떤 시련들을 겪었는가?
— 그는 편안한 고향을 떠나 가나안 땅에서 이방인으로 살았고, 오랫동안 약속의 아들을 기다렸다. 그런 일들은 아브라함이

감당하기가 매우 힘들었다. 그러나 이삭을 희생 제물로 바치라는 하나님의 명령은 그가 겪었던 그 어떤 시련보다 더 혹독했다.

3) 아브라함을 통해 배울 수 있는 것은 무엇인가? 우리는 시련을 겪을 때 어떻게 해야 할까?

— 시련을 겪을 때는 하나님을 신뢰해야 한다. 아브라함은 시련이 닥쳤을 때 항상 믿음으로 행하지는 못했다. 그는 가나안 땅에 기근이 들자 그곳을 떠났고(창 12:10-20), 하나님이 약속하신 아들을 얻는 것이 불가능해 보이자 하갈을 아내로 맞이했다 (창 16:1-4). 그러나 그는 이삭을 희생 제물로 바치라는 명령을 듣고서는 하나님을 기꺼이 신뢰하는 놀라운 믿음을 보여주었다.

기도

배우자와 자녀들이 인생의 시련을 겪을 때도 굳건한 믿음을 잃지 않게 해달라고 기도하라.

61 준비된 숫양

복습

1) 하나님은 아브라함에게 어떤 시련을 허락하셨는가?

— 약속의 아들 이삭을 희생 제물로 바치는 시련.

2) 아브라함은 하나님께 순종했는가?

— 그렇다. 그는 하나님이 모든 것을 준비할 것이라고 믿고, 이삭과 함께 희생제사를 드릴 산으로 향했다.

본문 읽기

창 22:9-18

1) 아브라함은 산 위에서 무엇을 쌓았는가?

— 이삭을 희생 제물로 바칠 제단을 쌓았다. 그는 이삭을 묶어 제단 나무 위에 올려놓았다.

2) 아브라함이 이삭을 죽이려는 순간에 누가 나타났는가?

— 여호와의 사자. 하나님은 마지막 순간에 아브라함을 가로막으셨다. 그는 다른 무엇보다도 하나님을 더 사랑하고, 신뢰한다는 것을 보여줌으로써 시험을 통과했다.

3) 하나님은 아브라함에게 이삭 대신에 무엇을 희생 제물로 허락

창세기 가정예배

하셨는가?

— 뿔이 수풀에 걸려 있는 숫양. 아브라함이 이삭에게 말한 대로, 하나님이 이삭 대신 희생 제물로 바칠 양을 친히 준비하셨다.

해설

> **핵심 내용:** 하나님이 이삭 대신에 준비하신 양은 우리와 같은 죄인들을 위해 죽으실 그리스도를 예표한다.

참으로 암울한 날이었을 것이 틀림없다. 아브라함은 이삭과 함께 모리아산을 오르면서 큰 두려움과 절망감을 느꼈을 것이다. 그는 피 흘림이 없으면 죄 사함이 없다는 것을 알고 있었다. 그는 오직 희생제사를 통해서만 하나님께 다가갈 수 있다는 것을 알았다. 그러나 그는 자신의 사랑하는 아들이 희생 제물이 될 줄은 꿈에도 생각하지 못했다. 아브라함은 큰 슬픔을 느끼며 이삭의 수족을 줄로 결박하고 나서 그를 제단 위에 올려놓았다. 아브라함이 이삭을 죽여 희생 제물을 바쳐야 할 순간이 도래했다.

그러나 아브라함이 칼을 쳐드는 순간, 하늘에서 "그 아이에게 손을 대지 말라"는 음성이 들려왔다. 아브라함은 큰 안도감을 느꼈을 것이 분명하다. 이삭은 속죄의 희생양이 아니었다. 그의 몸이 쪼개지거나 피를 쏟는 일은 없을 것이었다. 아브라함이 고개를 들어 살

퍼보니 수풀에 뿔이 걸려 있는 숫양이 눈에 띄었다. 하나님이 이삭 대신에 제물로 바칠 양을 친히 준비하신 것이었다.

아브라함은 하나님의 은혜로운 구원을 생생하게 의식했다. 그의 죄는 죽음의 형벌을 받아야 마땅했지만, 하나님이 자기를 대신해 죽을 자를 내주실 것이었다. 머나먼 미래에 하나님의 사랑하는 아들 예수 그리스도께서 모리아산에서 그리 멀지 않은 산 위에서 희생 제물이 되실 예정이었다. 그러나 그리스도께서는 이삭과 달리 죽음을 모면하지 못하실 것이었다. 예수님은 제물이 되셔야 했다. 그분의 몸이 쪼개지고, 그분의 피가 쏟아질 것이었다. 그분은 하나님이 아브라함과 이삭에게 약속하신 축복이 온 세상에 전해지도록 죄인들을 대신해 희생되실 것이었다.

1) 피 흘림이 필요했던 이유는 무엇인가?
   —— 그 이유는 죄가 죽음의 형벌을 받아야 하기 때문이다. 아브라함은 하나님께 희생 제물을 바칠 때마다 이 사실에 동의하는 것이었다. 아브라함과 같은 죄인이 살려면 다른 사람이 그를 대신해 죽어야 했다.
2) 하나님이 준비하신 숫양은 누구를 예표하는가?
   —— 예수 그리스도. 하나님은 이삭을 대신해 희생될 양을 친히 제공한 것처럼 우리와 같은 죄인들을 대신해 자신의 독생자를 죽음에 내주셨다. 예수님은 자기 백성을 구원하기 위해 그들이 받아야 할 죽음과 심판을 대신 당하셨다.

창세기 가정예배

3) 하나님은 죄인들을 위해 그리스도를 내어줌으로써 자신에 대해 무엇을 가르치시는가?

— 하나님은 자신이 사랑이라는 것을 가르치신다. 아브라함은 자기가 사랑하는 아들을 제단 위에 올려놓음으로써 자기가 하나님을 얼마나 사랑하는지를 보여주었다. 그와 마찬가지로 하나님은 자기가 사랑하는 아들을 죽음에 내줌으로써 우리와 같은 죄인들을 극진히 사랑하신다는 것을 보여주셨다.

기도

사랑하는 아들을 죄인들을 위해 죽음에 내주신 하나님의 은혜를 찬양하고, 가족들이 예수님의 피가 죄 사함의 능력을 지닌다는 사실을 깨닫게 해달라고 기도하라.

복습

1) 하나님은 가나안 땅에 관해 아브라함에게 무엇을 약속하셨는 가?

　　—— 하나님은 아브라함의 후손에게 그 땅을 주겠다고 약속하셨다.

2) 하나님은 아브라함에게 하신 그 약속을 이미 지키셨는가?

　　—— 그렇지 않다. 아브라함은 이 당시에도 가나안 땅에서 장막을 치고 돌아다니면서 여전히 이방인처럼 살고 있었다.

본문 읽기

창 23:1-6, 17-19

1) 아브라함은 왜 슬퍼했는가?

　　—— 그의 아내 사라가 죽었기 때문이다. 사라는 성경에 죽을 때 나이가 기록된 유일한 여성이었다. 이런 사실은 그녀의 중요성을 보여준다.

2) 아브라함은 헷 족속에게 무엇을 요구했는가?

　　—— 사라를 매장할 가나안 땅의 한 곳을 요구했다. 아브라함은

사라의 장례를 잘 치러줌으로써 아내를 존중해 주고 싶어 했다.

3)   헷 족속은 아브라함의 요구에 어떻게 반응했는가?

── 그들은 아브라함이 원하는 땅은 어디든 주겠다며 그의 요구
에 기꺼이 응했다. 아브라함은 에브론이라는 이름을 가진 사람
의 밭을 샀다. 그는 이제 가나안 땅의 한 곳을 소유하게 되었다.

해설

> **핵심 내용:** 사라가 죽은 후에 아브라함은 하나님의 약속을 믿음으로써 가나
> 안 땅의 한 곳을 소유하게 되었다.

아브라함과 사라는 서로를 깊이 사랑했다. 그들의 결혼생활은 완전
하지는 않았지만, 대체로 행복했다. 사라가 죽자 아브라함은 몹시
슬펐다. 그는 전에 많은 시련을 겪었지만, 그가 슬퍼하며 애통해했
다고 성경에 기록된 것은 이것이 처음이다. 사라의 생기 없는 몸을
안고 있는 아브라함의 눈에서는 눈물이 하염없이 쏟아졌다.

아브라함은 가나안 땅에서 60년이 넘게 살아왔다. 하나님은 그에
게 그 땅을 주겠다고 약속하셨지만, 그때까지도 그는 그곳의 땅을
단 한 평도 소유하지 못했다. 사라를 어디에 묻을 것인가? 그는 고
향 우르로 돌아갈 수도 있었다. 그러나 아브라함은 그런 생각을 하
지 않았다. 하나님이 그를 가나안으로 부르셨기 때문에 그는 가나
안 땅에 머물러야 했다. 아브라함은 하나님이 축복하신 땅을 전처

럼 버릴 생각이 전혀 없었다. 그는 암담한 상황에서도 하나님을 끝까지 신뢰하고자 했다.

아브라함은 가나안 땅을 소유하고 있는 사람들에게 사라를 매장할 땅을 조금 팔라고 요구했다. 그들은 그에게 자신들의 동굴 가운데 하나를 내주었다. 그러나 아브라함은 그곳을 빌려 사용할 생각이 없었다. 그는 그곳을 소유하고 싶어 했다. 그는 400세겔이라는 많은 돈을 기꺼이 지불했다. 그것은 일반 노동자의 일 년 치 품삯이 넘는 액수였다. 아이스크림을 100달러를 주고 사는 것처럼, 작은 밭에 대한 대가치고는 너무 많았다. 그러나 아브라함은 믿음으로 나아갔다. 그는 그 땅이 자기의 소유가 될 것을 알았다. 60년이 넘게 기다린 후에 그는 마침내 가나안 땅의 한 곳을 사서 그곳에 사랑하는 사라를 묻을 수 있게 되었다. 그 땅은 언젠가 가나안 땅 전체가 그의 후손의 기업이 될 것이라는 하나님의 약속이 그대로 실현될 것을 보여주는 증표였다.

1) 아브라함은 사라가 죽었을 때 가나안 땅에 몇 년 동안 머물렀는가?

—— 그는 그곳에 60년이 넘게 머물렀다. 무려 21,000일이 넘는 세월이었다. 아브라함은 그동안 줄곧 하나님이 자기에게 가나안 땅을 허락하시기를 기다리며 장막을 치고 생활했다. 그는 믿음이 때로 연약해지기도 했지만, 하나님의 은혜 덕분에 끝까지 그분의 약속을 신뢰할 수 있었다.

창세기 가정예배

2) 아브라함은 사라가 죽은 후에 하나님에 대한 자신의 믿음을 어떻게 보여주었는가?

— 그는 가나안을 떠나거나 땅을 빌려 사라를 매장하지 않고, 많은 돈을 주고 그곳의 땅을 사서 영원한 기업으로 삼았다. 아브라함은 자신의 후손들이 장차 가나안 땅 전체를 소유할 것이라고 믿고, 사라를 그곳에 매장하기를 원했다.

3) 하나님은 본문을 통해 자신의 신실하심을 어떻게 보여주셨는가?

— 하나님은 아브라함에게 가나안 땅의 일부를 허락하셨다. 하나님은 아브라함에게 오랜 기다림 뒤에 아들을 허락하신 것처럼, 오랜 기다림 뒤에 가나안 땅의 일부를 허락하셨다. 하나님은 종종 지체하는 것처럼 보여도 항상 약속을 충실하게 지키신다.

기도

가족들이 아브라함의 인내를 배우고, 하나님이 약속을 충실하게 지키신다는 것을 굳게 믿게 해달라고 기도하라.

63   사자를 앞서 보내시는 하나님

복습

1) 아브라함은 왜 울었는가?

　—— 사랑하는 아내 사라가 죽었기 때문이다.

2) 하나님은 사라가 죽은 뒤에 아브라함에게 무엇을 주셨는가?

　—— 가나안 땅의 일부를 주셨다. 이것은 아브라함의 후손들이 가나안 땅 전체를 차지하게 될 것을 보여주는 증표였다.

본문 읽기

창 24:1-8

1) 아브라함은 자신의 종에게 무엇을 맹세하라고 요구했는가?

　—— 그는 가나안 족속의 여인을 이삭의 아내로 선택하지 않고, 아브라함의 가계에 속한 여인을 찾겠다고 맹세하라고 요구했다. 아브라함이 이삭이 가나안 족속의 여인과 결혼하는 것을 원하지 않았던 이유는 그들이 우상들을 숭배했기 때문이다.

2) 아브라함은 이삭이 자신의 종과 함께 가기를 원했는가?

　—— 그렇지 않다. 그는 이삭이 가나안에 남아 있기를 바랐다. 그 이유는 그곳이 하나님이 이삭과 그의 후손에게 주겠다고 약속

하신 땅이었기 때문이다.

3) 아브라함은 하나님이 자신의 종보다 앞서 누구를 보내실 것이라고 말했는가?

—— 아브라함은 하나님이 천사를 보내 자신의 종을 이삭의 아내가 될 올바른 여인을 찾도록 인도하실 것이라고 믿었다.

해설

> **핵심 내용:** 아브라함은 하나님의 약속을 믿는 믿음으로 자신이 죽기 전에 경건한 여인을 찾아 이삭과 결혼시키려고 했다.

사라가 죽자 아브라함은 자신이 죽을 날도 멀지 않았다는 생각이 떠올랐다. 그도 곧 아내 곁에 나란히 매장될 것이었다. 그렇다면 그 이후에 하나님의 약속은 과연 어떻게 될 것인가? 그의 후손은 아직 바다의 모래처럼 많지 않았고, 그는 기껏해야 가나안 땅에 속한 작은 밭 하나를 소유했을 뿐이다. 아브라함은 하나님의 약속이 자기 아들 이삭을 통해 계속될 것이라는 사실을 알았다. 이삭이 하나님의 축복으로 생육하고 번성하여 땅에 충만하려면 결혼하는 것이 필요했다.

그러나 한 가지 문제가 있었다. 이삭에게는 하나님을 경외하는 아내가 필요했다. 왜냐하면 빛이 어둠과 함께 어울릴 수 없었기 때문이다. 가나안의 여인들은 모두 우상을 숭배했다. 그들은 어둠 속에서 살았다. 따라서 아브라함은 다른 곳에서 아들의 아내가 될 경건한 여인을 찾아야 했다. 그러나 그는 하나님이 그를 부르신 곳인 가나안을 떠날 수가 없었다. 그는 어떻게 해야 했을까? 그는 하나님을 신뢰해야 했다. 모리아산에서 이삭을 대신해 숫양을 준비하신 하나님이 이삭을 위해 경건한 아내를 예비할 것이었다. 그분은 자신의 약속이 좌절되도록 놔두지 않으실 것이다.

아브라함은 믿음으로 가장 충직한 종을 머나먼 곳으로 보내 이삭의 아내를 찾아오게 했다. 그곳은 뜨거운 사막에서 낙타를 타고 오랫동안 여행해야만 갈 수 있는 곳이었다. 그러나 아브라함은 하나님이 자기 종 앞에 천사를 보내 그의 길을 인도하고, 축복하게 하실 것이라고 믿었다. 그는 전에는 여러 차례 자신의 힘으로 하나님의 약속을 이루려고 노력했지만, 이제는 오직 주님만을 바라보았다.

1) 아브라함이 아들 이삭이 결혼하기를 원했던 이유는 무엇인가?
    —— 아브라함의 주된 관심은 이삭이 결혼해서 행복하게 사는 것이 아니었다. 그의 주된 관심은 하나님의 약속이었다. 그는 자신의 후손들이 하늘의 별과 바다의 모래처럼 많아지려면 이삭이 결혼해야 한다는 것을 알고 있었다.

2) 이삭이 아내를 찾기가 어려웠던 이유는 무엇인가?
    —— 이삭에게는 경건한 아내가 필요했지만, 가나안 땅에는 하나님을 경외하는 여인이 없었다. 또한, 아브라함이나 이삭이 가나안을 떠나는 것은 하나님께 대한 불순종이었다. 이삭은 가나

안 땅 밖에서 아내를 찾아야 했지만 그곳을 떠날 수 없다는 문제점을 안고 있었다.

3) 아브라함은 그런 상황에서 어떤 식으로 강한 믿음을 보여주었는가?

—— 그는 이삭을 불경한 가나안 여인과 결혼시키거나 가나안을 떠남으로써 하나님께 불순종하는 죄를 짓기를 원하지 않았다. 그는 하나님이 천사를 자기 종 앞에 보내 먼 땅에서 경건한 여인을 찾도록 인도하실 것이라고 믿었다. 하나님은 다시금 풍성한 은혜를 베풂으로써 아브라함의 믿음에 보상하셨다.

기도

자녀들이 불경한 타협을 일삼지 않고, 아브라함처럼 강한 믿음을 갖게 해달라고 기도하라.

64 하나님의 인도

복습

1) 아브라함이 자기 종을 고향 땅으로 보낸 이유는 무엇인가?
— 이삭의 아내가 될 경건한 여인을 찾아오게 하기 위해서였
다.

2) 이삭이 결혼하는 것이 그토록 중요했던 이유는 무엇인가?
— 이삭의 혈통을 통해 하나님이 약속하신 위대한 후손이 태
어날 것이었기 때문이다. 이삭이 많은 자손을 낳으려면 먼저 결
혼을 해야 했다.

본문 읽기

창 24:10-26

1) 나홀의 성에 도착한 아브라함의 종은 어디에서 멈추었는가?
— 그는 우물 곁에 멈추었다. 우물은 땅을 파서 만든 깊은 구멍
으로 바닥에는 신선한 물이 고여 있었다. 사람들은 큰 통을 이
용해 필요한 만큼의 물을 길어 올렸다.

2) 종은 하나님께 무엇을 구했는가?
— 그는 이삭의 아내가 될 여인을 찾게 해달라고 하나님께 기

도했다. 그는 하나님이 선택하신 여인이면 자기는 물론, 자기의 낙타에게까지 물을 마시게 하는 증표를 보여달라고 간구했다.

3) 하나님은 이삭의 아내로 누구를 예비하셨는가?

—— 리브가. 그녀는 종이 기도한 대로 우물에 와서 그는 물론, 그의 낙타에게까지 물을 마시게 했다.

해설

> **핵심 내용:** 하나님은 아브라함과 그의 종의 믿음을 보시고 이삭을 위해 경건한 아내를 예비하셨다.

아브라함 당시에는 자동차나 고속도로나 비행기가 없었다. 아브라함의 종은 자동차로 이틀이면 되는 여행길을 낙타를 타고 두 달에 걸쳐 가야 했다. 뜨거운 사막에서 여러 주 동안 여행하느라 지칠 대로 지친 그는 마침내 나홀의 성에 도착했다. 그는 우물가에 멈춰 서서 즉시 기도하기 시작했다. 그는 이삭을 위해 아무 여인이나 찾으려고 하지 않았다. 그는 하나님이 선택하신 여인을 원했다. 그는 하나님이 선택하신 최선의 여인을 원했기 때문에 하나님께 그런 여인을 찾게 해달라고 기도했다.

그는 "제 주인 아브라함에게 하신 약속에 따라 이삭의 아내가 될 경건한 여인을 찾도록 인도하소서. 저는 물론, 저의 낙타들에게까지 너그럽게 물을 마시게 하는 여인이면, 그 여인이 곧 하나님이 선택하신 여인인 줄 알겠나이다."라고 기도했다. 기도가 아직 채 끝나기도 전에 한 아리따운 여인이 우물로 나아왔다. 그녀가 하나님이 선택하신 여인일까? 종은 그녀에게 달려가서 물을 좀 마시게 해달라고 말했다. 그녀는 종이 기도한 대로 그는 물론, 그의 낙타들에게까지 물을 마시게 했다. 그뿐 아니라 그녀는 자신이 아브라함의 형제 나홀의 딸이라고 말했다. 하나님은 아브라함의 종을 그의 가계에 속한 경건한 여인에게로 인도하셨다. 리브가는 하나님이 선택하신 여인이었다. 종은 하나님의 은혜에 크게 감격한 나머지 머리를 숙여 경배했다. 그는 하나님을 신뢰했고, 하나님은 충실하게 인도하셨다. 리브가는 가나안에 가본 적도, 이삭을 만나본 적도 없었지만 그녀 역시 하나님을 신뢰했다. 그녀는 아브라함의 종과 함께 약속의 아들과 결혼하기 위해 가나안으로 향했다. 하나님은 이삭과 리브가를 통해 온 세상을 위한 구원의 약속을 이루실 생각이었다.

1) 종은 하나님에 대한 믿음을 어떻게 보여주었는가?
　　—— 그는 하나님께 기도했다. 그는 하나님이 아브라함에게 하신 약속을 지킬 것이라고 믿고, 그분을 온전히 의지했다. 기도만큼 우리의 믿음을 더 잘 보여주는 것은 없다. 기도한다는 것은 곧 "하나님, 저는 무력합니다. 오직 주님만이 하실 수 있는 일을 하기 위해 주님이 꼭 필요합니다."라고 말하는 것과 같다.

2) 리브가는 하나님에 대한 믿음을 어떻게 보여주었는가?
　　—— 그녀는 이삭과 결혼하기 위해 기꺼이 아브라함의 종을 따

라나셨다. 그녀는 하나님이 자기와 아브라함의 아들 간의 혼인을 통해 구원의 약속을 이루실 것이라고 믿고, 안락하고 편안한 고향 집을 버리고 떠났다. 참된 믿음은 하나님께 복종하고, 순종한다.

3) 하나님은 리브가를 통해 어떻게 약속을 지킬 생각이셨나?

── 그녀는 야곱을 낳을 것이고, 그로부터 이스라엘의 열두 지파가 생겨나 큰 민족을 형성할 것이며, 그들을 통해 메시아가 세상에 태어날 것이었다.

기도

참된 믿음은 기도와 하나님께 대한 순종을 통해 자신을 드러낸다. 가족들이 그런 믿음을 갖게 해달라고 기도하라.

65 믿음으로 생을 마감한 아브라함

복습

1) 아브라함은 하나님을 믿는 위대한 믿음을 어떻게 보여주었는가?

 ―― 그는 기꺼이 이삭을 희생 제물로 바치려고 했고(창 22장), 값비싼 대가를 주고 가나안 땅의 일부를 샀으며(창 23장), 하나님이 이삭의 아내가 될 경건한 여인을 허락하실 것을 믿었다(창 24장).

2) 아브라함이 강한 믿음을 지닐 수 있었던 이유는 무엇인가?

 ―― 하나님의 은혜 때문이다. 아브라함은 의심과 두려움과 죄가 많았지만, 하나님은 많은 시련을 통해 그의 믿음이 성장하도록 역사하셨다.

본문 읽기

창 25:5-10, 히 11:13-16

1) 아브라함은 누구에게 기업을 물려주었는가?

 ―― 이삭. 아브라함은 다른 자녀들에게도 재산을 나눠주었지만, 이삭을 통해 세상을 축복하겠다는 하나님의 약속을 믿었다.

2) 아브라함은 죽은 뒤에 어디에 묻혔는가?

—— 사라의 곁, 곧 그가 가나안에서 산 밭에 있는 막벨라 굴에 묻혔다. 약속의 땅 가운데서 그가 소유했던 땅의 크기는 그를 매장할 정도에 불과했다.

3) 아브라함은 세상의 땅만을 생각하다가 죽었는가(히브리서 본문 참조)?

—— 그렇지 않다. 아브라함은 자기가 세상에서 나그네라는 것을 알았고, 믿음으로 하늘에 있는 본향을 바라보았다.

해설

> **핵심 내용:** 아브라함은 자신의 참된 본향이 이 세상에 있지 않다는 것을 알고 믿음으로 살다가 죽었다.

비행기를 타고 낯선 나라로 여행을 떠났다고 가정해 보자. 목적지에 도착하면 그곳 사람들의 언어와 옷차림새와 놀이와 음식이 모두 낯설어, 미지의 세계에 온 이방인과 같은 느낌이 들 것이 틀림없다. 그곳은 우리의 고향이 아니다. 아브라함도 100년 동안 가나안 땅을 유랑하면서 그런 심정을 느꼈다. 그는 그곳에서 나그네처럼 살다가 (창 23:4) 그렇게 죽음을 맞이했다. 그는 100년 동안 하나님을 따르기 위해 온갖 희생과 고난을 감수했다. 그가 죽을 때 소유했던 것은 가나안 땅의 조그마한 밭이 전부였다. 그가 임종하면서 많은 의구심을 가졌다고 해도 전혀 놀랄 만한 일이 아니었다. 그러나 그는 하나님의 은혜 덕분에 죽을 때에도 믿음을 잃지 않았다.

아브라함은 이 세상이 아닌 다가올 세상을 위해 살았다. 그는 가나안이 궁극적인 목적지가 아니라는 것을 알았다. 약속의 땅은 그보다 훨씬 더 위대한 땅, 곧 하나님의 풍성한 축복이 가득한 새로운 땅을 의미했다. 하나님은 약속된 메시아를 통해 뱀을 정복하고, 에덴동산보다 훨씬 더 나은 세상을 허락할 생각이셨다. 아브라함은 그 세상을 바라보면서 눈을 감았다. 그는 참된 본향을 바라보면서 나그네로 죽었다. 그는 믿음으로 죽음을 맞이했다.

그리스도인들도 아브라함처럼 이 세상에서 하나님이 약속을 이루실 때를 기다리며 나그네로 살아간다. 그리스도를 사랑하고, 경외하는 사람들은 아브라함처럼 이 세상에서 큰 고난을 겪는다. 그러나 믿음의 사람들은 이 세상을 바라보지 않는다. 그들은 하나님의 말씀이 결코 헛되이 돌아가지 않을 것이라고 확신하며 다가올 세상을 바라본다.

1) 아브라함이 죽었을 때 아직 이루어지지 않은 약속은 무엇이었는가?

── 하나님은 그에게 몇 명의 자녀를 허락하셨을 뿐이었다. 그의 후손들은 아직 해변의 모래처럼 많지 않았다. 또한, 하나님은 그에게 가나안 땅의 작은 밭을 허락하셨을 뿐이었다. 그는 가나안 땅 전부를 소유하지 못했다. 하나님은 그를 통해 세상을 조금 축복하셨을 뿐이었다. 참된 축복을 가져다줄 구원자는 아

브라함의 후손 가운데서 아직 태어나지 않은 상태였다.

2) 오늘날의 그리스도인들에게 아직 이루어지지 않은 약속이 있다면 무엇인가?

── 그리스도인들은 장차 죄나 고난에 더 이상 시달리지 않을 것이다. 그때 그들은 하늘의 도성에서 살게 될 것이다. 그때가 되면 사탄과 귀신들은 모두 지옥에 던져질 것이며, 더 이상 그리스도인들을 유혹하거나 고통스럽게 하지 못할 것이다.

3) 아브라함에게서 배울 것이 있다면 무엇인가?

── 믿음으로 살다가 믿음으로 죽는 것을 배워야 한다. 우리도 아브라함처럼 하나님의 약속이 온전히 이루어질 날을 기다리면서 이 세상에서 나그네로 살아야 한다.

기도

가족들이 그리스도 안에서 믿음으로 다가올 하늘의 도성을 바라보며 순례자처럼 살아가게 해달라고 기도하라.

복습

1) 아브라함은 하나님을 의심하며 죽었는가?

　── 그렇지 않다. 그는 하나님의 약속이 온전히 이루어지는 것을 보지 못했지만 그분을 신뢰하며 죽었다.

2) 아브라함의 아들들 가운데 누구를 통해 하나님의 약속이 계속될 예정이었는가?

　── 이삭. 이것이 아브라함이 이삭에게 기업을 물려준 이유였다.

본문 읽기

창 25:19-28

1) 이삭이 하나님께 기도했던 이유는 무엇인가?

　── 그의 아내인 리브가가 아이를 낳지 못했기 때문이다. 이삭은 아브라함이 하갈을 취했던 것처럼 당면한 문제를 자신의 힘으로 해결하려고 하지 않고(창 16:1-4) 하나님을 의지했다.

2) 하나님은 이삭의 기도에 어떻게 응답하셨는가?

　── 하나님은 19년이 지난 후에 이삭의 기도에 응답하셨다. 리브가가 마침내 쌍둥이를 임신했다. 그들의 이름은 에서와 야곱

이었다.

3) 하나님은 그 두 사내아이에 대해 어떻게 말씀하셨는가?

—— 하나님은 그들을 통해 두 민족이 형성되어 서로 싸울 것이며, 동생이 형을 다스릴 것이라고 말씀하셨다. 하나님의 자녀들과 사탄의 자녀들이 서로 싸울 것이라는 약속(창 3:15)이 이 두 아들을 통해 계속 이루어질 것이었다.

해설

> **핵심 내용:** 불임과 임신의 축복은 하나님의 구원이 오직 그분의 능력과 선택을 통해서만 이루어질 수 있다는 교훈을 준다.

불임에 관한 이야기, 곧 아이를 낳지 못하는 여인에 관한 이야기가 또다시 등장한다. 사라는 자녀를 낳을 수 없었고, 리브가도 그와 똑같은 문제에 직면했다. 하나님은 아브라함에게 자신이 약속한 많은 자녀가 이삭을 통해 주어질 것이라고 말씀하셨다(창 21:12). 그러나 많은 자녀는 고사하고, 이삭에게는 단 한 명의 자녀도 없었다. 불임이라는 주제가 반복되는 이유는 무엇일까? 그 이유는 아브라함의 후손을 통한 구원이 오직 하나님의 능력을 통해서만 이루어질 수 있었기 때문이다. 이삭은 자신의 어려운 처지를 인식하고, 거의 20년이 지나서야 응답될 기도를 하나님께 올렸다. 그는 무력했지만 하나님은 능하셨다. 그분은 이삭과 리브가에게 아들 둘을 허락하셨다.

그러나 리브가는 무엇인가가 크게 잘못되었다는 것을 즉시 알아차렸다. 그녀의 태 속에서 서로 치고받는 싸움이 일어났다. 쌍둥이는 서로 다투었다. 리브가는 주님께 "하나님, 대체 무슨 일이 벌어지고 있는 것인가요?"라고 기도했다. 하나님은 그녀의 두 아들을 통해 서로 원수가 되어 싸울 두 민족이 형성될 것이라고 말씀하셨다. 그러나 그 가운데 하나님의 축복을 받게 될 아들은 하나뿐이었다. 어느 아들이었을까? 그는 바로 나중에 태어날 동생이었다. 하나님이 가인이 아닌 아벨을, 이스마엘이 아닌 이삭을 선택하신 것처럼, 축복을 받을 가능성이 덜한 아들에게 그분의 은혜를 베푸셨다. 이삭은 에서를 선택하려 했겠지만, 하나님은 "아니다. 야곱이 축복의 아들이 될 것이다. 네가 아닌 내가 선택한다."라고 말씀하셨다. 이삭은 하나님이 원하는 대로 은혜를 베풀 수도 있고, 거두실 수도 있다는 것을 깨달아야 할 필요가 있었다(롬 9:10-12).

1) 하나님은 리브가의 불임을 통해 이삭에게 어떤 교훈을 가르치셨는가?
— 이삭이 하나님의 약속을 이룰 능력이 없다는 것을 가르치셨다. 하나님은 아브라함의 도움이 필요하지 않았던 것처럼 이삭의 도움도 필요하지 않으셨다. 그분은 오직 자신의 능력과 은혜로 이삭의 후손을 통해 약속된 구원자를 보내실 계획이었다.
2) 이삭은 리브가의 불임을 통해 하나님이 가르치신 교훈을 깨달

창세기 가정예배

왔는가?

── 그렇다. 그는 큰 믿음을 보여주었고, 오랫동안 인내하며 하나님께 기도했다. 사라가 자녀를 낳지 못하자 아브라함은 하갈을 아내로 맞이해 자기 힘으로 문제를 해결하려고 했지만, 이삭은 그렇게 하지 않고, 오직 하나님만이 약속을 이루실 수 있다고 믿고, 그분을 의지했다.

3) 하나님이 어린 자를 택해 축복을 베풀고자 하셨던 이유는 무엇인가?

── 그 이유는 하나님이 만사를 주관하신다는 것을 분명하게 보여주기 위해서였다. 장자가 축복을 받는 것이 일반적인 관례였다. 그러나 하나님은 위대한 구원 계획을 이루기 위해 자신이 원하는 사람을 자유롭게 선택할 수 있다는 것을 보여주셨다.

기도

자녀들이 능력과 은혜를 주권적으로 베푸시는 하나님을 경배하고, 의지할 수 있게 해달라고 기도하라.

장자의 명분을 경시한 에서

복습

1) 이삭은 아내가 아이를 낳지 못하자 어떻게 했는가?

   —— 그는 하나님께 약속을 이루어달라고 기도했다.

2) 하나님은 이삭과 리브가의 두 아들에게 어떤 이름을 지어주셨는가?

   —— 에서와 야곱

본문 읽기

창 25:29-34

1) 에서는 야곱에게 무엇을 요구했는가?

   —— 한 그릇의 죽. 에서는 들에서 온종일 일한 후에 배가 몹시 고픈 상태였다.

2) 야곱은 에서에게 무슨 맹세를 요구했는가?

   —— 죽을 줄 테니 장자의 명분을 포기하라고 요구했다. 장자의 명분은 맏아들에게 주어졌지만 다른 사람에게 팔 수 있었다. 야곱은 에서에게 장자의 명분을 자기에게 팔라고 요구했다.

3) 에서는 어떻게 했는가?

— 그는 야곱에게 장자의 명분을 팔겠다고 맹세했다. 에서는 하나님의 약속보다 한 그릇의 죽을 더 원했다.

해설

> **핵심 내용:** 이삭의 아들들은 형편없는 죄인들이었지만, 하나님의 구원 계획은 그들을 통해 계속될 예정이었다.

여느 때와 다름없는 날이었다. 에서는 자기가 가장 좋아하는 일(사냥)을 했고, 야곱도 자기가 가장 좋아하는 일(집에서 요리하는 일)을 하고 있었다. 그런데 그렇게 평범했던 날에 역사를 바꾸어놓을 사건이 일어났다.

가족들의 장막으로 돌아온 에서는 동생이 만든 맛있는 팥죽 냄새를 맡았다. 그의 뱃속에서 요란한 소리가 났다. 배가 몹시 고팠던 그는 죽 한 그릇을 먹을 수 있다면 무엇이라도 내줄 생각이었다. 야곱은 마땅히 의자를 가져다 놓고 형을 불러 앉히고 나서 따뜻한 죽을 대접해야 했다. 그러나 그는 에서와 거래를 했다. 그는 "내게 장자의 명분을 주면 죽 한 그릇을 줄게."라고 말했다. 에서는 맏아들이기 때문에 장자의 명분은 자연히 그의 것이었다. 이것은 그의 아버지가 죽었을 때 에서가 가정의 영적 지도자가 되어 기업의 가장 큰 몫을 차지하고, 하나님의 약속을 이룰 후손이 될 것이라는 의미였다. 장자의 명분은 참으로 대단한 것이었다. 그러나 에서는 장자의 명분보다 한 그릇의 죽을 더 중요하게 생각했다. 그는 일시적인 만족을 위해 영적 축복을 포기했다.

참으로 애처로운 장면이 아닐 수 없었다. 그것이 하나님이 온 세상을 축복하기 위해 선택한 가정의 모습이었다. 에서는 하나님의 축복을 멸시했고, 야곱은 그것을 얻기 위해 속임수를 썼다. 야곱과 에서도 그들의 아버지와 할아버지처럼 형편없는 죄인들에 지나지 않았다. 그러나 하나님은 그들의 죄에도 불구하고 구원의 목적을 이루고 계셨다. 아브라함에게 약속된 구원자가 에서가 아닌 야곱의 혈통에서 태어날 예정이었다. 형이 동생을 섬기게 될 것이었다. 하나님의 계획은 그들의 죄에도 불구하고 확실하게 이루어질 것이었다.

1) 야곱과 에서는 어떤 죄를 지었는가?

—— 야곱은 에서를 속였다. 그는 형을 대접하지 않고 오히려 이용했다. 야곱은 이기적이었다. 그러나 에서는 장자의 명분을 경시했다. 그는 하나님의 축복을 소중히 여기지 않고, 한 그릇의 죽과 맞바꾸었다(히 12:16-17). 에서는 세속적인 사람이었다. 우리도 조심하지 않으면 하나님이 복음을 통해 우리에게 제공하신 축복보다 세상의 것을 더 귀하게 여기는 죄를 저지를 수 있다.

2) 하나님은 야곱과 에서의 죄에도 불구하고 자신의 목적을 어떻게 이루고 계셨는가?

—— 하나님은 이삭에게 에서가 야곱을 섬길 것이라고 말씀하셨다(창 25:23). 장자의 축복은 자연히 에서에게 주어졌지만, 하나님은 그것을 야곱에게 주기로 결정하셨다. 야곱의 속임수와 에서의 어리석은 결정에도 불구하고 하나님의 계획은 계속 진행 중이었다. 장자의 명분과 축복이 동생인 야곱에게 주어졌다. 야곱의 후손 가운데서 예수님이 태어나실 예정이었다.

3) 예수님은 야곱과 에서와 어떻게 다르신가?

—— 예수님은 죄가 없으시다. 그분은 야곱처럼 사람들을 이기적으로 이용하려고 하지 않고, 오히려 그들이 하나님의 축복을 누리도록 자기 목숨을 내어 주셨으며, 에서처럼 하나님의 약속을 경시하지 않고 그것을 얻기 위해 모든 것을 포기하셨다.

기도

가족들이 에서와 달리 복음의 영원한 축복을 세상의 일시적인 즐거움보다 더 소중하게 여기게 해달라고 기도하라.

68 그 아버지에, 그 아들

복습

1) 장자의 명분은 누구에게 자연히 주어졌는가?

   — 자연적으로는, 장자의 명분은 맏아들에게 주어져야 했다. 이삭의 가정에서 맏아들은 에서였다.

2) 에서는 장자의 명분을 무엇과 바꾸었는가?

   — 야곱이 만든 죽 한 그릇. 그는 하나님의 축복을 한 그릇의 음식과 바꾸었다.

본문 읽기

창 26:1-13

1) 하나님은 기근이 발생하자 이삭에게 어디로 가지 말라고 말씀하셨는가?

   — 하나님은 이삭에게 애굽으로 가지 말라고 말씀하셨다. 그의 아버지였던 아브라함은 기근이 발생하자 애굽으로 내려갔다(창 12:10). 하나님은 이삭이 똑같은 유혹(약속의 땅을 떠나는 것)을 느낄 것을 아셨다.

2) 하나님은 이삭을 위해 가나안에서 어떤 일을 하겠다고 약속하

창세기 가정예배

셨는가?

— 하나님은 아브라함에게 약속했던 것처럼(창 12:2, 7) 이삭을 통해 큰 민족을 이루어 그들에게 가나안 땅을 주고, 그들을 통해 온 세상을 축복하겠다고 약속하셨다.

3) 이삭은 왜 리브가가 자신의 아내가 아니라고 말했는가?

— 그 이유는 그곳의 사람들이 자기를 죽이고 리브가를 데려 갈까 봐 두려웠기 때문이다. 아브라함도 그런 두려움을 느끼고 거짓말을 했다(창 12:11-20, 20:1, 2).

해설 📖

> **핵심 내용:** 하나님은 아브라함에게 했던 것처럼 죄인인 이삭에게도 은혜를 베풀기로 작정하셨다.

이삭의 아들 에서와 야곱은 장자의 명분(창 25:29-34)과 축복(창 27:1-29)을 쟁취하기 위해 서로 싸웠다. 창세기는 이 두 형제의 싸움을 다루다가 다시 그들의 아버지인 이삭의 삶을 언급했다. 장자의 명분과 축복을 다루는 내용이 전개되다가 자신의 아버지인 아브라함과 놀라울 정도로 꼭 닮은 이삭의 모습이 생생하게 묘사되었다. '그 아버지에, 그 아들'이라는 격언이 여기에 딱 들어맞는다. 이삭도 자기 아버지처럼 기근을 겪었다. 그는 자기 아버지처럼 애굽으로 피하고 싶은 유혹에 직면했다. 그는 자기 아버지처럼 아내의 신분을 거짓으로 말했고, 하나님의 언약의 약속을 받았다. 여기에서 하나님이 말씀하시려는 요점은 무엇일까? 그분의 요점은 이삭의 아들들이 다 투었던 장자의 명분과 축복이 아브라함과 맺은 언약의 결과물이라는 것을 깨우쳐주는 것이었다. 죄인인 아브라함에게 주어졌던 축복이 죄인인 이삭에게 전달되었다. 하나님의 언약은 아브라함만이 아니라 대대로 계속 이어져 나갈 예정이었다.

아브라함을 통해 거듭 확인할 수 있는 대로, 하나님이 자기 백성을 축복하시는 이유는 그들이 의롭기 때문이 아니다. 이삭은 온 마음으로 하나님을 신뢰하지 않고 의심하며 두려워했다. 그는 진실이 아닌 거짓을 말했고, 다른 민족들에게 축복을 전하기는커녕 죄를 짓게 할 빌미를 제공했다. 그러나 하나님은 이삭과 새로 언약을 맺고, 그를 통해 위대한 민족을 만들어 큰 축복이 되게 하겠다고 약속하셨다. 그분은 이삭에게 은혜를 베풀었을 뿐 아니라 이삭의 후손들에게 대대로 은혜를 베풀 계획이셨다. 진실로 하나님은 은혜의 하나님이시다.

1) 이삭은 아브라함과 어떻게 닮았는가?
   — 그도 아브라함처럼 가나안 땅에서 기근을 경험했고, 애굽으로 피하려는 유혹을 느꼈으며, 주변의 불경한 민족들이 두려워 아내의 신분을 속였고, 하나님의 은혜로운 약속을 받았다.
2) 이삭과 아브라함의 연관성이 창세기에 언급된 이유는 무엇인가?

── 하나님의 은혜로운 언약은 아브라함만이 아니라 그의 후손들을 통해 계속 이어져 나간다는 것을 가르치기 위해서다. 이것은 오늘날에도 마찬가지다. 하나님은 세대를 거듭하며 대대로 은혜를 베푸신다.

3) 아브라함과 이삭에게 주어진 약속은 누구를 통해 궁극적으로 성취될 예정이었는가?

　　── 예수 그리스도. 하나님의 은혜가 대대로 이어져 나가다가 마침내 때가 차자 아브라함의 후손 가운데서 예수님이 태어나셨다. 그분을 통해 하나님의 은혜가 이스라엘을 넘어서 온 세상에 주어졌다.

기도

은혜를 천대까지 베푸시는 하나님을 찬양하고, 자녀들과 손자들과 증손자들이 그리스도 안에 나타난 하나님의 구원 은혜를 알게 해달라고 기도하라.

69   속임수를 써서 축복을 받은 야곱

복습

1) 하나님의 언약은 아브라함에게만 주어졌는가?

— 그렇지 않다. 하나님은 아브라함의 후손들 모두와 언약하셨다. 그분은 이삭에게 자신의 약속을 확증하셨다.

2) 이삭의 아들 가운데 누가 축복을 받았는가?

— 야곱이 형 에서를 속여 장자의 명분을 빼앗았다. 하나님은 야곱을 통해 자신의 약속을 계속 이루어 나갈 예정이셨다.

본문 읽기

창 27:1-10, 18-19, 27-29

1) 이삭은 에서에게 어떻게 하라고 말했는가?

— 자기를 위해 음식을 준비해 죽기 전에 축복할 수 있게 하라고 말했다. 아버지의 축복은 대개 맏아들을 위한 것이었다. 이삭은 그 축복을 에서에게 베풀 생각이었다.

2) 야곱은 이삭에게 자기가 누구라고 말했는가?

— 그는 자기가 에서라고 말했다. 야곱은 에서인 척 흉내 내 축복을 가로채려고 아버지를 속였다. 이삭은 시력이 좋지 않았기

때문에 그가 야곱이라는 것을 알지 못했다.

3) 이삭이 야곱에게 베푼 축복의 내용은 무엇이었는가?
—— 부유하고 강력한 자가 되고, 형제의 섬김을 받고, 온 세상이
그를 통해 축복을 받을 것이라는 내용이었다.

해설 ···

> **핵심 내용:** 하나님의 축복이 불의한 야곱에게 주어질 수 있었던 이유는 의
> 로우신 예수님이 하나님의 저주를 담당하실 것이었기 때문이다.

이삭은 나이 들어 늙었다. 그의 시력은 좋지 못했고, 육체는 기력이
쇠했다. 그는 하나님이 곧 자기를 하늘로 부르실 것을 알았다. 아브
라함에게 주어진 축복이 그에게 전달되었다(창 26:24). 그는 죽기 전
에 그 축복을 두 아들 중 한 아들에게 전달하기를 원했다. 하나님은
에서가 아닌 야곱에게 축복이 주어질 것이라고 말씀하셨다. 큰 자
가 어린 자를 섬길 것이었다(창 25:23). 그러나 에서는 맏아들을 사랑
했다. 그는 에서가 축복받기를 원했다.

　당시에 아버지가 아들을 축복할 때는 공식적인 의식이 필요했다.
온 가족이 함께 모여 축복의 말을 들어야 했다. 그러나 이삭은 자기
가 좋아하는 아들을 은밀하게 축복할 계획을 세웠다. 그러나 그의
비밀은 그리 오래가지 못했다. 리브가가 그 말을 엿듣고 즉시 행동
을 취했다. 그녀는 야곱의 부드러운 피부에 동물 가죽을 씌우고, 에

서의 옷을 꺼내서 입히고, 이삭이 좋아하는 음식을 그의 손에 들려 보냈다. 이삭은 속아 넘어갔고, 아브라함의 축복을 야곱에게 전달했다. 이제 야곱이 축복을 받고, 다시 그를 통해 온 세상이 축복을 받게 될 것이었다.

남의 것을 빼앗고, 거짓말을 한 야곱은 하나님의 심판을 받아야 마땅했다. 그는 우리와 같은 이기적인 죄인이었다. 그러나 하나님은 그를 축복하셨다. 어떻게 그런 일이 가능했을까? 그 이유는 야곱의 후손 가운데서 심판을 감당할 구원자가 나올 것이기 때문이었다(갈 3:13). 예수님은 하나님의 영원한 아들로서 아버지의 풍성한 축복을 누리셨지만, 야곱처럼 거짓말로 남의 것을 빼앗는 죄인들이 축복을 받을 수 있도록 그것을 기꺼이 포기하고 죄의 저주를 짊어지셨다.

1) 본문에 따르면, 누가 죄인이었는가?

    —— 등장인물 모두가 죄인이었다. 이삭은 야곱을 축복하려는 하나님의 뜻을 거역함으로써 죄를 지었고, 에서는 아버지의 계획에 동조함으로써 죄를 지었으며, 리브가는 남편을 이용함으로써 죄를 지었고, 야곱은 아버지를 속임으로써 죄를 지었다. 무죄한 사람은 아무도 없었다. 하나님이 온 세상을 축복하기 위해 선택하신 가족들이 모두 죄인이었다.

2) 하나님이 이삭과 야곱과 같은 죄인들을 축복하실 수 있었던 이유는 무엇인가?

    —— 이삭과 야곱은 하나님의 저주와 진노를 받아야 마땅했다.

창세기 가정예배

하나님이 그들을 축복하실 수 있었던 이유는 그분의 아들이 그들이 받아야 할 진노를 대신 받으실 것이었기 때문이다. 예수님은 하나님의 아들이지만, 자기 백성을 위해 하나님의 저주를 대신 짊어지고 십자가에서 죄인이 되셨다(고후 5:21). 우리가 축복을 받을 수 있는 이유는 그분이 저주를 받으셨기 때문이다.

3)   하나님의 축복이 그토록 중요한 이유는 무엇인가?

——— 축복받은 사람들은 하나님을 자신의 하나님으로 섬길 수 있을 뿐 아니라 그리스도 안에서 주어진 구원의 약속을 모두 받게 되기 때문이다. 하나님의 축복을 받으면 참된 생명과 기쁨과 평화를 누릴 수 있다.

기도

죄인들을 대신해 하나님의 저주를 감당하신 복되신 예수님을 믿는 믿음을 자녀들에게 주시길 기도하라.

복습

1) 이삭은 결국 어느 아들을 축복했는가?

— 그는 속임수에 넘어가 에서 대신 야곱을 축복했다.

2) 이삭은 어떻게 속았는가?

— 야곱은 자기가 에서인 척 아버지를 속였다. 그는 에서의 옷을 입고, 동물 가죽으로 피부를 덮었다.

본문 읽기

창 28:10-17, 48:3

1) 야곱은 꿈속에서 무엇을 보았는가?

— 땅에서 하늘까지 닿아 있는 사닥다리. 천사들이 그 위를 오르락내리락했고, 그 꼭대기에는 하나님이 계셨다.

2) 하나님은 꿈속에서 야곱에게 무엇을 약속하셨는가?

— 하나님은 야곱에게 아브라함과 이삭에게 했던 약속과 똑같은 약속을 하셨다. 그분은 야곱의 하나님이 될 것이고, 그를 큰 민족으로 만들어 가나안 땅을 주겠다고 말씀하셨다.

3) 야곱은 생애 말년에 이 꿈을 회상하며 어떻게 말했는가?

── 그는 자기 아들에게 하나님이 자기를 축복하셨다고 말했다. 그는 자기 아버지 이삭으로부터 축복을 받았고, 하나님도 친히 야곱을 축복하겠다고 말씀하셨다.

해설

> **핵심 내용:** 야곱은 자신의 계획이 아닌 하나님의 은혜를 통해 축복을 받았다.

야곱은 자신의 삶을 엉망으로 만들었다. 그는 아버지를 속였고, 형에게서 장자의 명분과 축복을 빼앗았다. 에서는 그를 죽이려고 했다. 그는 야곱을 쉽게 죽여 없앨 수 있었다. 따라서 야곱은 광야로 도망쳤다.

기진맥진해진 야곱은 날이 어두워지자 돌베개를 베고 잠이 들었다. 그는 놀라운 꿈을 꾸었다. 그는 꿈에서 큰 사닥다리를 보았다. 그것은 하늘에 닿을 만큼 컸고, 천사들이 그 위를 오르락내리락했으며, 맨 꼭대기에는 하나님이 계셨다. 그의 꿈은 어떤 의미를 지녔을까? 야곱은 자신의 힘으로 하나님의 축복을 받으려고 애썼다. 그는 축복을 받기 위해 거짓말을 하고, 속임수를 쓰고, 남의 것을 빼앗았다. 야곱은 바벨탑을 세우려고 했던 사람들처럼 자신의 힘과 지혜로 하늘에 도달하려고 했다. 그 결과, 그는 비참한 신세가 되고 말았다. 그는 등에 진 옷 보따리 하나 외에는 아무것도 없는 채로 두려움에 사로잡혀 광야로 도망쳐야 했다. 야곱에게 필요했던 것은 하나님이 친히 땅과 하늘을 잇는 길을 열어주시는 것이었다. 하나님이 그를 축복하셔야 했다. 하나님은 정확히 그렇게 해주셨다.

이 꿈은 종종 '야곱의 사닥다리'로 일컬어진다. 그러나 이 명칭은 이 꿈을 이해하는 데 그다지 큰 도움이 되지 않는다. 사실 이것은 하나님의 사닥다리였다. 오직 하나님만이 야곱에게 구원과 축복에 이르는 길을 열어주실 수 있었다. 땅과 하늘을 이어줄 수 있는 분은 오직 하나님뿐이었다. 속임수를 쓴 야곱은 오직 은혜를 통해서만 하나님의 축복을 누릴 수 있었다.

1) 야곱의 꿈속에 나타난 사닥다리의 맨 꼭대기에는 누가 있었는가?

—— 하나님. 하나님의 축복에는 가나안 땅을 비롯해 많은 것이 포함되어 있었지만, 야곱에게 주어진 가장 큰 축복은 하나님 자신이었다. 사닥다리는 하나님을 나의 하나님으로 모실 수 있는 길이 죄인인 야곱에게 주어졌다는 것을 보여준다.

2) 이 꿈을 '야곱의 사닥다리'로 일컫는 것이 유익하지 않은 이유는 무엇인가?

—— 사닥다리는 만든 자가 야곱이 아니기 때문이다. 야곱은 그렇게 하려고 애썼지만, 그의 시도는 그의 삶을 엉망으로 만들었을 뿐이다. 이 사닥다리는 하나님이 친히 놓으신 것이었다. 죄인이 천국에 갈 수 있는 유일한 길은 오직 하나님의 값없는 은혜뿐이다.

창세기 가정예배

3) 요한복음 1장 51절을 읽어보라. 야곱의 꿈속에 나타난 사닥다리를 통해 무엇을 배울 수 있는가?

— 사닥다리는 예수 그리스도를 가리킨다. 그분은 땅과 하늘을 잇는 사닥다리이시다. 우리는 하나님께 갈 수 있는 길을 만들 수 없다. 우리의 공로로는 하나님의 구원을 얻을 수 없다. 우리는 오직 예수님을 통해서만 야곱이 받았던 축복을 받을 수 있다.

기도

자녀들이 자신의 힘으로 하나님의 축복을 받으려는 노력을 중단하고, 땅과 하늘을 잇는 위대한 사닥다리이신 예수님을 붙잡게 해달라고 기도하라.

복습

1) 야곱은 꿈속에서 무엇을 보았는가?

— 하늘에 닿는 사닥다리.

2) 하나님은 그 환상을 통해 야곱에게 무엇을 가르치셨는가?

— 죄악된 야곱이 축복을 받을 수 있는 길을 하나님이 만드셨다는 것을 가르치셨다.

본문 읽기

창 29:13-23, 25-28

1) 야곱은 누구의 집에 도착했는가?

— 외삼촌 라반의 집. 야곱은 20년 동안 라반과 함께 살아야 했다.

2) 야곱은 일에 대한 보수로 라반에게 무엇을 요구했는가?

— 라반의 작은딸 라헬을 아내로 달라고 요구했다. 라반은 야곱이 7년 동안 목자의 일을 열심히 하면 작은딸을 주겠다고 약속했다.

3) 결혼식 날이 이르자 라반은 누구를 야곱의 아내로 주었는가?

―― 큰딸 레아. 라반은 야곱을 더 부려먹으려고 그를 속였다. 야곱이 라헬을 원한다면 또다시 7년을 라반을 위해 일해야 했다.

해설

> **핵심 내용:** 하나님은 광야에서 야곱의 죄를 깨우쳐줌으로써 그에게 겸손을 가르치셨다.

벧엘에서 꾼 꿈을 통해 힘을 얻은 야곱은 아내를 구하기 위해 외삼촌 라반의 집을 향해 여행을 계속했다. 그의 여행은 아브라함의 종이 이삭의 아내를 찾기 위해 떠났던 여행과 비슷했다(창 24장). 두 사람 모두 동쪽으로 여행하다가 우물가에 도착했고, 그곳에서 아름다운 여인을 만났으며, 친절한 대접을 받았다. 그러나 아브라함의 종은 기도했지만, 야곱이 기도했다는 내용은 본문 어디에서도 발견되지 않는다. 그는 여전히 자기 자신을 의지했다. 야곱은 겸손해져야 할 필요가 있었다. 그는 자신의 죄가 얼마나 큰지를 깨달아야 했고, 하나님의 은혜가 없으면 절망적인 상태에서 헤어나올 수 없다는 것을 알아야 했다.

야곱은 라반과 함께 지내는 동안, 그의 작은딸 라헬과 사랑에 빠졌다. 기회가 오자 그는 라반에게 라헬을 위해 7년 동안 일하겠다고 말했다. 야곱은 라헬을 몹시 사랑했기 때문에 7년을 마치 7일처럼 보냈다. 그러나 막상 결혼식 날이 이르자 야곱은 속고 말았다. 그는 라헬과 결혼하는 줄 알았지만, 한밤중의 어둠 때문에 라반이 자기에게 내준 신부가 라헬의 언니 레아라는 사실을 알지 못했다. 야곱은 자기가 했던 대로 당하고 말았다. 야곱이 눈이 나쁜 아버지를 속인 것처럼 라반은 밤중에 앞을 잘 분간할 수 없었던 야곱을 속였다. 이제 야곱이 사랑하는 여인을 아내로 맞이하려면 또다시 7년 동안 라반을 위해 일해야 했다.

하나님은 겸손의 학교에서 야곱을 훈련하셨다. 야곱은 믿었던 가족에게 속는 것이 어떤 것인지를 알아야 했다. 그는 자신의 속임수에 속아 넘어간 이삭과 에서의 심정을 직접 느껴봐야 했다. 그런 과정을 통해 그는 자신의 죄를 미워하는 법을 배워야 했다. 하나님은 야곱이 좀 더 진실한 마음으로 죄를 뉘우치기를 원하셨다. 그분은 야곱을 유익한 사람으로 만들기 위해 그런 고통스러운 세월을 통해 그를 겸손하게 낮추셨다.

1) 야곱은 아브라함의 종과 어떻게 달랐는가?

—— 야곱은 하나님께 기도하지 않았다. 그는 자기 자신의 힘을 의지했다. 우리도 본질상 야곱과 조금도 다르지 않다. 하나님이 우리를 겸손하게 만드셔야 할 필요가 있다.

2) 라반은 야곱을 어떻게 속였는가?

—— 그는 야곱에게 라헬 대신 큰딸 레아를 주어 아내로 삼게 했다. 당시는 한밤중이었고, 여인들은 천으로 얼굴을 가리고 있었기 때문에 야곱은 라반이 자기를 속이는 것을 알지 못했다. 속

임수에 능한 야곱이 속아 넘어갔다. 그는 오랫동안 위험하고, 어려운 목자 생활을 하면서 자신의 죄에 대한 대가를 톡톡히 치러야 했다.

3) 하나님은 라반의 속임수를 통해 야곱에게 무엇을 가르치셨는 가?

── 그의 죄가 얼마나 큰지를 깨우쳐주셨다. 야곱은 속이는 것이 얼마나 악하고 해로운 것인지를 깨닫고, 경건한 슬픔으로 그 죄를 깊이 뉘우쳐야 할 필요가 있었다. 우리도 하나님에게서 그와 똑같은 교훈을 배워야 할 필요가 있다.

기도

야곱이 광야에서 경험한 대로, 죄를 깨닫게 하는 하나님의 사역은 고통스러우면서도 은혜롭다. 가족들이 이런 하나님의 은혜를 알게 해달라고 기도하라.

한 민족의 탄생

복습

1) 라반은 야곱을 어떻게 속였는가?

── 라반은 야곱에게 라헬 대신 레아를 주어 아내로 삼게 했다.

2) 하나님은 그런 일을 통해 야곱에게 무엇을 가르치셨는가?

── 다른 사람을 속이는 것이 매우 악하다는 것을 가르치셨다. 하나님은 야곱이 자신의 죄를 깨닫기를 바라셨다.

본문 읽기

창 29:31-30:2, 22-24

1) 하나님은 야곱의 두 아내 가운데 누구에게 먼저 자녀를 허락하셨는가?

── 레아. 하나님은 레아가 사랑받지 못하는 것을 보고 그녀에게 먼저 자녀를 허락하셨다. 하지만 라헬은 자녀를 낳지 못했다.

2) 라헬은 레아에 대해 어떤 감정을 느꼈는가?

── 그녀는 자녀를 낳은 레아를 미워하며 시기했다. 이 두 자매는 경쟁심이 강했다. 레아는 라헬처럼 사랑받고 싶어 했고, 라

헬은 레아처럼 자녀를 낳고 싶어 했다.

3) 누가 라헬에게 자녀를 허락했는가?

—— 하나님. 하나님은 자녀를 허락함으로써 아브라함과 이삭과 야곱을 큰 민족으로 만들겠다는 약속을 지키셨다.

해설

> **핵심 내용:** 하나님은 가장 가능성이 없어 보이는 사람들을 선택해 자신의 약속을 이룸으로써 영광을 드러내신다.

우리가 한 가정을 선택해 큰 민족을 만든다면, 강하게 번성하는 가정을 선택할 것이 틀림없다. 그러나 아브라함의 아내 사라나 이삭의 아내 리브가는 자녀를 낳을 수가 없었다(창 11:30, 25:21). 야곱의 아내 라헬도 자녀를 낳지 못하기는 마찬가지였다. 친구가 내가 갖고 싶어 하는 장난감을 가지고 있다는 이유로 화를 내본 적이 있는가? 그것이 바로 라헬이 레아에게 느꼈던 감정이었다. 레아는 라헬이 원했던 아들을 계속 출산했다. 레아는 아들을 여럿 낳았지만 라헬은 아들을 전혀 낳지 못했다. 하나님은 야곱에게 그의 아버지와 할아버지에게 가르쳤던 것(곧 오직 하나님만이 야곱을 위대한 민족으로 만드실 수 있다는 것)을 가르치고 계셨다. 하나님은 때가 되자 라헬에게 은혜를 베풀어 요셉이라는 이름의 아들을 허락하셨다.

야곱의 아버지가 에서를 좋아했던 것처럼, 야곱은 요셉을 좋아했다. 그는 요셉의 혈통을 통해 구원자가 태어날 것으로 생각했다. 그러나 그의 생각은 틀렸다. 하나님은 또다시 우리의 기대와 다르게 역사하셨다. 메시아는 사랑스러운 라헬이 아닌 사랑스럽지 않은 레아의 혈통을 통해 태어날 예정이었다. 이스라엘의 제사장들은 모두 레아의 아들 레위의 후손들이었고, 이스라엘의 왕들은 모두 레아의 아들 유다의 후손들이었다. 더욱 중요한 것은 레아가 예수 그리스도의 조상이었다는 사실이다. 모세와 다윗과 예수님의 핏줄 안에 그녀의 피가 흐를 것이었다.

하나님은 가장 가능성이 없어 보이는 두 여인, 곧 임신 능력이 없는 라헬과 사랑스럽지 않은 레아를 이스라엘 민족을 형성할 수단으로 선택하셨다. 그분은 죄가 가득한 불완전한 가정을 온 세상에 구원을 베풀 통로로 삼으셨다. 하나님이 그렇게 하신 이유는 홀로 영광을 받으시기 위해서였다.

1) 하나님이 야곱의 가정을 위대한 민족을 만드는 수단으로 선택하신 것이 놀라운 이유는 무엇인가?
   —— 우리 같으면 자녀들을 많이 낳을 수 있고, 강력하고, 의롭게 사는 가정을 선택할 것이 틀림없다. 야곱의 가정은 전혀 그렇지가 못했다. 그가 가장 사랑했던 아내는 자녀를 낳을 수 없었고, 그는 외삼촌의 집에서 종살이를 했으며, 그의 집은 죄가 가득했다.

2) 하나님이 그렇게 문제가 많은 가정을 선택하신 이유는 무엇인

창세기 가정예배

가?

── 홀로 모든 영광을 받으시기 위해서였다(고전 1:26-31). 하나님은 연약한 자들을 선택해 자신의 능력을 드러내고, 가난한 자들을 선택해 자신의 부요하심을 나타내며, 죄 있는 자들을 선택해 자신의 긍휼을 보여주신다.

3) 예수 그리스도께서는 레아의 아들 가운데 누구의 혈통을 이어 받으셨는가?

── '찬양하다'라는 뜻을 가진 유다. 유다가 태어나자 레아는 하나님의 은혜를 찬양했다. 그런 반응은 매우 적합했다. 왜냐하면 하나님에 대한 찬양을 온 세상에 널리 퍼뜨릴 구원자가 유다의 혈통에서 태어나실 예정이었기 때문이다.

기도

뜻하지 않은 은혜를 베푸시는 하나님을 찬양하고, 자녀들이 자기 자신이 아닌 구원을 베푸시는 하나님에게만 영광을 돌리게 해달라고 기도하라.

복습

1) 라헬은 왜 레아를 시기했는가?

—— 자기는 아이를 낳지 못하는데 레아는 아들들을 낳았기 때문이다.

2) 하나님은 라헬의 불임을 해결해주셨는가?

—— 그렇다. 하나님은 그녀의 태를 열어 요셉이라는 이름의 아들을 허락하셨다.

본문 읽기

창 31:2-5, 11-16

1) 라반은 야곱을 좋게 생각했는가?

—— 그렇지 않다. 그는 하나님이 야곱에게 많은 재물의 복을 주시자 심기가 매우 불편했다. 라반은 야곱을 가난하게 만들어 자기에게 예속시키려고 속임수를 썼지만, 그의 계획은 뜻대로 되지 않았다.

2) 하나님은 야곱에게 어디로 가라고 명령하셨는가?

—— 하나님이 그에게 약속하신 가나안 땅으로 되돌아가라고 명

령하셨다. 야곱은 20년 동안 라반의 집에 머물렀다.

3) 라헬과 레아는 자기들의 아버지 라반에게서 벗어나는 것을 어떻게 생각했는가?

── 그들은 자기 아버지에게 불만이 많았기 때문에 그를 떠나는 것을 기쁘게 생각했다. 그들은 하나님이 어디로 인도하시든 야곱과 함께 가기를 원했다.

해설

> **핵심 내용**: 야곱이 광야에서 세월을 보냈던 이유는 하나님의 목적을 이루기 위해서였다. 그러나 이제는 그가 다시 가나안으로 돌아가야 할 때가 되었다.

하나님이 벧엘에서 야곱에게 나타나신 후로 20년이라는 긴 세월이 흘렀다. 야곱은 그곳에서 하늘까지 닿은 사닥다리를 보았고, 하나님의 은혜를 깨달았으며, 언젠가는 다시 가나안으로 돌아올 것이라는 약속의 말씀을 들었다(창 28:15). 야곱이 광야에서 사는 것이 필요했던 이유는 한동안 겸손을 배우기 위해서였다. 그러나 그는 평생을 그곳에 머물지 않아도 되었다. 머지않아 그가 고향으로 돌아갈 때가 올 것이었다.

야곱은 요셉이 태어난 후에 가나안으로 돌아가기를 원했지만 라반은 허락하지 않았다(창 30:25-28). 야곱은 정직하지 못한 외삼촌을 위해 6년을 더 일해야 했다. 그러나 마침내 그가 떠나야 할 때가 이르렀다. 야곱이 계속 라반의 집에 머무는 한 그에게 주어진 하나님의 약속이 성취될 수 없었다. 따라서 하나님은 야곱에게 나타나서 짐을 챙기고, 낙타에 안장을 올려 가나안 땅으로 돌아가라고 말씀하셨다. 야곱이 처음 라반에게 왔을 때는 등에 진 옷 보따리 하나가 전부였지만, 하나님의 축복으로 많은 가족과 많은 재산을 가지고 떠날 수 있게 되었다.

라반이 예상하지 못한 사이에 야곱은 가족들과 가축 떼를 데리고 도망쳤다. 그러나 그는 얼마 가지 못하고 성난 라반의 추적을 받는 상황에 직면했다. 다행히도 하나님이 그의 방패가 되어주셨다. 하나님은 라반에게 야곱을 해하지 말라고 말씀하셨고, 야곱을 부정직한 외삼촌의 손아귀에서 건져내셨다. 하나님은 라반을 이용해 야곱에게 겸손을 가르쳤고, 그를 부유하게 만드셨다. 그러나 이제 라반의 역할은 모두 끝났다. 하나님은 야곱을 그의 고향으로 부르셨다.

1) 야곱이 라반을 떠나 가나안으로 돌아가는 것이 그토록 중요했던 이유는 무엇인가?
   — 그 이유는 하나님의 약속 때문이었다. 하나님은 야곱에게 가나안 땅에서 큰 민족을 이루게 하겠다고 약속하셨다. 이 약속은 야곱의 열한 번째 아들이 태어난 후부터 성취되기 시작했지만, 그것이 온전히 성취되려면 그에 앞서 야곱이 라반의 집에서 벗어나 가나안에 정착하는 것이 필요했다.
2) 본문의 이야기는 광야 생활을 하던 이스라엘 백성에게 어떤 용

기를 주었을까?

—— 모세가 창세기를 기록할 무렵, 이스라엘 백성은 광야를 지나 가나안을 향해 가고 있었다. 그들은 하나님이 광야에서 야곱을 보호하고, 부유하게 하신 사실을 통해 하나님을 의지하면 그와 똑같은 축복을 받을 수 있을 것이라는 희망을 품었을 것이다. 그들은 또한 본문의 이야기를 통해 야곱처럼 약속의 땅으로 가라는 하나님의 부르심에 순종할 수 있는 마음가짐을 갖게 되었을 것이다.

3) 이 이야기는 오늘날의 그리스도인에게 어떤 용기를 주는가?

—— 이 이야기는 그리스도인들에게 약속에 충실하신 하나님을 상기시켜준다. 하나님은 그리스도 안에 있는 자들에게 가나안보다 훨씬 더 좋은 땅(천국)을 약속하셨다. 그러나 그리스도인들은 이 세상이라는 광야를 충실하게 거쳐야만 비로소 그곳에 들어갈 수 있다.

기도

가족들이 이 세상이라는 광야를 거치는 동안, 하나님께 순종하고, 그분을 신뢰할 수 있게 해달라고 기도하라.

74 하나님과의 씨름

복습

1) 하나님은 야곱이 20년 동안 그의 외삼촌을 섬기고 난 후에 그를 어디로 부르셨는가?

— 하나님은 야곱에게 가나안으로 돌아가라고 명령하셨다.

2) 야곱이 가나안으로 돌아가는 것이 그토록 중요했던 이유는 무엇인가?

— 그 이유는 하나님이 그에게 그 땅을 주어 그를 큰 민족으로 만들겠다고 약속하셨기 때문이다.

본문 읽기

창 32:22-31

1) 본문에 언급된 남자는 어떻게 야곱을 제압했는가?

— 야곱의 허벅지 관절을 쳐서 제압했다. 야곱이 다리를 절었던 이유는 이 씨름 때문이었다.

2) 야곱에게 주어진 새 이름은 무엇인가?

— '하나님과 겨루었다'를 뜻하는 이스라엘. 야곱은 하나님과 씨름했고, 그것을 통해 새롭게 변화되었다. 이것이 그에게 새

창세기 가정예배

이름이 주어진 이유였다.

3) 야곱이 그 장소를 브니엘로 일컬은 이유는 무엇인가?

—— 브니엘은 '하나님의 얼굴'이라는 뜻이다. 야곱이 그 장소를 그렇게 일컬은 이유는 하나님과 대면했기 때문이다. 야곱이 씨름했던 남자는 일반인이 아닌 하나님이었다.

해설 ┄┄

> **핵심 내용:** 하나님은 고민하는 야곱에게 나타나서 먼저 그를 정복하고 나서 그를 정복자로 만드셨다.

야곱은 하나님의 명령에 순종해 가나안을 향해 출발했다. 그러나 한 가지 문제가 있었다. 그것은 다름 아닌 야곱의 형 에서였다. 야곱이 20년 전에 집에서 도망쳤을 때 에서는 그를 죽이려고 했다. 에서가 야곱을 증오했던 이유는 그가 장자의 명분과 축복을 빼앗았기 때문이었다. 에서가 여전히 야곱을 죽이려고 한다면 어떻게 될까? 야곱은 에서가 400명이나 되는 사람들을 거느리고 자기를 만나러 온다는 소식을 듣고서 늑대 떼 앞에 있는 생쥐와 같은 심정을 느꼈다. 그러나 그는 도망치지 않고, 하나님께 자신의 두려움을 고했다. 야곱이 하나님께 기도하였다는 기록은 이것이 처음이었다(창 32:9-12).

에서가 서서히 다가올 무렵, 야곱은 한밤중에 홀로 있었다. 그러나 그는 결코 혼자가 아니었다. 하나님이 인간의 모습으로 그에게 나타나서 그와 씨름을 하셨다. 놀랍지 않은가? 야곱은 하나님께 자기를 구해달라고 기도했다. 그는 에서를 제압하기 위해 하나님의 도움을 구했다. 그러나 하나님은 야곱을 제압하셨다. 그분은 야곱의 허벅지 관절을 쳐서 그를 절룩거리게 만드셨다. 허벅지는 씨름꾼의 힘이 나오는 중심 부위였다. 허벅지 관절이 다치면 씨름꾼이 사용할 수 있는 최선의 방법은 상대방을 붙잡는 것이었다. 야곱은 정확히 그렇게 했다. 그는 주님을 붙잡고 놓아주지 않았다. 축복을 받기 위해 평생 다른 사람들을 속였던 사람이 진정한 축복을 베풀 수 있는 분을 악착같이 붙잡고 늘어졌다. 야곱은 씨름을 통해 변화되었다. 그는 더 이상 야곱(속이는 자)이 아닌 이스라엘(하나님과 겨룬 자)이 되었다. 야곱은 발을 절룩거렸다. 하나님이 그를 약하게 만드셨다. 그러나 그는 자기를 제압하신 하나님이 자기의 힘이요 구원자이시라는 사실을 알았다.

1) 야곱은 에서가 자기를 만나러 오고 있다는 소식을 듣고 어떻게 반응했는가?
   —— 그는 자신의 두려움을 하나님께 고하고 기도했다. 야곱은 하나님이 가나안에서 자기를 축복하겠다고 약속하신 것을 알고 있었고, 그분께 그 약속을 상기시켜 드렸다. 우리도 어려운 일이나 두려운 상황에 직면했을 때 그렇게 해야 한다.

2) 하나님은 야곱의 기도에 어떻게 반응하셨는가?

── 하나님은 야곱이 기대했던 방식대로 반응하지 않으셨다. 야곱은 에서를 제압하고 싶어 했지만, 하나님은 그가 먼저 제압되어야 할 필요가 있다고 생각하셨다. 하나님은 그와 씨름해 그를 제압함으로써 그에게 약속한 축복을 확증하셨다.

3) 이 이야기를 통해 우리가 배워야 할 중요한 교훈은 무엇인가?

── 하나님은 우리를 자신의 도구로 사용하기 전에 먼저 겸손하게 만드신다. 정복자가 되는 첫 단계는 정복당하는 것이다. 겸손은 위대함에 이르는 길이다. 야곱이 자기 자신을 의지하는 한, 결코 참된 축복을 누릴 수 없었다. 그는 자신의 능력을 포기하고, 하나님을 온전히 의지해야 할 필요가 있었다. 우리도 마찬가지다.

기도

자녀들이 하나님의 겸손하게 낮추시는 사역을 알게 해달라고, 곧 주님께 정복당하게 해달라고 기도하라.

75 두 형제의 재회

복습 ....

1) 누가 한밤중에 야곱과 씨름했는가?

 —— 인간의 모습으로 나타나신 하나님.

2) 하나님이 씨름을 마치고 나서 야곱에게 지어주신 새 이름은 무엇인가?

 —— '하나님과 겨루었다'를 뜻하는 이스라엘.

본문 읽기 ....

창 33:1-11

1) 야곱은 누가 다가오고 있는 것을 보았는가?

 —— 400명을 거느린 그의 형 에서. 야곱은 에서와 화해하려고 그에게 선물들을 보냈지만, 그가 과연 좋은 뜻으로 자기에게 오고 있는지 확실히 알 수 없었다.

2) 에서는 야곱을 보고 기뻐했는가?

 —— 그렇다. 그는 달려와서 울며 야곱을 껴안았다. 에서가 처음에 어떤 의도로 야곱을 만나러 나왔든 상관없이 하나님이 그의 마음속에서 역사해 동생을 사랑하는 마음을 갖게 하신 것이 분

명하다.

3) 에서는 야곱이 보낸 선물들을 받았는가?

—— 그렇다. 고대에는 흔히 그런 식으로 화해를 했다. 피해를 받
아 화가 난 사람이 선물들을 받아들이는 것은 분노가 가라앉았
다는 증거였다.

해설

> **핵심 내용:** 두 형제의 재회는 야곱의 믿음과 하나님의 신실하심을 보여준다.

하나님은 브니엘에서 야곱과 씨름하며 그의 다리를 절게 했고, 그
에게 새 이름을 주셨다. 야곱은 하나님 앞에서 겸손해졌고, 이제는
에서 앞에서도 자신을 겸손히 낮출 준비가 되어 있었다. 야곱은 과
거에는 형이 두려워 도망쳤지만, 에서가 많은 사람을 거느리고 다
가오자 먼저 앞서 나갔다. 야곱은 절뚝거리는 발로 많은 사람들과
마주했다. 그는 하나님의 약속을 믿었다. 전에는 부정직한 방법으
로 형의 장자권을 훔쳤지만, 이제는 얼굴을 땅에 대고 그 앞에 엎드
림으로써 참된 겸손을 보여주었다. 전에는 형의 축복을 빼앗았지만
이제는 그에게 축복을 가져다주었다. 야곱은 상황을 바로잡기를 원
했다. 그는 죄와 계속 싸워야 했지만(이것이 모세가 그를 종종 이스라엘이
아닌 야곱으로 일컬었던 이유다) 확실하게 변화되었다. 이기적인 사기꾼
이었던 야곱이 하나님의 은혜를 통해 하나님을 사랑하고 경외하는

사람으로 변화되었다.

더욱이 하나님은 겸손해진 야곱에게 약속을 지키셨다. 에서는 발을 절뚝이는 동생을 자기 마음대로 할 수 있었지만, 하나님이 그의 마음에 역사해 동정하게 하셨다. 에서는 야곱을 껴안았고, 그들은 함께 울었다. 20년 동안의 분노와 원한이 말끔히 사라지고, 두 형제가 재회했다. 하나님이 에서의 칼로부터 야곱을 보호하신 이유는 야곱의 혈통을 통해 하나님이 약속하신 구원이 이루어질 것이기 때문이었다. 야곱(이스라엘)의 후손들은 큰 땅에서 큰 민족이 되어 큰 축복을 받게 될 것이었다.

1) 야곱이 에서를 만나기 전에 하나님과 씨름을 해야 했던 이유는 무엇인가?

── 그는 겸손해질 필요가 있었다. 그때에야 비로소 하나님과 그분의 약속을 온전히 의지할 것이기 때문이다. 야곱은 두려움이 아닌 믿음으로 에서를 대면해야 했다. 그는 속임수가 아닌 정직한 태도로 에서 앞에 나가야 했다.

2) 본문의 이야기를 통해 드러난 야곱의 믿음은 어떠했는가?

── 참된 믿음은 항상 행동으로 나타나기 마련이다(약 2:17). 야곱의 행동은 그가 주님을 신뢰하고 있다는 것을 보여주었다. 그는 도망치거나 가족 뒤에 숨지 않고 형을 만나러 앞서 나갔다. 그는 교만하게 굴지 않고 겸손하게 땅에 엎드렸으며, 축복을 훔치지 않고 형에게 축복을 베풀었다.

3) 이 이야기는 약속에 충실하신 하나님을 어떻게 묘사하는가?
—— 하나님은 야곱을 보호함으로써 약속을 지키셨다. 에서가 야곱을 죽인다면 하나님의 약속도 이루어지지 않을 것이었다. 에서는 뱀의 후손이었지만 하나님은 야곱이 가나안에 돌아와 큰 민족을 이룰 수 있도록 그가 야곱을 해하는 죄를 저지르지 않게 지켜주셨다.

기도

하나님의 신실하심을 찬양하고, 하나님을 경외하는 믿음으로 하나님과 다른 사람들 앞에서 겸손할 수 있게 해달라고 기도하라.

76 새로운 시작

복습

1) 야곱은 에서를 보고 어떻게 했는가?

— 그는 에서에게 절함으로써 겸손함과 존경심을 표했다.

2) 에서는 야곱을 보고 어떻게 했는가?

— 그는 울며 야곱을 껴안았다. 하나님은 야곱의 기도에 응답해 에서의 분노를 없애주셨다.

본문 읽기

창 35:1-7

1) 하나님은 야곱에게 어디로 가라고 말씀하셨는가?

— 벧엘. 그곳은 하나님이 야곱에게 나타나서 하늘까지 닿은 사닥다리를 보여주신 장소였다.

2) 야곱은 출발하기 전에 가족들에게 무엇을 지시했는가?

— 우상들을 버리라고 지시했다. 그들이 벧엘에서 살아 계신 참 하나님을 만나기 전에 야곱은 우상들을 땅에 파묻었다.

3) 야곱은 벧엘에 도착해서 무엇을 했는가?

— 제단을 쌓고 하나님을 예배했다. 야곱의 가족들은 전에 우

상을 숭배하는 죄에 빠졌지만, 이제는 하나님을 경배하기로 새롭게 헌신했다.

> **핵심 내용:** 하나님은 때로 신자들이 죄를 짓는 것을 가만히 지켜보지만, 그들이 완전히 타락하도록 놔두지는 않으신다.

야곱은 변화되었지만 여전히 죄인이었다. 어떤 사람이 노 젓는 배를 타고 육지를 향해 가고 있다고 가정해 보자. 파도가 밀려와서 그를 바다 쪽으로 밀어내지만, 그가 노를 저을 때마다 배가 조금씩 육지와 가까워진다. 그러나 조류를 거슬러 노를 젓는 것은 매우 힘들기 때문에 그는 두어 시간 동안 누워 잠을 잤다. 그가 눈을 떴을 때 어떤 일이 벌어졌을까? 그가 처음 노를 젓기 시작했을 때보다 배가 육지에서 더 멀리 밀려나 있었다. 야곱은 새사람이 되어 가나안에 돌아왔지만, 유혹과 죄의 파도가 신속하게 그를 덮쳤다. 그는 영적으로 표류했다(창 34장 참조). 그의 가족들은 우상들을 섬기기 시작했고, 돌과 나무로 만든 형상을 믿음과 소망의 대상으로 삼았다. 그처럼 영적으로 표류하기는 참으로 쉽다. 잠깐 졸면 바다 깊은 곳으로 밀려간다.

야곱의 이야기는 우상 숭배의 바다에서 표류하는 것으로 끝날 수 있었지만, 하나님은 그들을 그런 상태로 놔두지 않으셨다. 그분은 야곱에게 나타나서 벧엘로 가라고 명령하셨다. 앞서 살펴본 대로, 벧엘은 거의 30년 전에 하나님이 야곱에게 나타나신 곳이었다. 야곱은 그곳에서 땅에서 하늘까지 닿은 사닥다리를 보았다. 그는 그곳에서 오직 하나님의 은혜를 통해서만 축복을 받을 수 있다는 사실을 깨달았다. 하나님은 자신의 영광을 드러내신 곳으로 다시 그를 부르셨다. 그분은 야곱에게 자기와의 언약을 새롭게 하라고 요구하셨다. 하나님의 은혜 덕분에 야곱은 그렇게 했다. 그는 집에 있는 우상들을 땅에 파묻고, 가족들을 정결하게 한 뒤에 제단을 쌓아 살아 계신 참 하나님을 예배하기 위해 벧엘을 향한 위험한 여행을 시작했다. 하나님은 때로 자기 백성이 자기에게서 멀어지는 것을 가만히 지켜보지만, 그들이 완전히 멀어지도록 놔두지는 않으신다. 하나님은 항상 자기가 시작한 착한 일을 충실하게 마무리하신다(빌 1:6).

1) 무엇이 야곱을 영적으로 표류하게 만들었는가?

—— 그의 부패한 본성과 그의 주위에 있는 민족들의 부패한 본성. 하나님은 야곱에게 안전과 부를 약속하셨다. 그러나 야곱은 주위에 있는 우상들에게서 그런 삶을 얻으려는 유혹에 빠져 죄를 짓고 말았다.

2) 하나님을 잊고, 영적으로 표류하기가 그토록 쉬운 이유는 무엇인가?

—— 그 이유는 가장 강한 그리스도인들도 야곱처럼 마음속에

창세기 가정예배

계속 죄를 품고 있는 상태로 가나안 땅처럼 우상 숭배가 가득한 세상에서 살아가고 있기 때문이다.

3) 오직 누구만이 우리를 죄와 유혹으로부터 구원할 수 있는가?
── 하나님. 하나님은 야곱을 다시 자기의 집(벧엘)으로 불러 거기서 제단을 쌓고, 그 위에 피의 제사를 드리게 하셨다. 이 제사는 야곱의 죄를 위해 죽을 구원자를 가리킨다. 우리에게도 하나님이 그리스도를 통해 우리를 자기에게로 이끄시는 은혜가 필요하다.

기도

가족들을 영적 표류로부터 구해달라고 기도하고, 자기 백성은 단 한 사람도 잃지 않으시는 하나님의 은혜를 높이 찬양하라.

약속의 땅에서의 장례

복습

1) 야곱의 가족들은 어떻게 영적으로 표류했는가?

—— 그들은 우상들을 숭배하고, 신뢰했다.

2) 하나님은 어떻게 그들을 그런 상태에서 구하셨는가?

—— 그들을 벧엘로 다시 불러 자기를 경배하게 하셨다.

본문 읽기

창 35:16-21, 27-29

1) 라헬은 둘째 아들을 낳다가 어떻게 되었는가?

—— 그녀는 심한 산통을 느끼며 아들을 낳은 뒤 세상을 뜨고 말았다.

2) 야곱은 라헬의 아들에게 어떤 이름을 지어주었는가?

—— 야곱은 그의 이름을 '오른손의 아들'을 뜻하는 베냐민으로 바꾸었다. 야곱이 자기 아들의 이름을 지어준 것은 이것이 유일했다.

3) 본문에 따르면, 누가 또 죽었는가?

—— 야곱과 에서의 아버지인 이삭. 이삭도 아브라함처럼 하나

님의 약속이 성취되는 것을 보지 못하고 죽었다.

> **핵심 내용:** 하나님의 축복은 고통이 없는 삶을 약속하지 않는다. 오히려 그분의 축복은 고난을 통해 주어질 때가 많다.

야곱이 약속의 땅에 돌아온 후에 여러 사람이 세상을 떠났다. 그가 벧엘에 왔을 때 리브가의 유모가 죽었다(창 35:8). 야곱은 그로 인해 슬펐지만, 그의 앞에는 그보다 훨씬 더 큰 슬픔이 기다리고 있었다. 벧엘을 떠난 뒤에 그가 가장 사랑했던 사람이 세상을 떠났다. 야곱이 몹시 사랑했던 라헬이 둘째 아들을 낳다가 결국 죽고 말았다. 라헬은 오랫동안 "내게 자녀를 주소서. 그렇지 않으면 죽을 거예요"라고 부르짖었는데, 결국은 자기가 구한 선물 때문에 죽었다. 야곱은 큰 고통을 느꼈을 것이다. 사랑하는 아내를 매장하면서 그의 눈에서 눈물이 비 오듯 흘러내렸을 것이 틀림없다. 불과 며칠 만에 약속의 땅에서 장례를 두 차례나 치러야 했다. 그러나 그것이 끝이 아니었다. 얼마 지나지 않아서 야곱의 아버지 이삭이 숨을 거두었다. 슬픔이 연속해서 야곱을 엄습했다. 어디를 보나 죽음뿐인 것 같았다.

하나님의 축복을 받는다는 것이 곧 안락한 삶을 보장하는 것은 아니라는 점을 이해해야 할 필요가 있다. 야곱은 신자였다. 그는 하나님의 은혜 덕분에 주님을 경외하는 사람이 되었다. 그는 참 하나님을 숭배했고, 그분의 축복을 누렸다. 그러나 하나님의 축복은 고통과 슬픔을 막아주지 않았고, 죽음으로부터 그를 보호해주지도 않았다. 오히려 하나님은 그런 시련과 슬픔을 야곱을 변화시키고, 자신의 약속을 지키는 수단으로 삼으셨다. 라헬은 죽었지만 야곱은 열두 번째 아들을 얻었다. 하나님이 야곱에게 약속하신 큰 민족이 슬픔을 통해 형성되었다. 그의 열두 아들은 이스라엘의 열두 지파, 곧 온 세상에 축복을 가져다줄 위대한 민족이 될 예정이었다. 그러나 앞으로 알게 될 테지만, 하나님이 그런 놀라운 역사를 일으키시기까지는 죄와 고난의 용광로를 거치는 과정이 필요했다.

1) 하나님의 약속은 야곱의 슬픔을 통해 어떻게 이루어졌는가?
   —— 하나님은 라헬의 죽음을 통해 그에게 열두 번째 아들을 허락하셨다. 큰 민족을 이룰 위대한 자손을 허락하신 하나님의 축복은 고통이나 죽음과 무관하게 주어지지 않았다.

2) 하나님은 그리스도인들에게 고통과 슬픔이 없는 삶을 약속하시는가?
   —— 확실히 그러하지만, 지금은 아니다. 하나님은 언젠가는 죄와 슬픔을 모두 없앨 테지만, 현세에서는 그렇게 하지 않으신다. 그분은 야곱에게 하셨던 것처럼, 고통의 와중에서도 자기 백성과 함께하면서 그것을 통해 그들을 위한 목적을 이루어 나갈 것이라고 약속하신다.

3) 우리는 죽음 앞에서 무엇을 통해 소망을 가질 수 있는가?

창세기 가정예배

── 예수 그리스도를 통해 소망을 가질 수 있다. 예수님이 죽은 자 가운데서 살아나셨기 때문에 우리는 죽은 뒤에 하나님과 함께 사는 삶을 소망할 수 있다. 예수님을 믿고 따르는 사람들은 영생을 얻는다(요 3:36).

기도

자녀들이 시련과 유혹을 통해 자기 백성을 축복하는 지혜로우신 하나님을 알게 해달라고 기도하라.

형제들 가운데서
왕자처럼 대우받은 요셉

복습

1) 하나님은 야곱에게 몇 명의 아들을 허락하셨는가?

── 열두 명. 그들은 이스라엘의 열두 지파가 될 것이었다.

2) 야곱이 라헬을 통해 얻은 두 아들의 이름은 무엇인가?

── 요셉과 베냐민

본문 읽기

창 37:1-11

1) 야곱이 가장 사랑하는 아들은 누구였는가?

── 요셉. 야곱은 요셉을 특별히 사랑한다는 것을 보여주기 위해 채색옷을 지어 입혔다.

2) 요셉은 무슨 꿈을 꾸었는가?

── 가족들이 자기에게 절을 하는 꿈을 꾸었다. 그는 이 꿈을 혼자서만 알고 있는 것이 좋았을 테지만, 가족들에게 솔직하게 말하고 말았다.

3) 요셉의 형제들은 그의 꿈 이야기에 어떻게 반응했는가?

── 그들은 요셉을 시기했다. 요셉은 아버지의 사랑을 가장 많

이 받았을 뿐 아니라 장차 자기가 형제들을 다스리게 될 것이라고 주장한 셈이다.

해설

> **핵심 내용:** 하나님의 주권적인 통치는 야곱의 가족들이 저지른 죄를 다스려 그것을 통해 왕 같은 구원자가 일어나게 하였다.

야곱의 부모인 이삭과 리브가는 야곱과 에서가 함께 자랄 때 좋아하는 아들이 제각기 달랐다. 그렇다면 야곱은 그런 경험을 통해 아버지가 어떤 아들을 특별히 사랑하면 얼마나 많은 문제가 발생하는지를 깨달았을까? 아마도 그렇지 못했던 것 같다. 그에게도 특별히 사랑하는 아들이 있었다. 그는 바로 야곱이 사랑했던 아내 라헬이 낳은 첫 번째 아들이었다. 야곱은 요셉을 다른 자식들보다 더 많이 사랑한다는 것을 감추지 않았다. 그는 요셉에게 호사스러운 채색옷을 지어 입힘으로써 자신의 그런 감정을 모두 앞에 스스럼없이 드러냈다. 요셉과 그의 형제들은 목자였다. 그것은 지저분하고 냄새나는 일이었다. 야곱의 아들들, 곧 요셉을 제외한 나머지는 모두 평범한 옷을 입고 그 일을 했을 것이 틀림없다. 야곱은 요셉을 왕자처럼 여겨 가장 좋은 옷을 입혔다. 형제들은 요셉이 길게 흘러내린 옷을 입고 있는 모습을 볼 때마다 그가 아버지의 사랑을 독차지하고 있다는 것을 알았다.

설상가상으로 요셉은 두 가지 꿈을 꾸었다. 꿈의 의미는 둘 다 똑같았다. 그것은 요셉이 군주처럼 될 것이라는 의미였다. 요셉은 그런 꿈 이야기를 주저 없이 털어놓았다. 그는 가족들에게 "당신들 모두가 왕 앞에 있는 종처럼 내게 절할 것이요."라고 암시했다. 요셉의 형제들은 도저히 참기가 어려웠다. 그들은 가인이 아벨을 증오했던 것처럼 요셉을 증오했다. 그들의 마음에는 요셉을 향한 증오심이 가득했다. 그들은 그가 죽기를 바랐다.

그러나 편애와 교만과 시기심으로 엉망진창이 된 이 가정을 하나님이 통제하고 계셨다. 본문에서 하나님이 단 한 번도 언급되지 않았지만, 그분이 배후에서 역사하시는 것이 분명했다. 요셉에게 왕복을 입히고, 왕이 되는 꿈을 허락하신 분은 바로 하나님이셨다. 하나님은 장차 요셉을 가장 큰 영예와 권위를 지닌 자리에 올려놓을 것이라는 자신의 뜻을 분명하게 드러내셨다. 이것은 자녀를 편애하는 아버지의 이야기가 아니라 죄 많은 가정을 통해 왕 같은 구원자를 따로 구별해 세우시는 하나님의 이야기다. 요셉은 하나님의 백성을 구하는 구원자로 세우심을 받을 것이고, 그의 형제들은 그의 발 앞에 엎드려 절할 것이었다. 그런 일이 일어나기 전에 하나님은 먼저 요셉을 겸손하게 낮추는 것이 필요하셨다.

1) 요셉의 형제들은 왜 그를 미워했는가?
  ── 아버지가 그를 가장 사랑했고, 왕자의 옷을 지어 입혔기 때문이다. 게다가 요셉은 자신이 장차 형제들을 다스리는 군주가

창세기 가정예배

될 것이라는 의미가 담긴 꿈을 꾸었다. 형제들은 그를 시기했고, 시기심은 곧 증오심으로 발전했다.

2) 하나님은 본문의 이야기 속에서 어떤 일을 하고 계셨는가?

── 그분은 적극적으로 자신의 목적을 이루어 나가셨다. 하나님은 야곱의 편애, 요셉의 교만, 형제들의 증오심을 이용해 요셉이 꿈이 실현되도록 이끄셨다. 요셉은 장차 하나님의 백성을 구하는 왕 같은 구원자가 될 예정이었다.

3) 하나님이 사람들의 죄를 이용해 자신의 목적을 이루신다면, 그분도 죄를 짓는 것일까?

── 그렇지 않다. 하나님은 완전하고, 거룩하시다. 그분은 죄를 짓지 않으신다. 하나님은 죄를 다스리고, 그것을 이용해 자신의 뜻을 이루지만 죄를 짓는 일도 없고, 죄에 대한 책임도 없으시다.

기도

죄인들을 이용해 구원의 계획을 이루시는 하나님을 찬양하고, 가족들이 하나님의 목적을 이루는 수단으로 사용되게 해달라고 기도하라.

복습

1) 야곱이 사랑했던 아들은 누구였는가?

　── 요셉. 야곱은 요셉에게 채색옷을 지어 입혀 그런 마음을 적나라하게 드러냈다.

2) 하나님은 꿈을 통해 요셉에게 무엇을 계시하셨는가?

　── 하나님은 그가 가족들을 다스리는 위대한 지도자가 될 것을 알려주셨다.

본문 읽기

창 37:12-14, 23-28

1) 야곱은 요셉을 어디로 보냈는가?

　── 세겜 근처에서 양 떼를 돌보던 그의 형제들에게 보냈다.

2) 요셉의 형제들은 그가 오자 어떻게 했는가?

　── 그들은 그의 채색옷을 벗기고, 그를 깊은 구덩이에 던져 넣었다.

3) 유다는 요셉을 죽이지 말고 어떻게 처리하자고 제안했는가?

　── 그는 요셉을 이스마엘 사람들에게 노예로 팔자고 제안했

다. 그의 형제들은 그의 제안에 동의했고, 요셉은 결국 애굽으로 팔려갔다.

해설

> **핵심 내용:** 요셉도 예수님처럼 형제들에게 배신당했지만 나중에는 그들의 구원자가 되었다.

야곱의 아들들은 집에서 멀리 떨어진 원수들의 땅에까지 가서 양 떼를 돌보았다. 그들은 안전할까? 야곱은 마냥 기다릴 수가 없었다. 그는 그들의 상황을 알아 보기 위해 사랑하는 아들 요셉을 멀고 힘든 여행길에 떠나보냈다. 요셉이 아직 멀리 있을 때 그의 형제들은 채색옷을 입고 걸어오는 그를 발견했다. 그들은 그 옷이 너무나도 싫었다. 그것은 마치 성난 황소 앞에 있는 붉은 깃발과도 같았다. 요셉을 없앨 수 있는 기회, 곧 그를 자기들의 발 앞에 엎드리게 만들 수 있는 절호의 기회가 눈앞에 있었다.

요셉의 형제들은 하이에나 떼처럼 달려들어 보기 싫었던 채색옷을 벗기고 그를 구덩이에 거칠게 던져넣었다. 요셉은 구덩이 밑바닥에서 형제들을 향해 울부짖었다(창 42:21). 그는 "형제들이여, 왜 이러는 겁니까? 아버지가 나를 보냈어요. 나를 죽이지 마세요. 나를 버리지 말아요."라고 애원했다. 그러나 그들은 그의 부르짖음을 듣지 않았다. 그들은 그를 구덩이에서 꺼내주기는커녕 앉아서 음식을 먹었다. 그러는 동안 한 무리의 여행자들이 근처를 지나갔다. 그 순간, 유다의 머릿속에서 한 가지 좋은 생각이 떠올랐다. 그것은 "저 사람들에게 요셉을 팔아 돈을 챙기는 것이 낫지 않을까?"라는 생각이었다. 그들은 은 20냥을 받고 요셉을 팔았다. 조금 전만 해도 왕자처럼 옷을 입었던 요셉이 졸지에 헐벗은 노예로 전락하고 말았다.

본문의 이야기를 듣고 보니 성경에 기록된 또 다른 이야기가 생각나지 않는가? 예수님도 요셉처럼 하나님의 사랑하는 아들이셨지만 형제들에게 미움을 샀다. 성부께서는 예수님을 형제들에게 보내셨지만 그들은 그분을 배신하고, 은 30냥에 팔아넘겼다. 그분은 결국 벌거벗은 채로 죽음에 넘겨졌다. 그러나 하나님은 그 모든 일을 통해 자신의 구원 목적을 이루고 계셨다. 그와 마찬가지로 형제들의 배신이라는 이 비극적인 사건도 하나님이 요셉을 그들과 세상을 구할 구원자로 세우시기 위한 수단이었다.

1) 요셉과 그의 채색옷은 어떻게 되었는가?
   —— 요셉은 형제들에게 배신당했고, 그의 채색옷은 벗겨졌다. 요셉의 꿈속에서는 형제들이 그에게 절했지만, 지금은 그가 형제들보다 낮은 처지가 되어 무기력하게 구덩이에 갇혔다.
2) 이런 일이 요셉의 믿음에 어떤 영향을 주었을 것으로 생각하는가?
   —— 정확히는 알 수 없지만 영향을 미친 것은 분명할 것이다. 그

창세기 가정예배

가 경험한 일들은 하나님이 꿈을 통해 계시하신 것과 정반대였다. 요셉은 그 구덩이가 사실은 보좌에 이르는 길이라는 것을 알지 못했을 것이 틀림없다. 신자들의 삶 속에서 일어나는 일들은 하나님의 약속과 반대되는 것처럼 보일 때가 많지만, 하나님은 항상 자신의 말씀을 충실하게 지키시기 때문에 그분이 무슨 일을 하고 계시는지 이해할 수 없을 때조차도 우리의 신뢰를 받으셔야 마땅하다.

3) 이 이야기는 예수님과 어떤 관계가 있는가?

—— 예수님도 요셉처럼 성부의 사랑을 받는 아들이셨다. 그분은 형제들에게 보내심을 받았지만 배척과 배신을 당하셨다. 그러나 하나님은 요셉에게 하셨던 것처럼 그 모든 일을 통해 구원을 이루셨다.

기도

인생의 가장 어두운 구덩이 속에서도 하나님과 그분의 약속을 믿을 수 있는 믿음을 허락해달라고 기도하라.

복습

1) 야곱의 아들들은 자신들의 형제인 요셉을 어떻게 했는가?

　── 그들은 그의 채색옷을 벗기고, 그를 노예로 팔아넘겼다.

2) 요셉은 어디로 팔려갔는가?

　── 애굽

본문 읽기

창 38:24-30

1) 다말은 누구인가?

　── 유다의 며느리. 그녀는 유다의 맏아들과 결혼했지만 그는

일찍 죽고 말았다.

2) 다말의 태 속에는 몇 명의 아이가 있었는가?

　── 둘. 리브가가 서로 다투었던 쌍둥이 형제를 낳은 것처럼 다

말도 쌍둥이를 잉태했다.

3) 다말의 아들들 가운데 누가 먼저 태어났는가?

　── 세라의 손이 먼저 나왔다. 산파는 홍색 실로 그가 맏아들이

라고 표시했다. 그러나 베레스가 앞서면서 나와 결국에는 세라

보다 먼저 태어났다.

> **핵심 내용:** 암흑과도 같은 유다의 악한 행위를 통해 하나님의 은혜가 가장 밝게 빛났다.

유다의 이기적인 계획에 따라 요셉이 노예로 팔려갔다. 모세는 창세기 38장에서 유다의 삶에 초점을 맞추었다. 그는 유다가 얼마나 악하고, 수치스러운 삶을 살았는지를 보여주었다. 별들은 항상 빛을 발하지만, 밤이 되어 어두워져야만 비로소 볼 수 있다. 암흑과도 같은 유다의 삶을 통해 하나님의 놀라운 은혜가 밝은 빛을 드리웠다. 우리의 생각으로는 요셉의 후손 가운데서 약속된 메시아가 태어나야 마땅했다. 그러나 실제로 예수님은 유다의 후손 가운데서 태어나셨다.

유다는 선한 사람이 아니었다. 그는 몇 푼의 돈을 받고 형제를 팔아넘겼을 뿐 아니라 며느리인 다말을 임신시켰다. 유다의 삶은 수치스러웠다. 그러나 하나님은 유다와 다말의 잘못된 관계를 통해 자신의 계획을 이루어 나가셨다. 하나님은 참으로 놀라운 방법으로 역사하신다. 다말은 쌍둥이를 임신했다. 그러나 그들의 탄생은 평범하지 않았다. 그것은 에서와 야곱의 탄생을 연상시킨다. 다말의 쌍둥이 아들은 서로 다투었다. 세라가 먼저 밖으로 손을 내밀었다. 다말의 산파는 신속하게 홍색 실을 가지고 그가 맏아들이라고 표시했다. 그러나 베레스가 세라를 앞서며 나와 그보다 먼저 태어났다. 이것이 그가 '터뜨리고 나온다'라는 의미를 지닌 베레스라는 이름을 갖게 된 이유였다. 베레스는 맏아들의 표식이 없었지만, 하나님은 그가 야곱처럼 장자의 특권을 누리게 될 것이라고 말씀하셨다. 다말의 아들 베레스를 통해 세상을 구원할 구원자가 올 예정이었다. 하나님의 은혜가 그 구원자를 통해 타락한 세상을 밝게 비출 것이었다. 마태는 예수님의 족보로 자신의 복음서를 시작하면서 (사라나 리브가나 레아가 아닌) 다말을 가장 먼저 언급했다(마 1:3). 하나님은 자신의 영광과 자기 백성의 구원이라는 목적을 이루기 위해 또 한 번의 어둡고 악한 상황을 긍정적으로 바꾸어놓으셨다.

1) 예수님은 요셉과 유다 중에서 누구의 후손으로 태어나실 예정이었는가?
   ─ 예수님은 유다의 후손으로 태어나실 예정이셨다. 그분은 유다와 다말의 잘못된 관계를 통해 태어난 아들의 후손으로 태어나실 것이었다.
2) 하나님이 메시아의 조상으로 유다의 후손들을 선택하신 이유는 무엇인가?
   ─ 은혜의 위대함을 보여주기 위해서였다. 하늘이 어두울수록 별들이 더 밝게 빛나는 법이다. 유다의 삶과 다말과의 관계는 하나님이 은혜의 빛을 비추시는 어두운 배경이었다. 메시아

가 유다의 후손으로 태어나신 이유는 유다가 선해서가 아니라 선하지 않았기 때문이다. 유다도 우리처럼 구원자가 절실히 필요했다.

3) 하나님은 다말의 어느 아들을 선택하셨고, 또 그 이유는 무엇인가?

—— 하나님은 맏아들의 표식이 없는 베레스를 선택하셨다. 하나님은 야곱에게 하신 대로 자신이 원하는 자를 자유롭게 축복하실 수 있다. 그분은 사람들의 일반적인 기대와는 달리 맏아들에게만 특권을 베풀 필요가 없으시다. 가인 대신 아벨을, 에서 대신 야곱을 선택하신 하나님이 구원의 약속을 이루기 위해 또 다시 전혀 가능성이 없어 보이는 인물을 선택하셨다.

기도 ··

하나님이 유다의 후손에게 하신 대로 가족들에게 놀라운 은혜를 베풀어주시기를 기도하라.

어두운 섭리

복습

1) 야곱의 열두 아들 가운데서 누구의 후손을 통해 예수님이 태어나시는가?

    — 예수님은 유다 지파를 통해 태어나신다.

2) 그것은 유다가 선했기 때문인가?

    — 그렇지 않다. 그것은 하나님의 놀라운 은혜 때문이다.

본문 읽기

창 39:1-2, 7-15, 19-21

1) 누가 이스마엘 사람들에게서 요셉을 샀는가?

    — 바로의 친위대장이었던 애굽인 보디발.

2) 요셉은 보디발의 아내의 유혹에 어떻게 반응했는가?

    — 그는 그녀의 말을 듣지 않았다. 그는 하나님을 두려워했고, 죄를 피해 달아났다. 요셉은 쉽게 죄를 지었던 유다와는 매우 달랐다(창 38장 참조).

3) 보디발의 아내의 거짓말 때문에 요셉은 결국 어떻게 되었는가?

    — 그는 감옥에 갇혔다. 요셉은 하나님을 경외했지만, 그의 삶

창세기 가정예배

은 결코 순탄하지 않았다.

핵심 내용: 하나님은 고난을 받는 요셉과 함께하셨고, 그에게 일어났던 불행한 일들이 합력해서 선을 이루도록 섭리하셨다.

화가가 막 그림을 그리기 시작했을 때 그의 어깨너머로 바라보면 캔버스 위에 붓으로 그린 몇 개의 선밖에 보이지 않는다. 무슨 그림인지 전혀 감이 잡히지 않는다. 심지어는 매우 혼란스럽게 보이기까지 한다. 그러나 시간이 지나면서 그림이 완성되면 처음에 선들을 그었던 이유를 분명하게 알 수 있다. 이것이 하나님이 자기 백성들을 대하시는 방법이다. 하나님은 때로 그들을 전혀 이해할 수 없는 상황으로 몰아넣는다. 모든 것이 온통 혼란스럽고, 고통스럽고, 엉망진창이다. 그런 순간이면 하나님이 대체 무엇을 하시는 것인지 이해하기 어려울 때가 많다. 그러나 우리가 이해할 수 없더라도 하나님의 붓질에는 항상 이유가 있다.

요셉의 경우가 그랬다. 우리는 모든 이야기를 알고 있기 때문에 그의 삶 전체를 생생하게 떠올릴 수 있다. 그러나 요셉은 형제들의 손에 노예로 팔려 보디발의 종이 되기까지 모든 것이 혼란스럽고, 어둡고, 고통스럽기만 했다. 그는 가나안 땅에서 벗어나 애굽인의 노예가 되었다. 하나님이 그를 버리신 것일까? 요셉은 모든 것이 궁금했을 것이다. 그러나 하나님은 요셉과 함께하셨다. 하나님은 그가 보디발을 위해 일할 때도 그와 함께하며 형통하게 함으로써 주인의 총애를 받게 하셨고, 보디발의 아내가 그를 유혹했을 때도 그와 함께하며 무서운 범죄를 저지르지 않도록 보호하셨으며, 그가 부당하게 감옥에 갇혔을 때도 그와 함께하며 어두운 감옥에서 사슬에 묶여 있는 그에게 변함없는 사랑을 베푸셨다. 요셉은 하나님의 사람이었다. 겉으로는 하나님이 그를 버리신 것처럼 보였지만, 그분은 한순간도 그를 떠나지 않고, 지켜주고 도와주셨다. 그 당시에 요셉은 아무것도 알 수 없었지만, 하나님은 고난을 이용해 요셉을 걸작으로 만들고 계셨다.

1) 하나님이 요셉을 버리신 것처럼 보였던 이유는 무엇인가?
    —— 그 이유는 그의 삶이 온통 잘못되었기 때문이다. 그는 애굽인의 노예가 되었고, 무고하게 고소당했으며, 부당하게 옥에 갇혔다. 요셉의 상황은 매우 암울했고, 혼란스러웠다.
2) 하나님은 고난받는 요셉에게 어떤 은혜를 베푸셨는가?
    —— 하나님은 요셉이 보디발과 간수장의 총애를 받게 하셨다. 그분은 또한 요셉이 유혹을 받을 때 그를 굳세게 붙잡아 죄를 피하고, 의롭게 행하도록 인도하셨다. 하나님은 한순간도 요셉을 떠난 적이 없으셨다.
3) 본문의 이야기가 그리스도인들에게 용기를 주는 이유는 무엇인가?

창세기 가정예배

— 그리스도께서 우리의 구원자이시라면 아무리 암울한 상황 속에서도 하나님이 우리와 함께하신다고 확신할 수 있기 때문이다. 우리가 하나님이 무엇을 하시는지 잘 모를 때에도 그분은 항상 우리를 유익하게 하는 일을 하고 계신다(롬 8:28). 하나님의 붓이 검은색 선을 그리더라도 거기에는 항상 우리를 사랑하고, 유익하게 하려는 목적이 담겨 있다.

기도

특히 상황이 암울할 때 하나님이 가까이 와서 함께해주시기를 기도하고, 요셉처럼 인내와 믿음으로 하나님을 충실히 섬길 수 있게 해 달라고 간구하라.

82 꿈 해석

복습

1) 요셉은 형제들이 팔아넘긴 후에 어떻게 되었는가?

— 그는 애굽인의 노예가 되었고, 누명을 쓰고 감옥에 갇혔다.

2) 그 모든 어려운 상황 속에서 누가 요셉과 함께 있었는가?

— 하나님. 그분은 요셉을 잠시도 떠나지 않으셨다.

본문 읽기

창 40:1-8, 20-23

1) 요셉은 감옥에서 누구를 섬겼는가?

— 바로의 술 맡은 관원장과 떡 굽는 관원장.

2) 술 맡은 관원장과 떡 굽는 관원장이 근심했던 이유는 무엇인가?

— 둘 다 의미심장한 꿈을 꾸었는데 그 의미를 알 수 없었기 때문이다. 요셉은 하나님이 자기에게 꿈의 의미를 알려주실 것이라고 확신했다.

3) 술 맡은 관원장은 감옥에서 풀려난 뒤에 요셉을 기억했는가?

— 그렇지 않다. 그는 2년 동안 요셉을 잊고 지냈다.

꿈을 꾼 적이 있는가? 인간의 생각은 우리가 잠을 자는 동안 이상한 이야기를 만들어낼 수 있다. 꿈은 이상할 때도 있고, 매우 특별할 때도 있다. 하나님은 요셉에게 이미 특별한 꿈을 두 차례 허락하셨다 (창 37:5-9). 그는 감옥에서 두 사람을 섬겼는데 그들은 어두운 감옥에서 제각기 꿈을 꾸었다. 바로의 술 맡은 관원장과 떡 굽는 관원장은 죄를 지어 감옥에 갇힌 채로 왕의 처분을 기다렸다. 그들은 감옥의 딱딱한 바닥에서 잠을 자는 도중에 꿈을 꾸었고, 그로 인해 크게 번민했다.

술 맡은 관원장은 가지가 세 개 있는 포도나무에 포도송이가 열려 있는 꿈을 꾸었다. 그는 꿈속에서 바로의 술잔에 포도의 즙을 짜 넣었다. 아울러 떡 굽는 관원장은 떡 세 광주리가 자기의 머리 위에 있고, 새들이 와서 그것을 먹는 꿈을 꾸었다. 이 꿈들은 어떤 의미일까? 술 맡은 관원장과 떡 굽는 관원장은 그 의미를 알지 못했다. 그러나 하나님은 알고 계셨다. 그분은 요셉에게 꿈의 의미를 알려주셨다. 요셉은 술 맡은 관원장은 사흘 뒤에 본래의 직위로 복귀할 것이고, 떡 맡은 관원장은 사흘 뒤에 처형될 것이라고 말했다. 모든 것이 그가 말한 대로 이루어졌다.

술 맡은 관원장이 본래의 직위로 복귀할 때 요셉은 그에게 "저를 잊지 마십시오. 저는 감옥에 갇혀야 할 죄를 짓지 않았습니다. 저의 사정을 바로에게 아뢰어 저를 감옥에서 꺼내어 주세요."라고 간청했다. 그러나 그는 요셉을 기억하지 않고 잊어버렸다. 그는 요셉을 2년 동안이나 잊고 지냈다. 그러나 하나님은 요셉을 잊지 않으셨다. 그분은 적당한 때가 오기를 기다리다가 술 맡은 관원장이 요셉을 기억하게 하셨다. 하나님은 요셉과 애굽이 서로 준비가 될 때까지 기다렸다가 요셉이 감옥에서 나올 수 있게 하셨다. 하나님의 타이밍은 가장 정확하다. 그분은 단 1분도 늦지 않으신다.

1) 술 맡은 관원장이 석방되고 나서 요셉이 바라던 일이 일어났는가?
   ── 궁극적으로는 술 맡은 관원장이 바로에게 요셉에 관해 말하고, 요셉은 감옥에서 석방될 예정이었지만, 이 당시만 해도 그는 요셉을 기억하지 않고 잊어버렸다.

2) 누가 요셉을 기억했는가?
   ── 하나님. 요셉은 어둡고, 냄새 나는 감옥에서 하루하루를 보내면서 하나님이 자기를 잊으셨을지도 모른다고 생각했을 것이 틀림없다. 우리도 우리의 삶이 엉망진창으로 변할 때면 그런 의구심을 느끼기 쉽다. 그러나 우리가 예수 그리스도를 통해 하나님의 자녀가 되었다면, 그분은 결코 우리를 잊거나 내쫓지 않으신다.

3) 하나님은 자신의 계획을 항상 늦게 이루시는가?

— 우리는 하나님이 늦으신다고 생각하는 경향이 있지만, 그
분의 타이밍은 항상 완벽하다. 우리는 힘든 시련을 겪을 때면
하나님이 우리를 신속히 구해주시기를 바란다. 우리는 기도하
는 즉시 하나님이 응답하시기를 원한다. 그러나 하나님은 요셉
의 경우처럼 때로 오랫동안 기다리게 만드신다(심지어는 평생을 기
다려야 할 때도 있다). 그럴 때도 우리는 하나님이 모든 것을 가장
잘 알고 계신다고 굳게 믿어야 한다.

기도

자녀들이 하나님의 방법이 가장 완전하다는 확신으로 만사를 이루
시는 그분의 때를 겸손하게 기다릴 줄 알게 해달라고 기도하라.

83

요셉을 높여 주신 하나님

복습

1) 요셉은 감옥에서 누구의 꿈을 해석해주었는가?

   —— 바로의 술 맡은 관원장과 떡 굽는 관원장의 꿈.

2) 술 맡은 관원장은 감옥에서 풀려나고 나서 요셉을 기억했는가?

   —— 그렇지 않다. 그는 요셉을 2년 동안 잊고 지냈다.

본문 읽기

창 41:14-30, 39-40

1) 이번에는 누가 요셉에게 꿈을 해석해 달라고 요청했는가?

   —— 바로. 술 맡은 관원장은 마침내 요셉을 기억하고, 바로에게
   그에 관해 말했다. 바로는 자기가 꾼 두 가지 꿈을 요셉이 해석
   해주기를 바라면서 그를 불러오게 했다.

2) 하나님이 바로에게 허락하신 꿈의 의미는 무엇이었는가?

   —— 그것은 일곱 해 동안 애굽에 큰 풍년이 들었다가 다시 일곱
   해 동안 큰 흉년이 들 것이라는 의미였다.

3) 바로는 꿈을 해석해준 요셉에게 어떤 상을 베풀었는가?

   —— 그는 요셉에게 애굽에서 가장 높은 관직을 베풀었다. 요셉

은 하루아침에 감옥에서 풀려나 궁궐에서 살게 되었다.

해설

핵심 내용: 요셉이 하나님을 높이자 그분은 그를 높여 주셨다.

어느 날 밤, 애굽의 왕은 두 가지 꿈을 꾸었다. 그것은 야윈 암소 일곱 마리가 살진 암소 일곱 마리를 잡아먹는 꿈과 바짝 마른 이삭 일곱 개가 충실한 이삭 일곱 개를 삼키는 꿈이었다. 참으로 이상한 꿈이었다. 바로는 그 꿈들로 인해 크게 번민했다. 문제는 그 꿈들의 의미를 해석해줄 사람이 아무도 없었다는 것이었다. 그러나 그 꿈들을 해석할 수 있는 사람이 딱 한 사람 있었다. 하나님은 바로 그 순간에 바로의 술 맡은 관원장이 요셉을 기억하게 하셨다. 요셉은 2년 전에 술 맡은 관원장의 꿈을 해석해주었다. 모든 일이 그의 해석대로 되었다. 바로는 그 말을 듣고 즉시 요셉을 감옥에서 궁궐로 데려오라고 명령했다. 하나님은 요셉을 잊지 않으셨다.

요셉도 하나님을 잊지 않았다. 요셉이 유명해질 수 있는 기회가 찾아왔다. 그는 바로에게 자신이 이전에 이룬 일들을 자랑하며 "네, 그것은 모두 사실입니다. 저는 전문적인 해몽가입니다. 기회를 주신다면 저의 이 놀라운 능력과 경험을 직접 보여드리지요."라고 말할 수도 있었다. 그러나 요셉은 관심을 자신이 아닌 하나님께로 돌렸다. 그는 "왕이시여, 저는 꿈을 해석할 능력이 없지만 하나님이 그

의미를 알려주실 것입니다."라고 말했다. 요셉은 비밀들을 알려주는 자가 자신이 아닌 하나님이시라고 분명하게 말했다.

하나님은 요셉에게 꿈의 의미를 알려주기를 기뻐하셨다. 그것은 애굽에 7년 동안 풍년이 들었다가 다시 7년 동안 큰 흉년이 들 것이라는 의미였다. 바로는 요셉의 설명과 조언을 듣고 나서 그에게 화려한 옷을 입히고, 그의 목에 금사슬을 걸어주고, 그에게 애굽에서 왕 다음으로 가장 높은 직위를 허락했다. 모두에게 잊힌 무명의 이방인 노예이자 죄수에 지나지 않았던 그가 하루아침에 애굽의 총리가 되었다. 요셉이 하나님을 높이자 하나님이 그를 높여 주셨다.

1) 누가 바로에게 꿈을 허락했는가?

── 하나님. 세상에서 가장 강력한 왕들조차도 하나님의 다스림을 받는다. 하나님이 바로에게 꿈을 허락하신 이유는 요셉을 높이고, 그의 가족들을 다가올 기근에서 구원하시기 위해서였다.

2) 요셉은 바로 앞에서 하나님을 어떻게 높였는가?

── 그는 오직 하나님만이 바로의 꿈을 해석하실 수 있다고 말했다. 우리도 어떤 재능과 능력을 지녔든 요셉처럼 하나님이 그것들을 허락하셨다고 인정함으로써 그분께 영광을 돌려야 한다.

3) 베드로전서 5장 6, 7절을 읽어보라. 이 말씀은 창세기 41장의 이야기와 어떤 관련이 있는가?

창세기 가정예배

── 요셉은 자기를 높일 기회가 있었지만 자기가 아닌 하나님을 높였다. 범사에 하나님을 높이려는 마음, 그것이 곧 참된 겸손이다. 하나님은 적당한 때에 겸손한 요셉을 높여 주셨다. 우리가 그리스도 안에서 하나님 앞에서 겸손히 행하면 그분은 우리도 높여 주겠다고 약속하신다.

기도

하나님이 적당한 때에 높여 주시도록 가족들이 그분의 능하신 손 아래에서 겸손할 수 있게 해달라고 기도하라.

84

요셉의 발아래 엎드린 형제들

복습

1) 바로가 꾼 꿈들의 의미는 무엇이었는가?

— 그것들은 일곱 해 동안 풍년이 들고 나서 일곱 해 동안 흉년이 들 것이라는 의미였다.

2) 바로의 꿈들을 해석해준 요셉은 어떻게 되었는가?

— 그는 애굽의 총리가 되었다.

본문 읽기

창 42:1-9, 15-16

1) 야곱은 아들들을 어디로 보냈는가?

— 양식을 구해오라고 애굽으로 보냈다. 그러나 베냐민은 그들과 함께 보내지 않았다.

2) 애굽에 도착한 야곱의 아들들은 누구를 만났는가?

— 요셉. 그러나 그들은 그를 알아보지 못했다. 요셉은 오래전에 꾼 꿈에서 자신의 열 형제가 자기에게 절하는 것을 보았다.

3) 요셉은 형제들에게 무엇을 요구했는가?

— 그는 그들에게 막냇동생인 베냐민을 데려오지 않으면 정탐

꾼으로 간주하겠다고 말했다.

> **핵심 내용:** 하나님은 기근을 통해 요셉과 그의 가족들을 위한 은혜로운 계획을 실행에 옮기셨다.

요셉이 애굽을 다스리던 처음 일곱 해 동안은 큰 풍년이었다. 도처에 양식이 풍부했다. 당시에 애굽에는 곡식이 바다의 모래알보다 더 많았다. 요셉은 하나님이 예고하신 기근에 대비하기 위해 오랫동안 열심히 일하면서 양식을 저장해 두었다. 하나님은 바로의 꿈대로 비를 멈추셨고, 그로 인해 큰 흉년이 들었다. 일곱 해 동안 계속될 흉년이 시작된 것이었다. 애굽만이 아니라 요셉의 아버지와 형제들이 살고 있던 가나안 땅에도 흉년이 들었다. 야곱과 그의 아들들은 서서히 굶주리기 시작했다. 즉시 양식을 구하지 않으면 모두 굶어 죽고 말 것이 분명했다. 그것이 매우 심각한 상황이었던 이유는 그들이 하나님이 온 세상을 축복하기 위해 선택하신 가족들이었기 때문이다. 만일 그들이 죽는다면 하나님의 구원 약속도 이루어질 수 없을 것이었다.

야곱은 열 아들을 애굽에 보내 양식을 구해오게 했다. 애굽에 도착한 그들은 그곳의 총리를 만나 그 앞에 엎드렸다. 그는 그들의 형제 요셉이었지만 그들은 그 사실을 알지 못했다. 오래전에 요셉의 형제들은 자신들이 그에게 절할 것이라는 의미를 지닌 그의 꿈을 조롱했지만, 그의 꿈대로 얼굴을 땅에 대고 그에게 엎드려 절하는 처지가 되고 말았다. 하나님의 길은 참으로 신비롭기 그지없다. 그분은 감옥에서의 상황을 이용해 요셉을 총리로 만드셨고, 기근을 이용해 그의 형제들이 그 앞에서 절하게 만드셨다. 하나님은 우리가 삶에서 경험하는 암울하고, 고통스러운 일들을 모두 관장하신다.

하나님은 요셉을 위한 자신의 목적을 이루었을 뿐 아니라 그런 상황을 이용해 그의 형제들에게 죄를 깨우쳐주셨다. 요셉이 그들을 거칠게 다루며 정탐꾼으로 몰아 감옥에 가두자 그들은 그것을 자신들이 저지른 죄에 대한 하나님의 심판으로 생각했다. 그러나 그것은 사실 그들을 회개로 이끌기 위한 하나님의 은혜로운 처사였다.

1) 만일 요셉의 가족이 죽는다면 하나님의 구원 계획은 어떻게 되고 말았을까?

—— 그분의 약속이 좌절되고 말았을 것이다. 하나님은 아브라함과 이삭과 야곱을 비롯해 야곱의 열두 아들을 온 세상을 축복하는 수단으로 선택하셨다. 만일 그들이 기근으로 인해 죽는다면 하나님의 약속도 실현될 수 없었다. 그들이 죽는다면 예수님이 세상에 오실 수 없었다.

2) 하나님은 어떻게 요셉의 가족을 기근으로부터 구하셨는가?

—— 하나님은 요셉을 애굽의 총리로 세워 그에게 흉년에 대비할 수 있는 지혜를 허락하셨다. 하나님은 신비롭게도 요셉의 형

창세기 가정예배

제들이 그를 배신한 일을 이용해, 선택하신 가족들을 구원하셨다. 그들이 요셉을 노예로 팔지 않았다면 그는 바로의 궁궐에 있을 수 없었을 것이다.

3) 하나님은 요셉에게 허락하신 꿈을 어떻게 이루셨는가?

—— 그분은 기근을 이용해 요셉의 형제들이 그의 발 앞에 겸손히 엎드리게 만드셨다. 많은 세월이 흘렀지만 하나님은 요셉이 꿈에도 생각하지 못했을 방법으로 그를 위한 자신의 목적을 이루셨다.

기도

하나님의 신비로운 행사를 찬양하고, 그분이 모든 것을 합력해 자기 백성을 유익하게 하시는 것을 볼 수 있는 눈을 허락해달라고 기도하라.

복습

1) 야곱의 아들들은 애굽에서 누구를 만났는가?

　　── 요셉. 그러나 그들은 그를 알아보지 못했다.

2) 요셉은 그들에게 누구를 함께 데려오라고 말했는가?

　　── 그들의 막냇동생 베냐민.

본문 읽기

창 43:15-17, 26-34

1) 야곱의 아들들은 다시 애굽에 가면서 누구를 함께 데려갔는가?

　　── 베냐민. 야곱이 그를 아들들과 함께 보내지 않았던 이유는 그가 해를 당할까 봐 두려워서였다. 그러나 요셉은 형제들에게 베냐민 없이 자기 앞에 나타나서는 안 된다고 경고했다.

2) 요셉은 왜 울었는가?

　　── 동생 베냐민을 보는 순간 감정이 강하게 북받쳐 올랐기 때문이다. 그의 마음에는 동생에 대한 사랑과 하나님께 대한 감사가 가득 넘쳤다.

3) 요셉은 누구에게 가장 많은 음식을 주었는가?

── 베냐민. 이것은 베냐민을 향한 요셉의 특별한 사랑을 보여 주는 증거이자 그의 형제들이 자신을 시기했던 것처럼 베냐민도 시기할 것인지를 살펴보기 위한 시험이었다.

해설

> **핵심 내용:** 야곱의 아들들은 심판을 받아야 마땅했지만, 하나님은 요셉을 통해 그들에게 은혜를 베푸셨다.

야곱은 다시 양식이 떨어졌다. 아들들이 애굽에 처음 가서 사 온 많은 곡식이 모두 소비되었다. 다시 애굽에 다녀와야 할 때가 되었다. 요셉은 형제들에게 그들의 아버지가 총애하는 베냐민 없이는 다시 올 생각을 하지 말라고 강력하게 경고했다. 야곱은 베냐민을 단단히 붙들고, 보내지 않으려고 했다. 그러나 그는 자신의 막내아들을 하나님께 바치는 법을 배워야 할 필요가 있었다. 그렇지 않으면 온 가족이 굶어 죽을 수밖에 없었다. 결국 야곱은 마음이 내키지 않았지만 하나님이 긍휼을 베풀어주시리라 믿고 그를 다른 아들들과 함께 보냈다.

애굽에 도착한 형제들은 다시 그곳의 총리에게 엎드려 절했다. 그는 과연 그들을 정탐꾼이나 도둑으로 몰아 감옥에 가두거나 죽일 것인가? 요셉이 형제들에게 복수할 수 있는 절호의 기회였다. 그들은 그를 미워하고, 해를 입혔으며, 노예로 팔아넘겼다. 그랬던 그들의 운명이 이제는 요셉의 손에 달려 있었다. 요셉은 그들을 노예로 만들거나 감옥에 가두거나 심지어는 죽이는 등, 자기 마음대로 할 수 있었다. 그러나 그는 그들에게 놀라운 사랑과 친절을 베풀었다. 그는 그들을 위해 잔치를 배설했다. 그는 그들에게 앙심을 품지 않고, 동정심과 긍휼을 베풀었다. 그는 솟구치는 감정을 주체하지 못하여 그들의 양해를 구하고 잠시 자리를 뜨기까지 했다. 그의 형제들은 그를 버렸지만 그는 그들은 포용했다. 그의 형제들은 그를 미워했지만 그는 그들을 사랑했다. 그의 형제들은 그에게 해를 입혔지만 그는 그들에게 선을 베풀었다. 요셉은 예수 그리스도를 꼭 닮은 사람이었다. 예수님은 자기를 미워하는 자들에게 사랑을 베푸셨다. 그분은 십자가에 매달리면서도 그들에게 큰 사랑을 보여주셨다. 예수님은 자신의 원수들을 구원하셨다. 그분도 요셉처럼 자기를 해치는 자들에게 보복하기를 원하지 않고, 오히려 용서와 사랑을 베푸셨다.

1) 요셉의 형제들은 어떤 대가를 치러야 마땅했으며, 요셉은 그런 그들을 어떻게 대우했는가?
　── 그들은 요셉을 해치고, 노예로 판 죄에 대한 벌을 받아야 마땅했다. 그러나 요셉은 그들을 벌하기는커녕 사랑하는 마음으로 큰 은혜를 베풀었다.

2) 요셉은 예수 그리스도를 어떻게 닮았는가?
　── 요셉은 자신의 원수들에게 사랑과 은혜를 베풀었다. 그의

형제들은 그를 해롭게 했지만 그는 그들에게 선을 베풀었다. 원수들이 생명을 얻도록 그들을 대신해 죽으신 예수님은 요셉보다 더 위대하시다(롬 5:10).

3) 마태복음 5장 44절을 읽어보라. 예수님은 우리에게 어떻게 하라고 명령하셨는가?

―― 우리는 원수를 사랑해야 한다. 요셉은 하나님의 은혜와 용서를 경험했기 때문에 다른 사람에게 은혜를 베풀 수 있었다. 우리도 그리스도를 믿는 믿음으로 그와 똑같이 행해야 한다.

기도

자녀들이 그리스도 안에서 하나님의 은혜를 경험하고, 그 은혜를 다른 사람들, 심지어는 원수들에게까지 베풀 수 있게 해달라고 기도하라.

86   형제들을 시험하기 위한 은잔

복습

1) 요셉은 형제들이 다시 애굽에 오자 어떻게 했는가?

— 그는 그들을 자기 집에 데려가서 잔치를 베풀었다.

2) 요셉의 형제들은 그가 누구인지 알았는가?

— 몰랐다. 그들은 여전히 요셉이 죽은 줄로만 생각했다.

본문 읽기

창 44:1-17

1) 요셉은 베냐민의 자루에 무엇을 넣었는가?

— 은잔. 그는 형제들을 시험하기 위해 베냐민이 그 잔을 훔친 것처럼 보이게 만들었다.

2) 요셉은 형제들에게 누구를 보냈는가?

— 그는 자신의 청지기를 보내 요셉의 은잔을 훔쳤다고 추궁하면서 그들의 자루를 뒤지게 했다. 은잔은 베냐민의 자루에서 발견되었다.

3) 베냐민은 은잔을 훔친 것에 대해 어떤 형벌을 받아야 했는가?

— 그는 종신토록 요셉의 노예로 지내야 했다. 그것은 베냐민

이 아버지 야곱에게 다시는 돌아가지 못할 것이라는 의미였다.

해설

> **핵심 내용:** 하나님은 요셉의 시험을 통해 형제들의 마음을 은혜롭게 변화시키셨다.

요셉은 형제들의 마음을 알 수가 없었다. 그들은 진정으로 변화되었을까? 그들은 요셉에게 했던 것처럼 베냐민도 시기하고 있을까? 그들은 기회가 되면 20년 전처럼 아버지가 사랑하는 아들을 기꺼이 내버릴까? 요셉은 잔치 석상에서 베냐민에게 다른 형제들보다 다섯 배나 더 많은 음식을 주었다. 모든 사람이 한 접시의 음식을 받았는데 베냐민은 다섯 접시의 음식을 받았다. 요셉은 형제들이 집으로 돌아갈 때가 되지 베냐민의 자루에 자신의 은잔을 몰래 집어넣게 했다. 그는 베냐민이 그것을 훔친 것처럼 보이게 만들었다. 요셉의 청지기가 형제들을 쫓아가서 은잔을 훔쳤다고 꾸짖자 그들은 그런 사실이 없다고 부인했다. 그들은 "저희는 절대 훔치지 않았습니다."라고 주장했다. 청지기는 각 사람의 자루를 뒤지기 시작했고, 마침내 베냐민의 자루에서 은잔을 발견했다. 형제들은 모두 공포에 질렸다.

시기심으로 인해 요셉의 채색옷을 찢었던 형제들은 이번에는 큰 슬픔으로 인해 자기들의 옷을 찢었다. 그들은 전에는 아버지가 총애하는 아들을 없앤 것을 기뻐했지만 이번에는 그를 버리려고 하지 않았다. 그들은 전에는 요셉 없이 아버지에게 돌아갔지만 이번에는 베냐민이 없이는 절대 돌아가지 않겠다고 했다. 하나님의 은혜가 그들을 변화시켰다. 유다는 자기가 베냐민을 대신해 노예가 되겠다고 말했다. 그들은 더 이상 라헬이 낳은 아들들을 시기하지 않았다. 그들은 자식을 편애하는 아버지를 더 이상 불만스럽게 생각하지 않았다. 그들의 마음에는 아버지와 베냐민에 대한 사랑이 가득했다. 그들은 아버지와 베냐민이 해를 당하느니 차라리 자신들이 죽겠다고 나섰다. 야곱은 크게 기뻐했을 것이 틀림없다. 하나님의 은혜가 죄로 물든 요셉의 가족들 가운데서 역사함으로써 마음들이 변화되고, 참된 회개가 이루어졌다.

1) 요셉이 잔치 석상에서 베냐민에게 더 많은 음식을 주고, 나중에 그의 자루에 은잔을 집어넣게 한 이유는 무엇인가?
    —— 형제들의 마음을 시험하기 위해서였다. 요셉은 그들이 베냐민이 더 잘 대우받는 것을 보고 과거에 자기에게 했던 것처럼 그를 시기하는지 알고 싶었다. 그는 그들이 기회가 왔을 때 자기를 버렸던 것처럼 베냐민을 버릴 것인지 확인하고 싶었다.

2) 형제들의 반응을 보면 그들의 마음이 어떠했다는 것을 알 수 있는가?
    —— 하나님이 은혜로 그들에게 새 마음을 허락하신 것을 알 수 있다. 그들은 시기심에 사로잡혀 이기적이고, 포악하게 행동하

창세기 가정예배

던 태도를 버리고, 아버지가 총애하는 아들을 진정으로 사랑하며 보살피려는 마음을 보여주었다.

3) 우리는 어떻게 요셉의 형제들처럼 새 마음을 얻을 수 있을까?
—— 복음을 통해 하나님의 은혜로 새 마음을 얻을 수 있다. 우리의 마음은 죄로 인해 강퍅해진 상태이지만 하나님은 돌 같은 마음을 제거하고, 회개와 믿음의 마음을 주어 하나님과 다른 사람들을 사랑하게 하신다. 요셉의 형제들을 변화시킨 하나님은 우리도 능히 변화시키실 수 있다.

기도

하나님이 변화시킬 수 없을 만큼 강퍅한 마음은 없다는 것을 감사히 여기고, 가족들이 그분의 은혜가 지닌 변화의 능력을 알게 해달라고 기도하라.

87

자신의 신분을 밝힌 요셉

복습

1) 요셉은 형제들을 어떻게 시험했는가?

── 그는 베냐민의 자루에 은잔을 집어넣게 했다.

2) 요셉의 형제들은 시험을 통과했는가?

── 그렇다. 그들의 반응을 보면 하나님이 그들의 마음을 변화시키신 것을 알 수 있다.

본문 읽기

창 45:1-15

1) 요셉이 모두에게 나가라고 말한 이유는 무엇인가?

── 그 이유는 형제들에게 자신의 신분을 밝히기 위해서였다. 요셉은 자신의 신분을 더 이상 감출 수가 없었다.

2) 누가 요셉을 애굽에 보냈는가?

── 하나님. 하나님은 형제들의 죄를 수단으로 이용하여 요셉을 애굽의 총리로 만드셨다.

3) 요셉은 형제들에게 어떻게 하라고 말했는가?

── 아버지 야곱을 애굽에 데려오라고 말했다. 요셉은 기근이

있는 동안 아버지와 형제들을 보살펴줄 생각이었다.

해설

> **핵심 내용:** 하나님의 은혜로운 약속대로 야곱의 열두 아들의 재회가 이루어졌다.

야곱의 아들들은 사나워 보이는 애굽의 총리 앞에서 두려워 떨었다. 그들은 그에게 은혜를 구했다. 유다는 베냐민을 풀어주면 자신이 대신 노예가 되겠다고 말했다. 형제들의 마음은 더할 나위 없이 고통스럽고, 답답했을 것이 틀림없다. 그 순간, 뭔가 이상한 일이 일어났다. 총리가 종들에게 모두 물러가라고 말하고 나서 애굽 사람들이 다 들을 수 있을 만큼 큰 소리로 울기 시작했다. 한 나라의 대통령이 참모들에게 모두 나가라고 말하고 나서 집무실이 떠나갈 만큼 큰 소리로 울기 시작했다고 상상해 보라. 애굽의 총리는 양쪽 뺨 위로 눈물을 비 오듯 흘리면서 "나는 요셉입니다. 나는 당신들의 형제입니다."라고 자신의 신분을 밝혔다. 그는 두려워하는 형제들에게 가까이 오라고 말했다. 그는 그들을 껴안고 싶었다.

요셉의 형제들은 깜짝 놀랐다. 이것이 혹시 꿈은 아닐까? 요셉이라고? 어떻게 저 사람이 요셉일 수 있을까? 그러나 화려한 애굽의 옷을 입고 있는 그를 찬찬히 살펴본 그들은 마침내 자기들이 은 20냥을 받고 노예로 팔아넘긴 형제의 얼굴을 알아보기 시작했다.

요셉은 계속 눈물을 흘리면서 형제들에게 자신의 사랑을 재확인시켰다. 요셉은 그들에게 화를 내지 않고, "형들이 내게 저지른 악행은 사실 하나님의 계획이었습니다. 하나님이 형들을 구원하도록 나를 이리로 보내셨습니다. 하나님이 나를 통해 형들과 세상을 기근에서 구하려고 모든 것을 섭리하셨어요."라고 말했다. 하나님은 오래전에 그들의 증조부인 아브라함에게 그의 후손이 큰 민족을 이룰 것이라고 약속하셨다. 그러나 요셉이 노예로 팔려 애굽에 오지 못했더라면 그 약속은 실현되지 못했을 것이고, 아브라함의 후손들은 기근으로 인해 모두 죽고 말았을 것이다. 이스라엘의 열두 지파가 될 열두 형제들, 곧 온 세상에 축복을 전할 민족을 이룰 사람들이 애굽에서 서로를 껴안고 재회했다.

1) 요셉이 형제들이 저지른 악행을 용서한 이유는 무엇인가?
   —— 그 이유는 그가 그들이 자기에게 저지른 악행을 통해 하나님의 역사가 이루어지고 있다는 것을 알았기 때문이다. 하나님은 형제들의 죄를 이용해 요셉을 애굽으로 보내 기근이 일어났을 때 구원을 베풀게 하셨다. 우리도 하나님의 주권적인 은혜를 기억하면 원수들을 용서할 수 있다.

2) 요셉이 애굽으로 팔려오지 않았더라면 하나님의 약속은 어떻게 되었을까?
   —— 요셉과 그의 가족들이 굶주려 죽고 말았을 것이다. 하나님은 요셉의 형제들이 저지른 악행을 수단으로 삼아 아브라함의

후손을 통해 구원을 베풀겠다는 약속이 이루어질 수 있도록 섭리하셨다.

3) 하나님이 악한 일을 통해 구원을 이루신 또 다른 사례가 있다면 무엇일까?

— 그리스도의 십자가. 무죄한 하나님의 아들께서 십자가에 처형되신 것은 실로 가장 큰 악행이 아닐 수 없지만, 하나님은 그것을 자기 백성을 구원하는 수단으로 삼으셨다(행 2:23).

기도

가장 어려운 상황 속에서도 하나님의 주권적인 은혜를 알아볼 수 있는 눈을 허락해달라고 기도하라.

88

요셉이 살아 있다

복습

1) 누가 요셉을 애굽에 보냈는가?

—— 하나님. 하나님은 요셉의 형들이 지은 죄를 이용해 그를 애굽의 총리로 만드셨다.

2) 하나님은 왜 그를 애굽에 보내셨는가?

—— 일곱 해 동안 온 땅에 임할 기근으로부터 그의 가족들을 구원하시기 위해서였다.

본문 읽기

창 45:24-46:4, 29-30

1) 요셉은 형제들을 어디로 보냈는가?

—— 집으로 돌아가서 아버지 야곱을 데려오라고 말했다.

2) 누가 한밤중에 야곱을 방문하였나?

—— 하나님. 하나님은 야곱에게 나타나서 언약의 약속으로 그를 위로하셨다. 야곱은 두려워할 필요가 없었다. 왜냐하면 하나님이 그와 함께하시고, 그를 큰 민족으로 만드실 것이었기 때문이다.

3) 애굽에 도착한 야곱은 누구를 만났는가?

    ── 요셉. 야곱은 20년 동안 요셉이 죽은 줄로만 알고 있었지만, 마침내 그를 보고 크게 기뻐하며 껴안았다.

해설 ···

> **핵심 내용:** 하나님은 야곱과 요셉을 재회시켰고, 은혜를 베풀어 언약의 백성을 애굽으로 인도하셨다.

앞에서 살펴본 대로, 하나님은 요셉의 삶 속에서 강력하게 역사하셨다. 그분은 모든 것, 심지어는 나쁜 일까지도 크게 유익한 결과를 낳도록 이끄셨다. 이것이 곧 하나님의 섭리다. 섭리란 무엇인가? 그것은 하나님이 만드신 모든 것을 관장하고 보살피는 하나님의 사역을 가리킨다. 하나님은 우주의 위대한 왕이시다. 그분은 날씨를 관장해 극심한 기근을 일으키셨고, 요셉의 형들과 보디발과 바로의 마음을 다스려 요셉을 강력한 힘을 지닌 애굽의 지도자로 만드셨다. 하나님은 또한 요셉의 가족들을 관장해 언약의 약속을 지키셨다.

야곱은 요셉이 죽었다고 생각하고 오랫동안 괴로워했다. 그는 20년 동안 사랑하는 아들을 잃은 슬픔을 달래지 못하고 울다가 잠이 들곤 했다. 그러나 아들들로부터 요셉이 살아 있다는 소식을 듣는 순간, 그의 오랜 슬픔이 순식간에 큰 기쁨으로 바뀌었다. 너무 좋아서 믿기 어려운 말을 들어본 적이 있는가? 야곱은 아들들의 말을 믿기가 어려웠다. 어떻게 죽은 요셉이 다시 살아날 수 있단 말인가? 그러나 야곱은 아들들의 말을 듣고, 요셉이 보내준 많은 선물을 눈으로 보자 그가 살아 있다고 확신하게 되었다. 요셉은 살아 있었다. 그는 짐을 꾸려 온 가족과 함께 애굽을 향해 긴 여행을 시작했다.

그러나 그것이 과연 좋은 생각일까? 그의 할아버지였던 아브라함은 기근을 피해 애굽으로 내려갔을 때 많은 어려움을 겪었다(창 12:10-20). 약속의 땅을 떠나는 것이 옳을까? 야곱이 가나안의 경계 지역에서 잠시 멈추어 하나님께 희생제사를 드리자 그분은 그에게 나타나서 환상을 보여주고, 약속을 상기시켜줌으로써 그를 위로하셨다. 언약의 백성을 애굽으로 인도하신 분은 바로 하나님이셨다. 야곱은 오랫동안 요셉을 보지 못하다가 마침내 애굽에 도착해서 그를 보고 껴안는 순간, 마음속으로 큰 행복감을 느꼈을 것이 틀림없다. 하나님은 완전한 섭리를 통해 야곱의 슬픔을 기쁨으로 바꾸어 주셨다.

1) 하나님의 섭리란 무엇인가?
   —— 하나님의 섭리란 창조된 모든 것을 관장하고, 보살피는 하나님의 사역을 가리킨다. 하나님은 교회를 위해 모든 것을 관장해 선을 이루신다.
2) 하나님은 야곱에게 두려워하지 말라고 말씀하셨다. 야곱이 두려워하지 말아야 할 이유는 무엇인가?

―― 하나님이 그와 함께 애굽에 가서 그에게 했던 약속을 이루실 것이기 때문이다. 그리스도께서는 자기에게 속한 자들에게 항상 함께 있겠다고 약속하셨다(마 28:20). 따라서 우리는 어둡고, 험한 곳을 다닐 때도 두려워할 필요가 없다.

3) 하나님이 야곱의 가족을 애굽으로 인도하신 이유는 무엇인가?
―― 하나님은 몇백 년 뒤에 이루어질 큰 구원(모세를 통해 이스라엘 백성을 애굽에서 구원하는 일)을 준비하고 계셨다(창 15:13-16 참조). 그분은 애굽에서 자기 백성의 숫자를 크게 늘리고 나서 그들을 다시 약속의 땅으로 인도할 생각이셨다.

기도

하나님의 길은 항상 완전하다는 것을 기억하고, 흔들리지 않는 믿음으로 은혜로운 섭리와 약속을 굳게 붙잡을 수 있게 해달라고 기도하라.

복습

1) 야곱이 애굽으로 가는 도중에 누가 그에게 나타났는가?

   ── 하나님. 하나님은 자신의 임재와 약속을 통해 야곱을 위로 하셨다.

2) 야곱은 애굽에 도착해서 누구를 만났는가?

   ── 아들 요셉. 그는 오랫동안 자기 아들이 죽은 줄로만 생각했지만 그를 보고 기쁘게 껴안았다.

본문 읽기

창 47:7-13, 27-28

1) 바로가 야곱을 축복했는가, 아니면 야곱이 바로를 축복했는가?

   ── 야곱이 바로를 축복했다. 이것은 아브라함의 후손을 통해 많은 나라가 축복을 받을 것이라는 약속의 성취였다(창 12:3).

2) 바로는 요셉에게 가족들을 어떻게 대우하라고 말했는가?

   ── 그는 그들에게 애굽의 좋은 땅 고센을 주라고 말했다. 그곳에는 사람들이 거의 살고 있지 않았기 때문에 하나님의 백성이 애굽의 죄에 물들지 않고 안전하게 살 수 있는 곳이었다.

3) 야곱과 그의 가족들은 먹을 양식이 충분했는가?

— 그렇다. 온 애굽 땅이 기근으로 황폐했지만, 하나님은 야곱의 가족들이 자신의 약속대로 생육하고, 번성할 수 있도록 요셉을 통해 그들을 돌보셨다.

해설

> **핵심 내용:** 하나님은 야곱을 축복하셨고, 그가 온 세상의 축복이 되게 하셨다.

야곱은 크게 곤궁한 상태로 애굽에 왔다. 바로의 도움이 없다면 그의 가족들은 굶어 죽고 말 것이 분명했다. 어떻게든 왕을 설득해 호의를 베풀게 해야 할 상황이었다. 그러나 야곱은 바로 앞에 섰을 때 자기에게 호의를 베풀어야 할 이유를 늘어놓지 않았다. 그는 아무 것도 애원하지 않고, 오히려 바로를 축복하였다. 처지가 곤궁한 주름살 많은 늙은 목자가 세상에서 가장 강력하고 부유한 사람에게 축복을 선언했다. 야곱은 많은 재물이나 강력한 군대를 통해서는 참된 축복을 얻을 수 없다는 것을 잘 알고 있었다. 그는 바로에게 없는 것을 가지고 있었다. 그는 하나님의 언약의 약속을 소유했다. 그는 그 축복을 바로와 함께 나누기를 원했다. 그는 하나님이 약속하신 대로 그분의 축복이 자기 가족들을 통해 온 세상에 임하는 것을 보고 싶어 했다.

야곱이 바로를 축복하자 하나님은 바로를 통해 야곱을 축복하셨다. 사람들이 곳곳에서 굶어 죽어가고 있었지만, 바로는 야곱에게 많은 양식을 제공했다. 사람들은 곡식을 구하려고 땅을 팔았지만, 바로는 야곱에게 양 떼를 기를 기름진 땅을 주었다. 하나님은 약속한 대로 야곱의 가족들이 생육하고 번성하게 하셨다, 그분은 기근을 통해 야곱을 큰 민족으로 만드실 생각이었다. 모든 것이 다 요셉 때문이었다.

요셉은 여기에서도 예수님을 꼭 닮았다. 하나님의 축복이 요셉을 통해 야곱에게 주어진 것처럼, 예수님을 통해 우리에게 주어진다. 그분은 하나님과 사람 사이의 중보자이시다. 그분이 없으면 우리는 기근이 든 애굽보다 훨씬 더 비참한 상태에 처할 것이다. 그러나 우리는 그분을 믿는 믿음으로 애굽의 모든 보화보다 더 귀한 영적 축복을 누린다.

1) 야곱은 바로가 가지고 있지 않은 무엇을 가지고 있었는가?
   —— 그는 은혜로운 언약을 통해 하나님을 소유했다. 바로는 야곱보다 금과 양식을 더 많이 가지고 있었지만, 참된 축복을 소유한 사람은 야곱이었다. 그것이 그가 바로를 축복한 이유였다.

2) 하나님이 창세기 46장 3절에서 야곱에게 하신 말씀을 읽어보라. 하나님은 자신의 약속을 어떻게 지키셨는가?
   —— 하나님은 야곱과 함께하셨고, 바로의 호의를 받게 하셨으며, 기근이 있는 동안에 그의 가족들이 크게 번성하게 하셨다. 야곱의 가족들은 앞으로 400년 동안 애굽에서 큰 민족으로 성

창세기 가정예배

장할 것이다.

3) 본문에서 요셉은 예수님의 어떤 면을 닮았는가?

— 요셉을 통해 모든 축복이 하나님의 언약 백성과 애굽에 임했다. 그와 마찬가지로 예수님을 통해 구원과 축복이 교회와 세상에 알려진다.

기도

가족들이 그리스도 안에 있는 하나님의 축복을 알고, 그 축복을 세상에 전할 수 있게 해달라고 기도하라.

복습

1) 기근이 있는 동안 야곱과 그의 아들들은 어디에서 살았는가?

— 애굽. 하나님은 요셉을 통해 그들에게 기름진 땅을 허락하셨다.

2) 야곱과 그의 아들들이 가나안을 떠나 애굽으로 간 것은 잘못이었는가?

— 아니다. 하나님은 애굽에서 야곱과 그의 가족들과 함께하겠다고 약속하셨다.

본문 읽기

창 47:29-48:9

1) 야곱은 자기가 죽었을 때 어디에 매장되기를 원했는가?

— 그는 가나안에 가서 자기 아버지 이삭과 할아버지 아브라함의 곁에 묻히기를 바랐다. 애굽은 그의 참된 고향이 아니었다. 그의 참된 고향은 가나안이었다.

2) 하나님은 야곱과 그의 가족에게 무엇을 영원한 기업으로 주겠다고 약속하셨는가?

—— 가나안 땅. 야곱은 임종하면서 요셉에게 이 약속을 상기시켰다.

3) 야곱은 죽기 전에 누구를 양자로 삼았는가?

—— 그는 요셉의 아들, 에브라임과 므낫세를 양자로 삼았다. 야곱은 애굽에서 태어난 손자들이 하나님의 약속이 자기들에게 속해 있다는 것을 알기를 원했다.

해설

> **핵심 내용:** 야곱은 늙었지만 여전히 믿음이 강했고, 가족들에게 가나안이 그들의 참된 고향이라는 사실을 일깨워주었다.

야곱은 매우 늙었다. 그의 육체는 갈수록 쇠약해졌고, 세상을 떠나야 할 때가 임박했다. 그는 요셉을 불러 자기를 애굽에 묻지 말라고 당부했다. 야곱은 애굽에서 17년 동안 살았다. 그는 요셉 덕분에 좋은 마차를 타고, 좋은 음식을 먹고, 호사스러운 옷을 입었다. 그는 애굽의 보화를 누렸지만 애굽이 자신의 고향이 아니라는 사실을 결코 잊지 않았다. 하나님은 그와 그의 후손에게 또 다른 땅, 곧 가나안을 주셨다. 야곱은 요셉에게 "내가 죽으면 가나안으로 옮겨 네 할아버지와 증조할아버지 곁에 묻겠다고 내게 약속해라."라고 말했다. 야곱은 자신의 장례를 통해 아들들에게 애굽이 그들이 속한 곳이 아니라는 사실을 다시 깨우쳐주기를 바랐다. 그들의 기업은 가나안이었다.

야곱은 임종 직전에 요셉이 자기를 다시 방문하자 그에게 영원한 기업에 관한 하나님의 약속을 상기시켜주었다. 그러고 나서 그는 요셉의 아들, 에브라임과 므낫세를 불러 "이 아이들은 나의 것이다. 나는 이들을 내 아들로 입양하겠다."라고 말했다. 야곱이 그렇게 한 이유는 무엇일까? 그는 그들이 자신의 참된 신분을 이해하기를 바랐다. 그들은 줄곧 애굽에서 살았다. 그들의 아버지는 애굽의 정치인이었고, 어머니는 애굽의 공주였다. 그러나 야곱은 그들에게 "너희는 애굽인이 아니다. 너희는 이곳에 속하지 않는다. 너희는 아브라함과 이삭과 야곱의 자녀이고, 너희가 속한 곳은 약속의 땅 가나안이다."라고 말했다. 야곱은 믿음으로 행했고, 그 믿음이 후손들에게 전해지기를 바랐다. 그는 자신의 후손들이 애굽의 안락한 삶에 취해 하나님의 약속을 잊을까 봐 두려웠다. 그들의 참된 고향은 애굽이 아닌 가나안이었다.

1) 야곱이 가나안에 묻히기를 원했던 이유는 무엇인가?
— 하나님이 그곳을 고향으로 주셨기 때문이다. 그는 자기 아들들과 손자들이 애굽이 그들의 참된 고향이 아니라는 사실을 잊지 않기를 바랐다.

2) 히브리서 11장 21절을 읽어보라. 야곱은 요셉의 아들들을 입양하고, 축복할 때 자신의 믿음을 어떻게 보여주었는가?
— 야곱은 하나님의 약속을 믿는 믿음을 보여주었고, 손자들

이 그 약속을 믿도록 이끌었다.

3) 야곱의 믿음으로부터 무엇을 배울 수 있는가?

—— 우리는 이 세상에 살고 있다. 그러나 우리가 그리스도 안에 있다면 우리의 참된 고향은 하늘에 있다(빌 3:20). 그리스도인들은 타락한 세상의 안락한 삶에 취하지 말고, 애굽에 거주했던 야곱의 가족들처럼 세상에서 나그네요 거류민으로 살아가야 한다.

기도

야곱처럼 이 세상이 아닌 다가올 세상을 위해 살 수 있는 믿음을 허락해달라고 기도하라.

유다 지파의 사자

복습

1) 야곱은 죽고 나서 어디에 묻혔는가?

　—— 애굽이 아닌 가나안.

2) 그는 왜 가나안에 묻히기를 원했는가?

　—— 그곳이 하나님이 그와 그의 후손들에게 주겠다고 약속하신 땅이었기 때문이다.

본문 읽기

창 49:1-2, 8-10, 28-33

1) 야곱은 임종하면서 누구를 자기 곁으로 불러 모았는가?

　—— 열두 아들. 그는 죽기 전에 그들을 축복하기를 원했다.

2) 야곱은 유다를 어떤 짐승에 비유했는가?

　—— 사자. 사자는 왕권과 통치의 상징이다.

3) 무엇이 유다에게서 떠나지 않을 것인가?

　—— 규. 규는 왕의 지팡이를 가리킨다. 야곱은 유다 지파를 통해 위대한 왕국이 형성될 것이라고 예언했다.

해설

> **핵심 내용:** 유다 지파로부터 사자 같은 왕, 곧 은혜로 민족들을 다스릴 예수 그리스도께서 태어나실 예정이었다.

야곱은 바로와 요셉과 에브라임과 므낫세를 축복했고, 죽기 전에 다른 아들들도 축복했다. 야곱의 아버지 이삭은 베풀 축복이 하나뿐이었지만 그는 그렇지 않았다. 그는 147세에 눈을 감으면서 열두 아들을 침상 곁으로 불러 모았다. 성경에서 이들을 이스라엘 열두 지파로 일컬은 것은 이때가 최초였다. 하나님은 아브라함과 이삭과 야곱을 큰 민족으로 만들겠다는 약속을 지키셨다. 야곱은 선지자로서 아들들을 일일이 축복하며 그들에게 장차 일어날 일을 예언했다. 이 축복을 모두 자세히 살펴볼 시간은 없지만, 특별히 중요한 축복이 하나 있다. 그것은 바로 유다의 축복이다.

유다는 장자도 아니었고, 아버지의 총애를 받은 아들도 아니었다. 그는 큰 죄인이었다. 그러나 그 모든 것에도 불구하고 하나님은 유다에게 큰 축복을 선언하셨다. 하나님이 속임수를 일삼던 이기적인 야곱을 대하신 방식을 통해 살펴본 대로, 그분은 자기가 원한다면 누구든 자유롭게 축복하실 수 있다. 야곱은 성령을 통해 유다가 다른 형제들보다 더 높임을 받게 될 것을 내다보았다. 그는 동물 중에서 가장 사납고, 기품 있는 사자가 될 것이었다. 그는 강한 왕국을 건설할 것이었다. 그로부터 다윗, 솔로몬, 아사, 여호사밧, 요시아, 요담, 히스기야와 같은 이스라엘의 위대한 왕들이 나올 것이었다. 그러나 야곱은 믿음의 눈으로 이보다 훨씬 더 좋은 무엇인가를 내다보았다. 다윗보다 훨씬 더 위대한 왕이 유다 지파에서 나올 것이었다. 이 왕은 누구일까? 바로 예수 그리스도이시다. 그분은 유다 지파의 사자이시다(계 5:5). 그분은 뱀의 머리를 으깨고, 모든 민족을 아우르는 왕국을 건설하실 것이다. 그분에게 만민이 복종할 것이다. 이것이 오늘날 지구상의 어떤 대륙에서나 예수님을 사랑하고, 그분께 순종하는 사람들을 발견할 수 있는 이유다. 야곱은 임종할 때 이 진리를 어렴풋하게 깨달았다. 하나님이 유다 지파를 통해 원수들을 제압하고, 구원을 베푸실 것이었다.

1) 모세는 무엇을 말하기 위해 야곱의 아들들을 '이스라엘의 열두 지파'(창 49:28)로 일컬었는가?
   —— 하나님이 아브라함과 이삭과 야곱을 큰 민족으로 만들겠다는 약속을 지키셨다는 것을 말하기 위해서였다. 그들은 단순한 아들이 아닌 지파였다. 이 열두 지파는 애굽에서 수백만 명의 인구로 불어났다.

2) 야곱은 유다를 규를 가진 사자로 일컬었다. 이것은 무슨 의미인가?
   —— 이것은 유다 지파를 통해 영원히 다스릴 강력한 왕국이 건설될 것이라는 뜻이었다. 다윗를 비롯해 그의 뒤를 이은 위대한 왕들이 모두 유다 지파에서 나왔다.

창세기 가정예배

3) 다윗보다 더 위대한 왕이 유다 지파에서 나올 예정이었는가?

— 그렇다. 예수 그리스도께서 유다 지파의 후손으로 태어나실 예정이었다. 그분은 다윗보다 훨씬 더 위대한 왕이 되어 하나님의 모든 약속을 이루고, 사탄의 머리를 깨뜨리고, 온 세상에 하나님의 왕국을 건설하실 것이었다.

기도

자녀들이 유다 지파의 사자이신 예수 그리스도를 믿고, 따르게 해 달라고 기도하라.

92 희망적인 결말

복습

1) 야곱은 죽기 전에 아들들에게 무엇을 베풀었는가?

　　── 축복. 야곱의 아들들은 하나님의 축복으로 큰 민족을 이룰 열두 지파가 될 것이었다.

2) 야곱의 아들 가운데 누가 사자 같은 왕국을 건설할 것인가?

　　── 유다. 그의 후손들로부터 위대한 이스라엘의 왕들과 가장 위대한 왕 예수 그리스도께서 나오실 것이었다.

본문 읽기

창 50:15-26

1) 야곱이 죽자 요셉의 형들은 무엇을 두려워했는가?

　　── 그들은 오래전에 저지른 악행(요셉을 노예로 팔아넘겼던 일) 때문에 요셉이 자기들을 해칠까 봐 두려워했다.

2) 요셉은 악행을 저지른 형들을 벌했는가?

　　── 그렇지 않다. 그는 그들을 용서했다. 그는 하나님이 그들의 죄를 큰 축복으로 바꾸어주셨다는 것을 알았다.

3) 창세기는 어떻게 끝을 맺는가?

── 요셉이 애굽에서 사망하는 것으로 끝을 맺는다. 요셉도 자기 아버지처럼 하나님이 약속하신 땅을 바라보며 믿음으로 죽었다.

해설

> **핵심 내용:** 창세기는 절망이 아닌 하나님이 모든 약속을 지키실 것이라는 희망으로 끝을 맺는다.

이제 창세기의 마지막에 도달했다. 창세기는 에덴에서 시작해서 애굽에서 끝난다. 창세기는 하나님이 인간의 콧속에 생기를 불어넣으시는 것에서 시작해서 죽음의 관으로 끝난다. 만일 이것이 창세기의 결말이라면 참으로 슬픈 결말이 아닐 수 없다. 그러나 창세기의 결말은 전혀 그렇지 않다.

하나님은 자기 백성을 축복하고, 그들을 통해 온 세상이 축복을 누리게 하겠다고 약속하셨다(창 12:2-3). 요셉의 형제들은 아버지 야곱이 죽자 요셉이 자신들이 저지른 악행에 대해 복수할까 봐 두려워했다. 그러나 그는 "형제들이여. 아직도 이해를 못 하는군요. 형들이 내게 저지른 악을 하나님이 선으로 바꾸어주셨습니다. 하나님이 나에 대한 형들의 시기심, 나를 살해하려는 음모, 나를 노예로 팔아넘기기로 한 결정을 나를 통해 형들과 온 세상을 축복하는 수단으로 삼으셨습니다."라고 그들을 위로했다. 죽음이든 애굽이든 그 무엇이든, 하나님이 언약의 축복을 베푸시는 것을 가로막을 수 없었다.

하나님은 자기 백성을 큰 민족으로 만들겠다고 약속하셨다(창 12:2). 요셉이 죽자 그의 자녀들과 손자들과 증손자들이 그의 주위에 모였다. 이것은 약속에 충실하신 하나님을 생생하게 보여주는 증거가 아닐 수 없다. 하나님은 아이를 낳지 못하는 사라와 리브가와 라헬에게 자녀를 허락하여 큰 민족을 이루게 하셨다. 요셉은 죽었지만 하나님의 언약 백성은 사라지지 않았다.

하나님은 자기 백성에게 큰 땅을 주겠다고 약속하셨다(창 12:7). 요셉은 임종하면서 가나안 땅을 바라보았다. 그는 애굽에서 죽었지만 자신의 유골이 그곳에 머물지 않을 것이라고 말했다. 요셉은 가족들에게 "하나님이 오실 것이다. 그분이 이스라엘 자손을 애굽에서 건져내실 것이다. 하나님이 그렇게 하시면 내 유골도 함께 가져가 주기 바란다."라고 말했다. 이처럼 창세기는 절망이 아닌 희망으로 끝을 맺는다. 지금까지 약속을 지켜오신 하나님이 계속 약속을 지킴으로써 자신의 영광과 은혜를 밝히 드러내실 것이다.

1) 창세기는 요셉이 애굽에서 죽는 것으로 끝나는데 여전히 하나님의 백성을 위한 희망이 존재하는 이유는 무엇인가?

— 하나님의 약속이 요셉의 죽음과 함께 사라지지 않았기 때문이다. 하나님은 자기 백성을 위한 구원 계획을 계속해서 실행해 나갈 것이고, 그들을 축복하고, 번성하게 해 땅을 주실 것이

창세기 가정예배

다.

2) 이 모든 약속은 누구를 가리키는가?

—— 예수님. 예수님은 이스라엘 가운데서 태어나 사탄의 머리를 으깨고, 온 세상에 축복을 전하실 것이다. 아브라함과 이삭과 야곱에게 주어진 하나님의 약속이 궁극적으로 그리스도 안에서 성취된다(고후 1:20).

3) 창세기는 요셉이 믿음으로 죽는 것으로 끝을 맺는다(히 11:22 참조). 이 점을 생각하면 어떻게 살다가 죽어야 할 것 같은가?

—— 약속을 지키시는 하나님의 신실하심을 믿는 믿음으로 살다가 죽어야 한다. 하나님은 자신의 약속을 어김없이 실행하신다.

기도

언약에 충실하신 하나님을 찬양하고, 아브라함과 이삭과 야곱과 요셉처럼 희망적인 믿음을 갖게 해달라고 기도하라.

가정 예배를 드릴 때 성경과 교리문답을 암송하라

하나님은 어린아이들에게 지식을 흡수하는 독특한 능력을 허락하셨다. 어렸을 때의 암기 능력이 가장 뛰어나다. 그러다가 10대 청소년이 되면 암기 능력이 현저하게 줄어든다. 따라서 자녀들이 어릴 때 우리는 하나님이 그들에게 주신 능력을 십분 활용해야 한다.

암기는 자녀들에게 믿음을 전달하는 매우 중요한 수단 가운데 하나다. 성경에 기록된 하나님이 말씀과 〈웨스트민스터 소요리문답〉과 같은 충실한 교리문답에 요약된 진리를 암기해야 한다. 성경과 교리문답을 암기하도록 자녀들을 독려하고 있지 않다면 매일 가정 예배를 드릴 때 그런 시간을 마련하라고 강력히 권하고 싶다.

이 책을 통해 가정 예배를 드릴 때 활용할 수 있도록 성경 암기의 지침을 아래에 마련해 놓았다. 매주 가족들과 함께 암기해야 할 성경 구절과 복습해야 할 구절들을 표기했다(이 책을 통해 일주일에 가정 예배를 다섯 번 드린다는 것을 전제로 암기해야 할 성경 구절을 표기했으니 참조하라). 구절들을 암기하고, 복습하는 데 하루에 몇 분밖에 걸리지 않을 것이다. 한 번에 한 구절을 여섯 번 반복하는 것보다 엿새 동안 한 구절을 하루에 한 번씩 반복하는 것이 기억에 더 오래 남을 가능성이 크다. 아울러, 성경 암기와 더불어 일주일에 교리문답의 질문들을 하나씩 자녀들과 함께 암기하라고 권하고 싶다.

주	암기	복습
1	창 1:1	해당 없음
2	창 1:27	창 1:1
3	창 2:16, 17	창 1:1, 1:27
4	롬 5:12	창 1:27, 2:16, 17
5	창 3:5	창 2:16, 17, 롬 5:12
6	창 6:5	롬 5:12, 창 3:15
7	히 11:7	창 3:15, 6:5
8	창 9:11	창 6:5, 히 11:7
9	히 11:8	히 11:7, 창 9:11
10	창 15:6	창 9:11, 히 11:8
11	창 17:7	히 11:8, 창 15:6
12	히 11:11	창 15:6, 17:7
13	히 11:17	창 17:7, 히 11:11
14	창 25:23	히 11:11, 17
15	요 1:51	히 11:17, 창 25:23
16	행 7:9, 10	창 25:23, 요 1:51
17	창 49:10	요 1:51, 행 7:9, 10
18	창 50:20	행 7:9, 10, 창 49:10